The *Librettos* of *Mozart's Operas*

General Editor
ERNEST WARBURTON
BRITISH BROADCASTING CORPORATION

A GARLAND SERIES

CONTENTS OF THE SERIES

Volume Four

The Late Works, Translations, and Revisions

INTRODUCTION BY
ERNEST WARBURTON

GARLAND PUBLISHING, INC.
NEW YORK & LONDON 1992

LIBRARY OF CONGRESS CATALOGING–IN–PUBLICATION DATA
(revised for Volumes 4-5)

Mozart, Wolfgang Amadeus, 1756–1791.
[Operas, Librettos]
The librettos of Mozart's operas.
Text in Italian and German with an introd. in English.
Includes bibliographical references.
Contents: v. 1. The works for Salzburg and Milan—v. 4. the late
works, translations, and revisions— v. 5 . The pasticcios.
ISBN 0-8153-0111-1 (vol. 4)
1. Operas—Librettos. I. Warburton, Ernest. II. Title.
ML 49.M83W4   1992
782.1'0268   92-33289

Design by Lisa Broderick

Printed on acid-free, 250-year-life paper
Manufactured in the United States of America

Contents

INTRODUCTION TO THE SERIES

The forty librettos reproduced in these seven volumes are all, in one way or another, relevant to Mozart's career as a composer for the stage. The first four volumes contain all the surviving librettos for the productions of his works with which Mozart is known to have been associated. The fifth volume has the texts of seven pasticcios to which Mozart is known to have contributed. And the final two volumes reprint first editions of works that were revised or adapted for Mozart to set, or earlier editions of texts set by Mozart for which no printed edition was either published or survives. As far as possible, to allow for ease of comparison, the facsimiles have been placed in chronological order of Mozart's involvement in each category. This practical consideration has resulted in the 1787 Viennese libretto of *Don Giovanni* being reproduced out of order in vol. 2. All the items reproduced here are from printed sources, except the sketches for the two unfinished operas of the early 1780s, which are taken from the manuscripts. In the cases of *La Betulia liberata* and *Il sogno di Scipione*, where no printed or manuscript libretto associated with their performance has survived and where the words Mozart set conform almost totally to the text Metastasio wrote (see Metastasio, vol. 2, pp. 628–653 and 236–248 respectively), no source has been reprinted.

This series, then, is a collection of documents rather than a documentary study. It does not seek to usurp the function of the critical reports of the *NMA*, but to supplement them, either by providing facsimiles of documents to which they refer or making available material that is highly relevant but beyond their scope. I have, however, provided each facsimile with a short introduction setting out a little of the background to the composition and performance of the work in question and drawing attention to the chief points of textual interest.

I have also attempted to compile an inventory of the extant copies of the librettos reproduced here. In this task the published and unpublished work of Claudio Sartori has been of enormous help and I am very grateful to him for sharing his knowledge with me. The inventory remains inevitably incomplete and shows the state of my knowledge at the end of August 1992.

I have added a short, highly selective bibliography at the end of each introduction, with page references to major publications dealing with several or all of the operas and a list of more specialist books and articles. Those in search of further bibliographical information will have no difficulty in finding it. I have also assumed that readers will refer to the introductions and critical reports in the relevant volumes of the *NMA* and the Mozart family letters.

Translations of the early Mozart texts are easily available in the booklets that accompany the Philips Complete Mozart Edition on CD. The Orfeo recording of *La finta semplice,* however, has a translation of the complete text. For translations of the later works I would refer the reader to the CD sets of performances on period instruments issued by L'Oiseau-Lyre, DG, and EMI.

To assemble a collection of Mozart librettos for reproduction in facsimile would appear to be a fairly straightforward and highly pleasurable task. However, in practice the process has been protracted and, at times, extremely frustrating. Without the help of Dr. Mariangela Donà of the Ufficio Ricerca Fondi Musicali, Milan, Dr. Gertraut Haberkamp of RISM, Munich, and Dr. Monika Holl of the Bayerische Staatsbibliothek, Munich, the project would never have been completed. I have also received exceptional cooperation from Mr. Charles Sens of the Music Division of the Library of Congress, Washington D.C., Dr. Joachim Jaenecke of the Staatsbibliothek Preussische Kulturbesitz, Berlin, Frau Liselotte Homering of the Theatersammlung, Reiss Museum, Mannheim, and Ms. Luba Hussel of the Thomas Fisher Rare Book Library, University of Toronto, Canada. Many other librarians have supplied me with information about the librettos in their collections. Their names appear in brackets after the name of their library in the index of library sigla. Dr. Alan Tyson, whose work on the Mozart librettos convinced me of the need for this publication, Dr. Stanley Sadie, and Dr. David Wyn Jones have made helpful suggestions. Leo Balk, Vice-President of Garland Publishing, Inc., who responded with enthusiasm to the idea of this project, and his colleagues Anita Vanca, Heidi Christein, and Jonathan Oestreich have shared in the vicissitudes of the project and seen it through to publication. Barbara Barker willingly came to my aid when an injury prevented my typing the manuscript myself. My wife, family, friends, and colleagues have provided more support than they realized at the time. To them all I extend my heartfelt thanks.

INTRODUCTION TO THIS VOLUME

This volume includes Mozart's two great operas of 1791, the one with a text especially written for him and the other a much altered version of an old standby for royal occasions. It also contains librettos that cast light on the genesis of four other great pieces—*Idomeneo* and the three Da Ponte operas. It is completed with the text of the Singspiel arrangement of La *finta giardiniera*, which allowed the work to be performed during the centuries when the original version was missing.

Die Zauberflöte (Vienna, 1791)

This "große Oper in zwey Aufzügen" has fascinated scholars as much as audiences since it was first performed in Vienna at the Freihaus Theater on 30 September 1791. The plot, its origins, its Masonic symbolism, and even its authorship have inspired a huge corpus of literature.

The libretto itself is unequivocal in ascribing authorship to Emmanuel Schikaneder (1751–1812) and the text printed there corresponds in the main very closely to the one given in the *NMA*. The editors have, however, modernized the German spelling and punctuation. In his introduction, Gruber lists the main variants. There are two omissions, one of them rather astonishing. The very first words sung by the three ladies as they kill the snake menacing Tamino, "Stirb Ungeheur, durch unsre Macht" (*NMA*, p. 44, mm. 40–42) are absent from p. 2 of the libretto. In the second act finale Tamino's scarcely less important line "Ich wage froh den kühnen Lauf" (*NMA*, p. 295, mm. 245–247) is also omitted from p. 96. However, as Gruber points out, both of these lines belong to couplets, and their omission must therefore have been a simple printer's or copyist's error. He does not, however, point out another "printer's error" on p. 98, where Pamina's two lines "Nun komm und spiel die Flöte an! Sie leite uns auf grauer Bahn" are distributed, the first to Pamina and Tamino and the second to the Two Armed Men. Finally, the third verse of Papageno's entrance aria in act I (*NMA*, pp. 68–72) is in neither the libretto nor the autograph.

Passages that occur in the libretto but not in the score are relatively few. On p. 45, the last four lines of scene 17 were not set, presumably to make the appearance of Sarastro and his attendants the more dramatic

(*NMA*, p. 162–63). The removal of the dramatically superfluous two lines for "Alle" before the final chorus of act I (libretto, p. 49 and *NMA*, pp. 180–81) likewise help the action along. Similar dramatic considerations undoubtedly were responsible for the removal of all but the last of the six lines given to the Three Boys at the bottom of p. 102 (*NMA*, p. 331). Finally, the sentimental ending of the Papageno/Papagena duet (libretto, p. 104, last four lines) was surely abandoned to allow the brilliant comic conclusion to the piece, which to this day never fails to produce applause from even the most blasé audiences.

The remaining variants are a word or a phrase here and there. One of the most interesting is the third line of no. 2. The libretto (p. 4) has "Der Vogelfänger ist bekannt" while the autograph (*NMA*, pp. 70–71) gives "Ich Vogelfänger bin bekannt." Another is the modification of the fifth from last line of the Papageno/Papagena duet. It is changed from "Der Segen froher Ältern seyn" (libretto, p. 104) to "Der Eltern Segen werdern sein" (*NMA*, pp.338–41), presumably to compensate for the removal of the four lines that originally ended the piece.

The copy reproduced here:	A	Wn 580.065 A.M.	15 x 9.5 cm
Other copies:			
A	Wn 685.928 A.M.		15 x 9 cm
	(lacks engravings)		
D	Mbs Rar. 1824/3		15 x 9.5 cm
	(lacks engravings)		
GB	Lbl Hirsch IV 1385		16 x 10 cm
	Private collection		? x ? cm

Further reading:

Angermüller, pp. 220–259

Heartz, pp. 255–275, 277–297

Kunze, pp. 554–646

Mann, pp. 591–640

Osborne, pp. 311–337

John, Nicholas, ed. *The Magic Flute*. London/ New York: John Calder/ Riverrun Press, 1980

Branscombe, Peter. *W. A. Mozart Die Zauberflöte*. Cambridge, England: Cambridge University Press, 1991

La clemenza di Tito (Prague, 1791)

On 2 February 1790 Emperor Joseph II died and was succeeded by his brother Leopold II, Grand Duke of Tuscany. Leopold was elected Holy Roman Emperor on 30 September and crowned in Mainz cathedral on 9 October. He was then crowned king of Hungary in November. However, Leopold still had to be crowned king of Bohemia. The date for that ceremony was to be 6 September 1791. On 8 July, the theatrical manager Domenico Guardasoni signed a contract with the Bohemian Estates for an opera to form part of the festivities. Less than nine weeks later the opera had been composed, rehearsed, and performed. There must have been preliminary discussions about the work before July, but, even so, it was quite an achievement on the part of all concerned to put together such a complex piece with singers from Italy, a (second choice?) composer from Vienna, and a librettist usually based in Dresden.

Rice (p. 32) suggests that it was because Caterino Mazzolà (1745–1806), the Saxon court poet, just happened to be in Vienna that summer that he was engaged to collaborate in the project. The contract with the Estates (translation in Rice, pp. 5 and 6) allowed a fall-back position should it prove impossible to have a new libretto written on one or other of the given subjects. This was to reuse Metastasio's dramma *La clemenza di Tito*, which Antonio Caldara had first set in 1734. It was customary for old librettos to undergo a certain amount of revision at the hands of a local theater poet, but Mazzolà's work on *Tito* was far more extensive than usual. It is tempting therefore to suggest that Mozart played a major part in determining the final shape of the piece. However, since both he and Mazzolà were working in Vienna and had no need to correspond, there is no documentary evidence to support this.

To give a detailed account of the changes Mazzolà made to Metastasio's original is beyond the scope of this introduction. Rice devotes fourteen pages (Rice, pp. 31–44) of his monograph on the opera to a broad outline of Mazzolà's work. An in-depth study would require many more. The original text is printed in Metastasio, vol. 1, pp. 693–750.

The copy reproduced here:	D	B Mus. Tm 1125 17.5 x 11 cm	
Other copies:			
	A	Wgm Library closed, no information available	
	CS	Pu 9 F 289 (Df 627)	18.5 x 12 cm
	D	Dlb Lost in World War II	
	US	Wc ML50.2 .C58M75	18 x 10.5 cm

Further reading:

Angermüller, pp. 260–275

Heartz, pp. 255–275, 299–317, 319–341

Kunze, pp. 523–553

Mann, pp. 565–589

Osborne, pp. 295–309

Tyson, pp. 48–60

Rice, John A. *W. A. Mozart La clemenza di Tito.* Cambridge, England: Cambridge University Press, 1991

Die verstellte Gärtnerin (Augsburg, 1780)

The complete Italian version of *La finta giardiniera* was effectively unavailable for two hundred years after its premiere in Munich in 1775. It was only with the discovery of a complete copy of the manuscript in the Moravian Museum in Brno and the publication of the critical edition in the *NMA* in 1978 that it was restored to the public domain. That it did not totally disappear from the stage is due to the fact that a complete version of the work as a German Singspiel existed under the title of *Die verstellte Gärtnerin*.

This was probably made during the visit of Johann Böhm's theatrical company to Salzburg in the winter of 1779–80. The author of the translation was probably Johann Franz Joseph Stierle, an actor in Böhm's company. Mozart's approval of this arrangement can be deduced from the fact that the German text was written into the autograph manuscript by Leopold. The libretto reproduced here was published in connection with a performance or performances in Augsburg, where the Böhm company was performing between 28 March and 19 May 1780. There may, of course, have been earlier performances for which no record exists.

The transformation of an Italian opera buffa or (more accurately) a dramma giocoso with secco recitatives into a German Singspiel with spoken dialogue inevitably changed its character. Moreover, the German text, however faithfully it translated what the Italian words actually said, also added a patina of a different, more lusty, culture to a particular type of transalpine artifact. The reproduction here of the German text and of the Italian in vol. 6, together with *NMA* II 5/8, facilitates the exploration of these and other matters.

The copy reproduced here: D   Mbs Slg. Her. 595   15 x 9 cm
Other copies: None known

Idomeneo (Munich, 1781—second version)

The Italian and German libretto of *Idomeneo* reproduced in vol. 2 of this series probably reflects the state of the texts that Leopold Mozart sent to Munich on 23 December 1780. The Italian-only libretto reprinted here clearly shows a later version. It must have followed the bilingual libretto at a distance of some weeks and preceded the premiere on 29 January 1791 by a matter of days. Schachtner still receives his credit on the title page as translator, so there may have been a revised German libretto too, issued singly like the translation of *Le nozze di Figaro* (reprinted in this volume).

The major differences between the two librettos are cuts, mostly of recitatives but also of orchestrally accompanied numbers, including Idamante's aria "Nò, la morte non pavento" (bilingual libretto, p. 106), Elettra's aria "D'Oreste, d'Ajace" (ibid., p. 116), and Idomeneo's aria "Sazio è il Destino al fine" (ibid., p. 118). Neither libretto has the text of Idomeneo's aria "Torna la pace."

The copy reproduced here: D   Mbs Bavar. 4015/XII.3 Reserve 15 x 9 cm

Other copies:

    D   Bds Mus. Tm 1131 R

    US   BE The copy noted in Sartori does not exist

Further reading:

Angermüller, pp. 78–95

Heartz, pp. 1–13, 15–35, 37–63

Kunze, pp. 112–174

Mann, pp. 251–288

Osborne, pp. 141–166

Münster, Robert. "Neues zum Münchner 'Idomeneo' 1781." *Acta Mozartiana* XXIX/I February 1982, pp. 10–20

Rushton, Julian. *W.A. Mozart Idomeneo.* Cambridge: Cambridge University Press, 1993

Die Hochzeit des Figaro (Vienna, 1786)

The German prose libretto published in Vienna in 1786 to accompany the premiere production of *Le nozze di Figaro* is an important document in its own right. This is chiefly because it provides a second source of many of the variants noted in the introduction to the Italian libretto in vol. 3 of this series.

It does, however, agree with the autograph score in placing the Count's line "Ah mi difenda il cielo in tal periglio" at the end of II.2 rather than at the beginning of the following scene, as in the Italian libretto. "Strepito" (Italian libretto, p. 36) and "Ciel" (ibid., p. 38) have no counterparts here. However, four characters are still expected to exclaim "Ma perchè?" (Italian libretto, p. 53, German, p. 51) instead of just the Count. The text on p. 56 of the Italian libretto is translated on pp. 54 and 55 of the German and neither is therefore in conformity with the autograph score.

In act II the German libretto followed the numbering of the scenes in the score. In act III it follows the Italian libretto. In the German translation, it is Marcellina who begins the sextet. Cherubino's lost aria (Italian libretto, p. 67) is reflected in the German text (p. 67). The line of recitative for the Countess just before the letter duet, which is missing in the Italian, is present in the German libretto (p. 70).

In the fourth act the numbering of the scenes in the German libretto agrees with the Italian. The text for Cherubino's entrance in scene 10 is translated on p. 91. The variants in the Italian version of the final scene are the same in the German.

The author of the translation is not known.

The copy reproduced here:	A Wst A13604	15 x 9.5 cm
Other copies:		
A Wst 1.N 10.686		15 x 9.5 cm
Wst 2.N.155.034		? x ? cm

Il dissoluto punito, o sia Il D. Giovanni (Vienna, 1788)

The changes Mozart made to Don Giovanni for the Viennese production of 1788 are perhaps the most famous in all opera. In I.14 Don Ottavio gained the aria "Dalla sua pace" in exchange for the deletion of "Il mio tesoro" (Prague, II.10), which Francesco Morella found too difficult. II.9 of the Prague version was also replaced (and Leporello's aria no. 20 removed) and four new scenes (including the duet "Per queste tue manine" and Donna Elvira's scena with the aria "Mi tradì") were added after II.10. The Prague II.11 was also revised.

A surprisingly large number of the deviations from the Prague libretto in the autograph have not been incorporated into this libretto. And Leporello's remarks in the supper scene (NMA, pp. 309, 404 and 405–06) are still omitted.

The copy reproduced here:	A Wn 32550 A	16 x 10 cm
Other copies:		
D B	Mus. Tm. 1130	16 x 10 cm
F	Pn Rés. 1834	
GB	Lbl Hirsch IV 1378	16 x 10 cm
I	Rsc Carvalhães 4498	16 x 10 cm
	Vnm Dram. 3262.6	17 x 10 cm
US	Cn Case V 4609.447, vol. 1	16 x 10 cm

Further reading:

Angermüller, pp. 162–195

Heartz, pp. 157–177, 179–193, 195–205, 207–215

Kunze, pp. 319–431

Mann, pp. 445–517

Osborne, pp. 255–275

John, Nicholas, ed. *Don Giovanni*. London/New York: John Calder/ Riverrun Press, 1983

Rushton, Julian. *W. A. Mozart Don Giovanni*. Cambridge, England: Cambridge University Press, 1981

Steptoe, Andrew. *The Mozart-Da Ponte Operas*. Oxford: Clarendon Press, 1988

Così fan tutte, o sia La scuola degli amanti (Vienna, 1790—second version)

The text printed here is the slightly reset version of the libretto reproduced in vol. 3 of this series. A full account of how they differ will be found there.

The copy reproduced here:	A Wst 44404 A	16.5 x 10 cm
Other copies:		
D	WRtl Tb 80	17 x 10.5 cm
US	Wc ML48.S6762	16 x 9.5 cm

Further reading:

Angermüller, pp. 196–219

Heartz, pp. 217–227, 229–253

Kunze, pp. 432–522

Mann, pp. 519–563

Osborne, pp. 277–293

Tyson, pp. 177–221

John, Nicholas, ed. *Cosi fan tutte*. London/New York: John Calder/ Riverrun Press, 1983

Steptoe, Andrew. *The Mozart-Da Ponte Operas*. Oxford: Clarendon Press, 1988

ACKNOWLEDGMENTS

I am grateful to the authorities at the Österreichische Nationalbibliothek, Vienna, the Staatsbibliothek Preussischer Kulturbesitz, Berlin, the Bayerische Staatsbibliothek, Munich, and the Stadbibliothek, Vienna for permission to print these facsimiles of material in their possession.

Ernest Warburton

London, August 1992

ABBREVIATIONS

Anderson	Anderson, Emily. *The Letters of Mozart and His Family*. Third Edition. London: Macmillan, 1988
Angermüller	Angermüller, Rudolph. *Mozart's Operas*. New York: Rizzoli, 1988
Deutsch	Deutsch, Otto Erich. *Mozart, a Documentary Biography*. Third edition. London: Simon and Schuster, 1990
Eisen	Eisen, Cliff. *New Mozart Documents*. London and Basingstoke: Macmillan, 1991
fol., fols.	folio, folios
Gianturco	Gianturco, Carolyn. *Mozart's Early Operas*. London: B.T. Batsford, 1981
Heartz	Heartz, Daniel. *Mozart's Operas*, ed. Thomas Bauman. Berkeley, etc.: University of California Press, 1990
Kunze	Kunze, Stefan. *Mozarts Opern*. Stuttgart: Reclam, 1984
m., mm.,	measure, measures
Mann	Mann, William. *The Operas of Mozart*. London: Cassel, 1977
Metastasio	Metastasio, Pietro. *Tutte le opere di Pietro Metastasio*, ed. Bruno Brunelli. Milan: Arnoldo Mondadori, 1945–54
NMA	Wolfgang Amadeus Mozart. *Neue Ausgabe sämtlicher Werke*. Kassel, etc.: Bärenreiter-Verlag, 1955–
Osborne	Osborne, Charles. *The Complete Operas of Mozart: a Critical Guide*. London: Gollancz, 1978
p., pp.	page, pages
r	recto
Sartori	Sartori, Claudio. *I libretti italiani dalle origini al 1800*. Cuneo, Italy: Bertola & Locatelli, 1990–

Tyson	Tyson, Alan. *Mozart, Studies of the Autograph Scores.* Cambridge, Massachusetts, and London, England: Harvard University Press, 1987
v	verso
vol., vols.,	volume, volumes
Wiel	Wiel, Taddeo. *I teatri musicali veneziani del settecento.* Venice: Fratelli Visentini, 1897
I.1, etc.	Act one, scene one, etc.

Library Sigla

A	Austria	KR—Kremsmünster, Benediktinerstift (Dr. Pater Alfons Mandorfer)
		Sca—Salzburg, Museum Carolino Augusteum, Bibliothek (Mag. Rosemarie Gruber)
		Sm—Salzburg, Internationale Stiftung Mozarteum (Frau Geneviève Geffray)
		Su—Salzburg, Universitätsbibliothek (Mag. Lotte Riedsperger)
		Wgm—Vienna, Gesellschaft der Musikfreunde (Dr. Otto Biba)
		Wmi—Vienna, Musikwissenschaftliches Institut der Universität
		Wn—Vienna, Österreichische Nationalbibliothek, Musiksammlung
		Wst—Vienna, Stadtbibliothek
B	Belgium	Bc—Brussels, Conservatoire Royal de Musique (Johan Eeckeloo)
C	Canada	Tu—Toronto, University of Toronto, Thomas Fisher Rare Book Library
CS	Czechoslovakia	Pu—Prague, Universitní Knihovna (Dr. Julius Hulek)
D	Germany	B—Berlin, Staatsbibliothek Preussischer Kulturbesitz, Musikabteilung (Dr. Helmut Hell)
		Bds—Berlin, Deutsche Staatsbibliothek, Musikabteilung (Herr Peter Thüringer)
		Dlb—Dresden, Sächsische Landesbibliothek (Herr Karl Wilhelm Geck)
		DO—Donaueschingen, Fürstlich Fürstenbergische Hofbibliothek (Frau Gisela Holzhüter)

ERu—Erlangen, Universitätsbibliothek
(Frau Gerlinde Frank)

KNU—Köln, Universitäts- und Stadtbibliothek
(Der Direktor)

LEm—Leipzig, Musikbibliothek (P. Krause)

Mbs—Munich, Bayerische Staatsbibliothek

Mth—Munich, Deutsches Theatermuseum
(Frau A. Blankenberg)

MHrm—Mannheim, Reiss-Museum,
Theatersammlung

WRtl—Weimar, Thüringische
Landesbibliothek, Musiksammlung
(Dr. Konrad Kratsch)

F	France	Pc—Paris, Bibliothèque du Conservatoire (at Pn)
		Pn—Paris, Bibliothèque Nationale
		Po—Paris, Bibliothèque-Musée de l'Opéra
GB	Great Britain	Lbl—London, British Library
I	Italy	Bc—Bologna, Civico Museo Bibliografico Musicale (Prof. Giorgio Piombini)

CR—Cremona, Biblioteca Statale (Signor
Goffredo Dotti)

Fc—Florence, Biblioteca del Conservatorio
Statale di Musica "Luigi Cherubini" (Il
bibliotecario)

Lg—Lucca, Biblioteca Statale (Dr. Roberto
Signorini)

Lurago, Sormani-Lurago, Biblioteca Sormani
Verri di Lurago, private collection

Ma—Milan, Biblioteca Ambrosiana
(Monsignor Gianfranco Ravasi)

Mb—Milan, Biblioteca Nazionale Braidense
(Dottoressa A. Batori)

Mc—Milan, Biblioteca del Conservatorio di
Musica "Giuseppe Verdi" (Prof. Agostina
Zecca Laterza)

Mdell'Oro—Milan, Biblioteca dell'Oro, private collection

Ms—Milan, Museo Teatrale alla Scala "Livia Simoni"

MAC—Macerata, Biblioteca Comunale (Signora Alessandra Sfrappini)

Nc—Naples, Biblioteca del Conservatorio di Musica "S. Pietro a Majella"

NOVc—Novara, Biblioteca Comunale "Carlo Negroni" (Il direttore)

Pci—Padua, Biblioteca del Museo Civico (Arch. G.F. Martinoni and Dottoressa M. Blason)

PAc—Parma, Biblioteca del Conservatorio di Musica "Arrigo Boito" (Dottoressa Daniele Moschini and Dottoressa Raffaella Nardella)

Rb—Rome, Biblioteca del Burcardo (Signor Cesare Branchini)

Rn—Rome, Biblioteca Nazionale (Il direttore)

Rsc—Rome, Biblioteca del Conservatorio di Musica "S. Cecilia"

Rvat—Rome, Biblioteca Apostolica Vaticana

T arch. storico—Turin, Biblioteca dell'Archivio Storico Civico (Dottoressa Rossana Roccia)

Tci—Turin, Biblioteca Civica Musicale "Andrea della Corte"

Tn—Turin, Biblioteca Nazionale Universitaria (Dottore L. Selvaggi)

Tprovinciale—Turin, Amministrazione della Provincia, Biblioteca di Storia e Cultura piemontese (Dottoressa Monica Cuffia)

TStrona—Turin, Biblioteca Strona, private collection (Rag. Giorgio Fanon)

TSmt—Trieste, Civico Museo Teatrale di Fondazione Carlo Schmidl (Dottoressa Grazia Bravari)

		Vc—Venice, Biblioteca del Conservatorio di Musica "Benedetto Marcello"
		Vcg—Venice, Casa Goldoni (il direttore)
		Vgc—Venice, Biblioteca della Fondazione Giorgio Cini (il direttore)
		Vnm—Venice, Biblioteca Nazionale Marciana (Dottore Marino Zorzi)
P	Portugal	P-La—Portugal, Lisbon, Biblioteca da Ajuoda
US	United States	BE—Berkeley, University of California, Music Library
		Cn—Chicago, Newberry Library (Mr. Bart Smith)
		LAu—Los Angeles, University of California, Library
		NYfuld—New York, James J. Fuld, private collection
		NYp—New York, Public Library
		Wc—Washington D.C., Library of Congress

Die Zauberflöte
(Vienna, 1791)

J. C. Alberti sc.

2

Die Zauberflöte.

Eine

große Oper in zwey Aufzügen.

Von

Emmanuel Schikaneder.

Die Musik ist von Herrn Wolfgang Amade Mozart, Kapellmeister, und wirklichem k. k. Kammer = Compositeur.

Wien,

gedruckt bey Ignaz Alberti, 1791.

Personen.

Sarastro.
Tamino.
Sprecher.
Erster ⎫
Zwenter ⎬ Priester.
Dritter ⎭
Königinn der Nacht.
Pamina, ihre Tochter.
Erste ⎫
Zwente ⎬ Dame.
Dritte ⎭
Drey Genien.
Papageno.
Ein altes Weib.
Monostatos, ein Mohr.
Erster ⎫
Zwenter ⎬ Sclave.
Dritter ⎭
Priester, Sclaver, Gefolge.

Erster Aufzug.

Erster Auftritt.

Das Theater ist eine felsichte Gegend, hie und
da mit Bäumen überwachsen; auf beyden
Seiten sind gangbare Berge, nebst einem
runden Tempel.

Tamino kommt in einem prächtigen japoni-
schen Jagdkleide rechts von einem Felsen
herunter, mit einem Bogen, aber ohne
Pfeil; eine Schlange verfolgt ihn.

Introduction.

Tamino.

Zu Hülfe! zu Hülfe! sonst bin ich verloren,
Der listigen Schlange zum Opfer erkoren.
Barmherzige Götter! schon nahet sie sich;
Ach rettet mich! ach schützet mich!

A

2

Er fällt in Ohnmacht; sogleich öffnet sich die Pforte des
Tempels; drey verschleyerte Damen kommen heraus;
jede mit einem silbernen Wurfspieß.

Die drey Damen.

Triumph! Triumph! sie ist vollbracht
Die Heldenthat. Er ist befreyt
Durch unsers Armes Tapferkeit.

Erste Dame. (Ihn betrachtend.)

Ein holder Jüngling, sanft und schön.

Zweyte Dame.

So schön, als ich noch nie gesehn.

Dritte Dame.

Ja, ja! gewiß zum Mahlen schön.

Alle drey.

Würd' ich mein Herz der Liebe weih'n,
So müßt es dieser Jüngling seyn.
Laßt uns zu unsrer Fürstinn eilen,
Ihr diese Nachricht zu ertheilen.
Vieleicht, daß dieser schöne Mann
Die vor'ge Ruh' ihr geben kann.

Erste Dame.

So geht und sagt es ihr!
Ich bleib' indessen hier.

Zweyte Dame.

Nein, nein! geht ihr nur hin;
Ich wache hier für ihn.

Dritte Dame.

Nein, nein! das kann nicht seyn!
Ich schüße ihn allein.

Alle drey. (Jede für sich.)

Ich sollte fort? Ey, ey! wie fein!
Sie wären gern bey ihm allein.
Nein, nein! das kann nicht seyn.

(Eine nach der andern, dann alle drey zugleich.)

Was wollte ich darum nicht geben,
Könnt ich mit diesem Jüngling leben!
Hätt' ich ihn doch so ganz allein!
Doch keine geht; es kann nicht seyn.
Am besten ist es nun, ich geh'.
Du Jüngling, schön und liebevoll!
Du trauter Jüngling, lebe wohl,
Bis ich dich wieder seh'.

(Sie gehen alle drey zur Pforte des Tempels ab, die sich
selbst öffnet und schließt.)

Tamino. (erwacht, sieht furchtsam umher.) Wo
bin ich! Ist's Fantasie, daß ich noch lebe?
oder hat eine höhere Macht mich gerettet?
(steht auf, sieht umher) Wie? — Die bösartige

A 2

Schlange liegt todt zu meinen Füßen? —
(man hört von fern ein Waldflötchen, worunter das Orche-
ster piano accompagnirt. Tamino spricht unter dem Ritornel.)
Was hör' ich? Wo bin ich? Welch' unbe-
kannter Ort! — Ha, eine männliche Fi-
gur nähert sich dem Thal. (versteckt sich
hinter einem Baume.)

Zweyter Auftritt.

Papageno kommt den Fußsteig herunter,
hat auf dem Rücken eine große Vogelstei-
ge, die hoch über den Kopf geht, worin
verschiedene Vögel sind; auch hält er mit
beyden Händen ein Faunen-Flötchen, pfeift
und singt.

Arie.

Der Vogelfänger bin ich ja,
Stets lustig, heißa! hopsasa!
Der Vogelfänger ist bekannt
Bey Alt und Jung im ganzen Land.
Weiß mit dem Locken umzugeh'n,
Und mich aufs Pfeifen zu versteh'n.
Drum kann ich froh und lustig seyn;
Denn alle Vögel sind ja mein. (pfeift.)

9

5

Der Vogelfänger bin ich ja,
Stets lustig, heißa! hopsasa!
Der Vogelfänger ist bekannt,
Bey Alt und Jung im ganzen Land.
Ein Netz für Mädchen möchte ich;
Ich fing' sie dutzendweis für mich.
Dann sperrte sie bey mir ein,
Und alle Mädchen wären mein.

(Pfeift, will nach der Arie nach der Pforte gehen.)

Tamino. (nimmt ihn bey der Hand) He da!

Papageno. Was do!

Tamino. Sag mir, du lustiger Freund, wer du seyst?

Papag. Wer ich bin? (für sich) Dumme Frage! (laut) Ein Mensch, wie du. — Wenn ich dich nun fragte, wer du bist? —

Tamino. So würde ich dir antworten, daß ich aus fürstlichem Geblüte bin.

Papag. Das ist mir zu hoch. — Mußt dich deutlicher erklären, wenn ich dich verstehen soll!

Tamino. Mein Vater ist Fürst, der über viele Länder und Menschen herrscht; darum nennt man mich Prinz.

Papag. Länder? — Menschen? Prinz? —

11

Tamino. Daher frag' ich dich! —

Papag. Langsam! laß mich fragen. — Sag du mir zuvor: Gibt's außer diesen Bergen auch noch Länder und Menschen?

Tamino. Viele Tausende!

Papag. Da ließ sich eine Speculation mit meinen Vögeln machen.

Tamino. Nun sag' du mir, in welcher Gegend wir sind. —

Papag. In welcher Gegend? (sieht sich um) Zwischen Thälern und Bergen.

Tamino. Schon recht! aber wie nennt man eigentlich diese Gegend? — wer beherrscht sie? —

Papag. Das kann ich dir eben so wenig beantworten, als ich weiß, wie ich auf die Welt gekommen bin.

Tamino. (lacht) Wie? Du wüßtest nicht, wo du geboren, oder wer deine Ältern waren?

Papag. Kein Wort! — Ich weiß nicht mehr, und nicht weniger, als daß mich ein alter, aber sehr lustiger Mann auferzogen, und ernährt hat.

Tamino. Das war vermuthlich dein Vater?

Papag. Das weiß ich nicht.

Tamino. Hattest du denn deine Mutter nicht gekannt?

Papag. Gekannt hab' ich sie nicht; erzählen ließ ich mir's einige Mahl, daß meine Mutter einst da in diesem verschlossenen Gebäude bey der nächtlich sternflammenden Königinn gedient hätte. — Ob sie noch lebt, oder was aus ihr geworden ist, weiß ich nicht. — Ich weiß nur so viel, daß nicht weit von hier meine Strohhütte steht, die mich vor Regen und Kälte schützt.

Tamino. Aber wie lebst du?

Papag. Von Essen und Trinken, wie alle Menschen.

Tamino. Wodurch erhältst du das?

Papag. Durch Tausch. — Ich fange für die sternflammende Königinn und ihre Jungfrauen verschiedene Vögel; dafür erhalt' ich täglich Speis' und Trank von ihr.

Tamino. (für sich) Sternflammende Königinn! — Wenn es etwa gar die mächtige Herrscherinn der Nacht wäre! — Sag mir, guter Freund! warst du schon so glücklich, diese Göttinn der Nacht zu sehen?

Papag. (der bisher öfters auf seiner Flöte geblasen) Deine letzte alberne Frage überzeugt mich, daß du aus einem fremden Lande geboren bist. —

Tamino. Sey darüber nicht ungehalten, lieber Freund! ich dachte nur —

Papag. Sehen? — Die sternflammende Königinn sehen? — Wenn du noch mit einer solchen albernen Frage an mich kommst, so sperr' ich dich, so wahr ich Papageno heiße, wie einen Gimpel in mein Vogelhaus, verhandle dich dann mit meinen übrigen Vögeln an die nächtliche Königinn und ihre Jungfrauen; dann mögen sie dich meinetwegen sieden oder braten.

Tamino. (für sich) Ein wunderlicher Mann!

Papag. Sehen? — Die sternflammende Königinn sehen? — Welcher Sterbliche kann sich rühmen, sie je gesehen zu haben? — Welches Menschen Auge würde durch ihren schwarz durchwebten Schleyer blicken können?

Tamino. (für sich) Nun ist's klar; es ist eben diese nächtliche Königinn, von der mein Vater mir so oft erzählte. — Aber zu fassen, wie ich mich hierher verirrte, ist außer meiner Macht. — Unfehlbar ist auch dieser Mann kein gewöhnlicher Mensch. — Vielleicht einer ihrer dienstbaren Geister.

Papag. (für sich) Wie er mich so starr anblickt! bald fang' ich an, mich vor ihm zu fürchten. — Warum siehst du so verdächtig und schelmisch nach mir?

Tamino. Weil — weil ich zweifle, ob du Mensch bist. —

Papag. Wie war das?

Tamino. Nach deinen Federn, die dich bedecken, halt' ich dich — (geht auf ihn zu.)

Papag. Doch für keinen Vogel? — Bleib zurück, sag' ich, und traue mir nicht; — denn ich habe Riesenkraft, wenn ich jemand packe. — Wenn er sich nicht bald von mir schrecken läßt, so lauf' ich davon.

Tamino. Riesenkraft? (sieht auf die Schlange) Also warst du wohl gar mein Erretter, der diese giftige Schlange bekämpfte?

Papag. Schlange! (sieht sich um, weicht zitternd einige Schritte zurück.) Was da! ist sie todt, oder lebendig?

Tamino. Du willst durch deine bescheidene Frage meinen Dank ablehnen — aber ich muß dir sagen, daß ich ewig für deine so tapfere Handlung dankbar seyn werde.

Papag. Schweigen wir davon still — Freuen wir uns, daß sie glücklich überwunden ist.

Tamino. Aber um alles in der Welt, Freund! wie hast du dieses Ungeheuer bekämpft? — Du bist ohne Waffen.

Papag. Brauch keine! — Bey mir ist ein starker Druck mit der Hand mehr, als Waffen.

Tamino. Du hast sie also erdrosselt?

Papag. Erdrosselt! (für sich) Bin in meinem Leben nicht so stark gewesen, als heute.

Dritter Auftritt.

Die drey Damen.

Die drey Damen. (drohen und rufen zugleich) Papageno!

Papag. Aha! das geht mich an. — Sieh dich um, Freund!

Tamino. Wer sind diese Damen?

Papag. Wer sie eigentlich sind, weis ich selbst nicht. — Ich weis nur so viel, daß sie mir täglich meine Vögel abnehmen, und mir dafür Wein, Zuckerbrod, und süße Feigen bringen.

Tamino. Sie sind vermuthlich sehr schön?

Papag. Ich denke nicht! — — denn wenn sie schön wären, würden sie ihre Gesichter nicht bedecken.

Die drey Damen. (drohend) Papageno! —

Papag. Sey still! sie drohen mir schon. — Du fragst, ob sie schön sind, und ich kann dir darauf nichts antworten, als daß ich in meinem Leben nichts Reitzenders sah. — Jetzt werden sie bald wieder gut werden. — —

Die drey Damen. (drohend) Papageno! —

Papag. Was muß ich denn heute verbrochen haben, daß sie gar so aufgebracht
wider mich sind? — Hier, meine Schönen,
übergeb' ich meine Vögel.

Erste Dame. (reicht ihm eine schöne Bouteille
Waſſer) Dafür schickt dir unsre Fürstinn heute zum ersten Mahl statt Wein reines hel-
les Waſſer.

Zweyte Dame. Und mir befahl sie,
daß ich, statt Zuckerbrod, diesen Stein dir
überbringen soll. — Ich wünsche, daß er
dir wohl bekommen möge.

Papag. Was? Steine soll ich freſſen?

Dritte Dame. Und statt der süßen Feigen hab' ich die Ehre, dir dieß goldene Schloß
vor den Mund zu schlagen. (ſie ſchlägt ihm das
Schloß vor.)

Papag. (hat ſeinen Scherz durch Geberden.)

Erste Dame. Du willst vermuthlich wiſ-
sen, warum die Fürstinn dich heute so wun-
derbar bestraft?

Papag. (bejaht es.)

Zweyte Dame. Damit du künftig nie
mehr Fremde belügst.

Dritte Dame. Und daß du nie dich
der Heldenthaten rühmst, die andre vollzogen. —

Erste Dame. Sag' an! Hast du diese
Schlange bekämpft?

Papag. (deutet nein.)

Zweyte Dame. Wer denn also?

Papag. (deutet, er wisse es nicht.)

Dritte Dame. Wir waren's, Jüngling, die dich befreyten. — Zittre nicht! dich erwartet Freude und Entzücken. — Hier, dies Gemälde schickt dir die große Fürstinn; es ist das Bildniß ihrer Tochter — findest du, sagte sie, daß diese Züge dir nicht gleichgültig sind, dann ist Glück, Ehr' und Ruhm dein Loos. — Auf Wiedersehen. (geht ab.)

Zweyte Dame. Adieu, Monsieur Papageno! (geht ab.)

Erste Dame. Fein nicht zu hastig getrunken! (geht lachend ab.)

Papag. (hat immer sein stummes Spiel gehabt.)

Tamino (ist gleich bey Empfang des Bildnisses aufmerksam geworden; seine Liebe nimmt zu, ob er gleich für alle diese Reden taub schien.)

Vierter Auftritt.

Tamino, Papageno.

Tamino.

Arie.

Dies Bildniß bezaubernd schön,
Wie noch kein Auge je geseh'n!
Ich fühl' es, wie dies Götterbild
Mein Herz mit neuer Regung fühlt.
Dieß Etwas kann ich zwar nicht nennen;
Doch fühl' ichs hier wie Feuer brennen.
Soll die Empfindung Liebe seyn?
Ja, ja! die Liebe ist's allein. —
O wenn ich sie nur finden könnte!
O wenn sie doch schon vor mir stände!
Ich würde — würde — warm und rein —
Was würde ich! — Sie voll Entzücken
An diesen heißen Busen drücken,
Und ewig wäre sie dann mein. (will ab.)

Fünfter Auftritt.

Die drey Damen, Vorige.

Erste Dame. Rüste dich mit Muth und Standhaftigkeit, schöner Jüngling! — Die Fürstinn —

Zweyte Dame. Hat mir aufgetragen, dir zu sagen —

Dritte Dame. Daß der Weg zu deinem künftigen Glücke nunmehr gebahnt sey.

Erste Dame. Sie hat jedes deiner Worte gehört, so du sprachst; — sie hat —

Zweyte Dame. Jeden Zug in deinem Gesichte gelesen. — Ja noch mehr, ihr mütterliches Herz —

Dritte Dame. Hat beschlossen, dich ganz glücklich zu machen. — Hat dieser Jüngling, sprach sie, auch so viel Muth und Tapferkeit, als er zärtlich ist, o so ist meine Tochter ganz gewiß gerettet.

Tamino. Gerettet? O ewige Dunkelheit! was hör' ich? — Das Original?

Erste Dame. Hat ein mächtiger, böser Dämon ihr entrissen.

Tamino. Er riffen? — O ihr Götter! — sagt, wie konnte das geschehen?

Erste Dame. Sie saß an einem schö=

nen Mayentage ganz allein in dem alles bele=
benden Zipreſſenwäldchen, welches immer
ihr Lieblingsaufenthalt war. — Der Böſe=
wicht ſchlich unbemerkt hinein —

Zweyte Dame. Belauſchte ſie, und —

Dritte Dame. Er hat nebſt ſeinem bö=
ſen Herzen auch noch die Macht, ſich in jede
erdenkliche Geſtalt zu verwandeln; auf ſol=
che Weiſe hat er auch Pamina —

Erſte Dame. Dieß iſt der Name der
königlichen Tochter, ſo ihr anbetet.

Tamino. O Pamina! du mir entriſ=
ſen — du in der Gewalt eines üppigen Bö=
ſewichts! — biſt vieleicht in dieſem Augen=
blicke — ſchrecklicher Gedanke!

Die drey Damen. Schweig, Jüng=
ling! — —

Erſte Dame. Läſtere der holden Schön=
heit Tugend nicht! — Trotz aller Pein, ſo
die Unſchuld duldet, iſt ſie ſich immer gleich.
— Weder Zwang, noch Schmeicheley iſt
vermögend, ſie zum Wege des Laſters zu ver=
führen. — —

Tamino. O ſagt, Mädchen! ſagt, wo
iſt des Tyrannen Aufenthalt?

Zweyte Dame. Sehr nahe an unſern
Bergen lebt er in einem angenehmen und
reitzenden Thale. — Seine Burg iſt pracht=
voll, und ſorgſam bewacht.

Tamino. Kommt, Mädchen! führt mich!
— Pamina sey gerettet! — Der Bösewicht falle von meinem Arm; das schwör ich
bey meiner Liebe, bey meinem Herzen! —
(sogleich wird ein heftig erschütternder Accord mit Musik gehört.) Ihr Götter! was ist das?

Die drey Damen. Fasse dich!

Erste Dame. Es verkündigt die Ankunft unserer Königinn.   (Donner.)

Die drey Damen. Sie kommt! —
(Donner) Sie kommt! — — (Donner) Sie
kommt! —

Sechster Auftritt.

Die Berge theilen sich aus einander, und das
Theater verwandelt sich in ein prächtiges
Gemach. Die Königinn sitzt auf einem
Thron, welcher mit transparenten Ster-
nen geziert ist.

Königinn.

Recitativ.

O zittre nicht, mein lieber Sohn!
Du bist unschuldig, weise, fromm;
Ein Jüngling, so wie du, vermag am besten,
Dies tief betrübte Mutterherz zu trösten.

22

Arie

Zum Leiden bin ich auserkohren;
Denn meine Tochter fehlet mir,
Durch sie ging all mein Glück verloren —
Ein Bösewicht entfloh mit ihr.
Noch seh' ich ihr Zittern
Mit bangem Erschüttern,
Ihr ängstliches Beb:
Ihr schüchternes ⌣ eben.
Ich mußte sie mir rauben sehen,
Ach helft! war alles was sie sprach:
Allein vergebens war ihr Flehen,
Denn meine Hülfe war zu schwach.

Allegro.

Du wirst sie zu befreyen gehen,
Du wirst der Tochter Retter seyn.
Und werd ich dich als Sieger sehen,
So sey sie dann auf ewig dein.

(mit den drey Damen ab.)

B

Siebenter Auftritt.

Tamino, Papageno.

Das Theater verwandelt sich wieder so, wie es vorher war.

Tamino. (nach einer Pause) Ists denn auch Wirklichkeit, was ich sah? oder betäubten mich meine Sinnen? — O ihr guten Götter täuscht mich nicht! oder ich unterliege eurer Prüfung. — Schützet meinen Arm, stählt meinen Muth, und Taminos Herz wird ewigen Dank euch entgegen schlagen. (er will gehen, Papageno tritt ihm in den Weg.)

Quintetto.

Papageno. (deutet traurig auf sein Schloß am Mund.)

Hm! Hm! Hm! Hm! Hm! Hm! Hm! Hm!

Tamino.

Der Arme kann von Strafe sagen, —
Denn seine Sprache ist dahin.

Papageno.

Hm! Hm! Hm! Hm! Hm! Hm! Hm! Hm!

Tamino.

Ich kann nichts thun, als dich beklagen,
Weil ich zu schwach zu helfen bin.

(Während Tamino die letzten Strophen wiederhohlt, singt

Papageno mit unter.)

Hm! Hm! Hm! Hm! Hm! Hm!

Achter Auftritt.

Die drey Damen, Vorige.

Erste Dame.

Die Königinn begnadigt dich!

(nimmt ihm das Schloß vom Munde.)

Entläßt die Strafe dir durch mich.

Papageno.

Nun plaudert Papageno wieder?

Zweyte Dame.

Ja plaudre! — Lüge nur nicht wieder.

Papageno.

Ich lüge nimmermehr! Nein! Nein!

Die drey Damen mit ihm.

Dieß Schloß soll $\binom{\text{meine}}{\text{deine}}$ Warnung seyn.

B 2

Alle Fünf.

Bekämen doch die Lügner alle,
Ein solches Schloß vor ihren Mund;
Statt Haß, Verleumdung, schwarzer Galle,
Bestünde Lieb und Bruderbund.

Erste Dame.

(Sie giebt ihm eine goldene Flöte.)

O Prinz, nimm dies Geschenk von mir!
Dies sendet unsre Fürstinn dir!
Die Zauberflöte wird dich schützen,
Im größten Unglück unterstützen.

Die drey Damen.

Hiemit kannst du allmächtig handeln,
Der Menschen Leidenschaft verwandeln.
Der Traurige wird freudig seyn,
Den Hagestolz nimmt Liebe ein.

Alle Fünf.

O so eine Flöte ist mehr als Gold und Kro-
nen werth,
Denn durch sie wird Menschenglück und Zufriedenheit vermehrt.

Papageno.

Nun ihr schönen Frauenzimmer,
Darf ich — so empfehl ich mich.

Die drey Damen.

Dich empfehlen kannst du immer,
Doch bestimmt die Fürstinn dich
Mit dem Prinzen ohn' Verweilen,
Nach Sarastros Burg zu eilen.

Papageno.

Nein, dafür bedank ich mich!
Von euch selbst hörte ich,
Daß er wie ein Tiegerthier,
Sicher ließ ohn' alle Gnaden
Mich Sarastro rupfen, braten,
Setzte mich den Hunden für.

Die drey Damen.

Dich schützt der Prinz, trau ihm allein!
Dafür sollst du sein Diener seyn.

Papageno. (für sich.)

Daß doch der Prinz beym Teufel wäre,
Mein Leben ist mir lieb.
Am Ende schleicht bey meiner Ehre,
Er von mir wie ein Dieb.

Erste Dame.

Hier nimm dies Kleinod, es ist dein.
(giebt ihm eine Maschine wie ein hölzernes Gelächter.)

Papageno.

Ey! Ey! was mag darinnen seyn?

Dritte Dame.

Darinnen hörst du Glöckchen tönen.

Papageno.

Werd ich sie auch wohl spielen können?

Die drey Damen.

O ganz gewiß! Ja, ja! gewiß.

Alle Fünf.

Silber = Glöckchen, Zauberflöten,

Sind zu $\left(\begin{array}{c}\text{eurem}\\\text{unserm}\end{array}\right)$ Schutz vonnöthen,

Lebet wohl! wir wollen gehen,

Lebet wohl! auf Wiedersehen.

(Alle wollen gehen.)

Tamino, Papageno.

Doch schöne Damen saget an!

Wie man die Burg wohl finden kann.

Die drey Damen.

Drey Knäbchen, jung, schön, hold und weise,

Umschweben euch auf eurer Reise,

Sie werden eur Führer seyn,

Folgt ihrem Rathe ganz allein.

Tamino, Papageno.

Drey Knäbchen jung, schön, hold und weise,
Umschweben uns auf unsrer Reise.

Alle Fünf.

So lebet wohl! wir wollen gehen,
Lebt wohl! lebt wohl! auf Wiedersehen.

(Alle ab.)

Neunter Auftritt.

Zwey Sclaven tragen, so bald das Theater in ein prächtiges ägyptisches Zimmer
verwandelt ist, schöne Pölster nebst einem
prächtigen türkischen Tisch heraus, breiten
Teppiche auf, sodann kommt **der dritte
Sclav.**

Dritter Sclav. Ha, ha, ha!
Erster Sclav. Pst, Pst!
Zweyter Sclav. Was soll denn das
Lachen? —
Dritter Sclav. Unser Peiniger, der
alles belauschende Mohr, wird morgen si-
cherlich gehangen oder gespießt. — Pami-
na! — Ha, ha, ha!
Erster Sclav. Nun?

Dritter Sclav. Das reizende Mädchen! — Ha, ha, ha!

Zweyter Sclav. Nun?

Dritter Sclav. Ist entsprungen.

Erster und zweyter Sclav. Entsprungen? — —

Erster Sclav. Und sie entkam?

Dritter Sclav. Unfehlbar! — Wenigstens ist's mein wahrer Wunsch.

Erster Sclav. O Dank euch ihr guten
Götter! ihr habt meine Bitte erhört.

Dritter Sclav. Sagt ich euch nicht
immer, es wird doch ein Tag für uns schei-
nen, wo wir gerochen, und der schwarze
Monostatos bestraft werden wird.

Zweyter Sclav. Was spricht nun der
Mohr zu der Geschichte?

Erster Sclav. Er weiß doch davon?

Dritter Sclav. Natürlich! Sie ent-
lief vor seinen Augen. — Wie mir einige
Brüder erzählten, die im Garten arbeiteten,
und von weitem sahen und hörten, so ist
der Mohr nicht mehr zu retten; auch wenn
Pamina von Sarastros Gefolge wieder ein-
gebracht würde.

Erster und zweyter Sclav. Wie so?

Dritter Sclav. Du kennst ja den üppigen Wanst und seine Weise; das Mädchen aber
war klüger als ich dachte. — In dem Au-

genblicke, da er zu siegen glaubte, rief sie
Sarastros Namen: das erschütterte den
Mohren; er blieb stumm und unbeweglich
stehen — indeß lief Pamina nach dem Kanal,
und schiffte von selbst in einer Gondel dem
Palmwäldchen zu.

Erster Sclav. O wie wird das schüch-
terne Reh mit Todesangst dem Pallaste ihrer zärtlichen Mutter zueilen.

Zehnter Auftritt.

Vorige, Monostatos (von innen.)

Monost. He Sclaven!

Erster Sclav. Monostatos Stimme!

Monost. He Sclaven! Schaft Fesseln
herbey. —

Die drey Sclaven. Fesseln?

Erster Sclav. (lauft zur Seitenthüre) Doch
nicht für Pamina? O ihr Götter! da seht
Brüder, das Mädchen ist gefangen.

Zweyter und dritter Sclav. Pamina? — Schrecklicher Anblick!

Erster Sclav. Seht, wie der unbarmherzige Teufel sie bey ihren zarten Händchen
faßt. — Das halt ich nicht aus. (geht auf die
andere Seite ab.)

Zweyter Sclav. Ich noch weniger. —
(auch dort ab.)

Dritter Sclav. So was sehen zu müssen, ist Höllenmarter. (ab.)

Elfter Auftritt.

Monostatos, Pamina, (die von Sclaven herein geführt wird.)

Terzetto.

Monostatos (sehr schnell.)
Du feines Täubchen, nur herein.

Pamina.
O welche Marter! welche Pein!

Monostatos.
Verloren ist dein Leben.

Pamina.
Der Tod macht mich nicht beben,
Nur meine Mutter dauert mich;
Sie stirbt vor Gram ganz sicherlich.

Monostatos.
He Sclaven! legt ihr Fesseln an,

Mein Haß, soll dich verderben.

(Sie legen ihr Fesseln an.)

Pamina.

O laß mich lieber sterben,

Weil nichts, Barbar! dich rühren kann.

(Sie sinkt ohnmächtig auf ein Sofa.)

Monostatos.

Nun fort! laßt m..) bey ihr allein.

(Die Sclaven ab.)

Zwölfter Auftritt.

Papageno von außen am Fenster, ohne gleich gesehen zu werden. **Vorige.**

Papageno.

Wo bin ich wohl? wo mag ich seyn?

Aha! da find ich Leute;

Gewagt! ich geh herein. (geht herein.)

Schön Mädchen, jung und fein,

Viel weißer noch als Kreide.

(Monostatos und Papageno sehen sich, — erschrecken einer über den andern.)

Beyde.

Hu! Das—ist—der—Teuf—el—sich—er—lich!

Hab Mitleid, und verschone mich!
Hu! Hu! Hu!

(Laufen beyde ab.)

Dreyzehnter Auftritt.

Pamina (allein.)

Pamina (spricht wie im Traum) Mutter —
Mutter — Mutter! — (sie erholt sich, sieht
sich um) Wie? — Noch schlägt dieses Herz?
— Noch nicht vernichtet? — Zu neuen
Qualen erwacht? — O das ist hart, sehr
hart! — Mir bitterer, als der Tod.

Vierzehnter Auftritt.

Papageno, Pamina.

Papag. Bin ich nicht ein Narr, daß ich
mich schrecken ließ? — Es giebt ja schwarze
Vögel in der Welt, warum denn nicht auch
schwarze Menschen? — Ah, sieh da! hier ist
das schöne Fräulenbild noch. — Du Tochter der nächtlichen Königinn!
Pamina. Nächtliche Königinn? — Wer
bißt du?

Papag. Ein Abgesandter der sternflammenden Königinn.

Pamina. (freudig) Meiner Mutter? —
O Wonne! — Dein Name!

Papag. Papageno!

Pamina. Papageno? — Papageno —
Ich erinnere mich den Nahmen oft gehört zu
haben, dich selbst aber sah ich nie. —

Papag. So dich eben so wenig.

Pamina. Du kennst also meine gute,
zärtliche Mutter?

Papag. Wenn du die Tochter der nächtlichen Königinn bist — ja!

Pamina. O ich bin es.

Papag. Das will ich gleich erkennen.
(Er sieht das Portrait an, welches der Prinz zuvor empfangen, und Papageno nun an einem Bande am Halse trägt.)
Die Augen schwarz — richtig, schwarz. —
Die Lippen roth — richtig, roth — Blonde Haare — Blonde Haare. — Alles trift
ein, bis auf Händ und Füße. — — —
Nach dem Gemählde zu schließen, sollst du
weder Hände noch Füße haben; denn hier
sind auch keine angezeigt.

Pamina. Erlaube mir — Ja ich bin's
— Wie kam es in deine Hände?

Papageno. Dir das zu erzählen, wäre
zu weitläufig; es kam von Hand zu Hand.

Pamina. Wie kam es in die deinige?

Papageno. Auf eine wunderbare Art.
— Ich habe es gefangen.

Pamina. Gefangen?

Papag. Ich muß dir das umständlicher
erzählen. — Ich kam heute früh wie gewöhnlich zu deiner Mutter Pallast mit meiner Lieferung. —

Pamina. Lieferung?

Papag. Ja, ich liefere deiner Mutter,
und ihren Jungfrauen schon seit vielen Jahren alle die schönen Vögel in den Pallast. —
Eben als ich im Begriff war, meine Vögel
abzugeben, sah ich einen Menschen vor mir,
der sich Prinz nennen läßt. — Dieser Prinz
hat deine Mutter so eingenommen, daß sie
ihm dein Bildniß schenkte, und ihm befahl,
dich zu befreyen. — Sein Entschluß war
so schnell, als seine Liebe zu dir.

Pamina. Liebe? (freudig) Er liebt mich
also? O sage mir das noch ein Mahl, ich
höre das Wort Liebe gar zu gerne.

Papag. Das glaube ich dir ohne zu
schwören; bist ja ein Fräulenbild. — Wo
blieb ich denn?

Pamina. Bey der Liebe.

Papag. Richtig, bey der Liebe! — Das
nenn ich Gedächtniß haben — Kurz also,
diese große Liebe zu dir war der Peitschen-
streich, um unsre Füße in schnellen Gang zu

bringen; nun ſind wir hier, dir tauſend
ſchöne und angenehme Sachen zu ſagen; dich
in unſre Arme zu nehmen, und wenn es
möglich iſt, eben ſo ſchnell, wo nicht ſchnel-
ler als hierher, in den Pallaſt deiner Mutter zu eilen.

Pamina. Das iſt alles ſehr ſchön geſagt; aber lieber Freund! wenn der unbekannte Jüngling, oder Prinz, wie er ſich
nennt, Liebe für mich fühlt, warum ſäumt
er ſo lange, mich von meinen Feſſeln zu befreyen? —

Papag. Da ſteckt eben der Hacken. —
Wie wir von den Jungfrauen Abſchied
nahmen, ſo ſagten ſie uns, drey holde Knaben würden unſre Wegweiſer ſeyn, ſie würden uns belehren, wie und auf was Art wir
handeln ſollen.

Pamina. Sie lehrten euch?

Papag. Nichts lehrten ſie uns, denn
wir haben keinen geſehen. — Zur Sicherheit alſo war der Prinz ſo fein, mich voraus
zu ſchicken, um dir unſre Ankunft anzukün-
digen. —

Pamina. Freund, du haſt viel gewagt!
— Wenn Saraſtro dich hier erblicken ſollte. —

Papag. So wird mir meine Rückreiſe
erſpart — Das kann ich mir denken.

Pamina. Dein martervoller Tod ·wûr-
de ohne Grenzen seyn.

Papag. Um diesem auszuweichen, so
gehen wir lieber bey Zeiten.

Pamina. Wie hoch mag wohl die Sonne seyn?

Papag. Bald gegen Mittag.

Pamina. So haben wir keine Minute
zu versäumen. — Um diese Zeit kommt Sarastro gewöhnlich von der Jagd zurück.

Papag. Sarastro ist also nicht zu Hause? — Pah! da haben wir gewonnenes
Spiel! — Komm, schönes Fräulenbild! du
wirst Augen machen, wenn du den schönen
Jüngling erblickst.

Pamina. Wohl denn! es sey gewagt!
(sie gehen, Pamina kehrt um) Aber wenn dieß ein
Fallstrick wäre — Wenn dieser nun ein böser Geist von Sarastros Gefolge wäre? —
(sieht ihn bedenklich an.)

Papag. Ich ein böser Geist? — Wo
denkt ihr hin Fräulenbild? — Ich bin der
beste Geist von der Welt.

Pamina. Doch nein; das Bild hier
überzeugt mich, daß ich nicht getäuscht bin;
Es kommt von den Händen meiner zärtlich-
sten Mutter.

Papag. Schön's Fräulenbild, wenn dir
wieder ein so böser Verdacht aufsteigen soll-

te, daß ich dich betrügen wollte, so denke nur fleißig an die Liebe, und jeder böse Argwohn wird schwinden.

Pamina. Freund, vergieb! · vergieb! wenn ich dich beleidigte. Du hast ein gefühlvolles Herz, das sehe ich in jedem deiner Züge.

Papag. Ach freylich hab ich ein gefühlvolles Herz — Aber was nützt mich das alles? — Ich möchte mir oft alle meine Federn ausrupfen, we: ch bedenke, daß Papageno noch keine Papagena hat.

Pamina. Armer Mann! du hast also noch kein Weib?

Papag. Nicht einmahl ein Mädchen, viel weniger ein Weib! — Ja das ist betrübt! — — Und unser einer hat doch auch bisweilen seine lustigen Stunden, wo man gern gesellschaftliche Unterhaltung haben möcht. —

Pamina. Geduld Freund! der Himmel wird auch für dich sorgen; er wird dir eine Freundinn schicken, ehe du dir's vermuthest. — —

Papag. Wenn er's nur bald schickte.

C

Pamina.

Duetto.

Bey Männern, welche Liebe fühlen,
Fehlt auch ein gutes Herze nicht.

Papageno.

Die süßen Triebe mit zu fühlen,
Ist dann der Weiber erste Pflicht.

Beyde.

Wir wollen uns der Liebe freu'n,
Wir leben durch die Lieb allein.

Pamina.

Die Lieb' versüßet jede Plage,
Ihr opfert jede Kreatur.

Papageno.

Sie würzet unsre Lebenstage,
Sie wirkt im Kreise der Natur.

Beyde.

Ihr hoher Zweck zeigt deutlich an,
Nichts edlers sey, als Weib und Mann.
Mann und Weib, und Weib und Mann,
Reichen an die Götter an.

(Beyde ab.)

Fünfzehnter Auftritt.

Das Theater verwandelt sich in einen Hayn.
Ganz im Grunde der Bühne ist ein schöner Tempel, worauf diese Worte stehen:
Tempel der Weisheit; dieser Tempel führt
mit Säulen zu zwey andern Tempeln;
rechts auf dem einen steht: Tempel der
Vernun,. Links steht: Tempel der Natur.

Finale.

(Drey Knaben führen den Tamino herein, jeder hat einen
silbernen Palmzweig in der Hand.)

Drey Knaben.

Zum Ziele führt dich diese Bahn,
Doch mußt du Jüngling! männlich siegen.
Drum höre unsre Lehre an:
Sey standhaft, duldsam, und verschwiegen!

Tamino.

Ihr holden Kleinen sagt mir an,
Ob ich Paminen retten kann.

Drey Knaben.

Dieß kund zu thun, steht uns nicht an —
Sey standhaft, duldsam, und verschwiegen —

C 2

Bedenke dies: kurz, sey ein Mann,
Dann Jüngling wirst du männlich siegen.

(gehen ab.)

Tamino.

Die Weisheitslehre dieser Knaben
Sey ewig mir ins Herz gegraben.
Wo bin ich nun? — Was wird mit mir?
Ist dies der Sitz der Götter hier?
Es zeigen die Pforten, es zeigen die Säulen,
Daß Klugheit und Arbeit und Künste hier weilen;
Wo Thätigkeit thronet, und Müßiggang weicht,
Erhält seine Herrschaft das Laster nicht leicht.
Ich mache mich muthig zur Pforte hinein,
Die Absicht ist edel, und lauter und rein.
Erzittre feiger Bösewicht!
Paminen retten ist mir Pflicht.

> (Er geht an die Pforte zur rechten Seite, macht sie auf,
> und als er hinein will, hört man von fern eine
> Stimme.)

Stimme.

Zurück!

Tamino.

Zurück? so wag ich hier mein Glück!

> (Er geht zur linken Pforte, eine Stimme von innen.)

Stimme.

Zurück!

Tamino.

Auch hier ruft man zurück? (sieht sich um)
Da sehe ich noch eine Thür!
Vieleicht find ich den Eingang hier.
(Er klopft, ein alter Priester erscheint.)

Priester.

Wo willst du kühner Fremdling, hin?
Was suchst du hier im Heiligthum?

Tamino.

Der Lieb und Tugend Eigenthum.

Priester.

Die Worte sind von hohem Sinn!
Allein, wie willst du diese finden?
Dich leitet Lieb und Tugend nicht,
Weil Tod und Rache dich entzünden.

Tamino.

Nur Rache für den Bösewicht.

Priester.

Den wirst du wohl bey uns nicht finden.

Tamino.

Sarastro herrscht in diesen Gründen?

Priester.

Ja, ja! Sarastro herrschet hier!

Tamino:
Doch in dem Weisheitstempel nicht?

Priester.
Er herrscht im Weisheitstempel hier.

Tamino.
So ist denn alles Heucheley! (will gehen.)

Priester.
Willst du schon wieder geh'n?

Tamino.
Ja, ich will geh'n, froh und frey, —
Nie euren Tempel seh'n.

Priester.
Erklär dich näher mir, dich täuschet ein Betrug.

Tamino.
Sarastro wohnet hier, das ist mir schon genug.

Priester.
Wenn du dein Leben liebst, so rede, bleibe da!
Sarastro hassest du?

Tamino.
Ich haß ihn ewig! Ja. —

Priester.
Nun gieb mir beine Gründe an.

Tamino.

Er ist ein Unmensch, ein Tyrann!

Priester.

Ist das, was du gesagt, erwiesen?

Tamino.

Durch ein unglücklich Weib bewiesen,
Die Gram un immer niederdrückt.

Priester.

Ein Weib hat also dich berückt?
Ein Weib thut wenig, plaudert viel.
Du Jüngling glaubst dem Zungenspiel?
O legte doch Sarastro dir
Die Absicht seiner Handlung für.

Tamino.

Die Absicht ist nur allzu klar;
Riß nicht der Räuber ohn' Erbarmen,
Paminen aus der Mutter Armen?

Priester.

Ja, Jüngling! was du sagst, ist wahr.

Tamino.

Wo ist sie, die er uns geraubt?
Man opferte vielleicht sie schon?

Priester.

Dir dieß zu sagen, theurer Sohn!
Ist jeßund mir noch nicht erlaubt.

Tamino.

Erklär dieß Räthsel, täusch mich nicht.

Priester.

Die Zunge bindet Eid und Pflicht.

Tamino.

Wann also wird die Decke schwinden?

Priester.

So bald dich führt der Freundschaft Hand,
Ins Heiligthum zum ew'gen Band.

(geht ab.)

Tamino (allein.)

O ewige Nacht! Wann wirst du schwinden?
Wann wird das Licht mein Auge finden?

Einige Stimmen.

Bald Jüngling, oder nie!

Tamino.

Bald sagt ihr, oder nie!
Ihr Unsichtbaren, saget mir!
Lebt denn Pami..a noch?

Die Stimmen.

Pamina lebet noch!

Tamino (freudig.)

Sie lebt? ich danke euch dafür

(Er nimmt seine Flöte heraus.)

Wenn ich doch nur im Stande wäre

Allmächtige, zu Eurer Ehre,

Mit jedem Tone meinen Dank,

Zu schildern, wie er hier entsprang!

(Aufs Herz de ... Er spielt, sogleich kommen Thiere von allen Arten hervor, ihm zuzuhören. Er hört auf, und sie fliehen. Die Vögel pfeifen dazu.)

Wie stark ist nicht dein Zauberton,

Weil, holde Flöte, durch dein Spielen

Selbst wilde Thiere Freude fühlen.

Doch nur Pamina bleibt davon; (er spielt)

Pamina höre, höre mich!

Umsonst! (er spielt) Wo? ach! wo find ich dich?

(Er spielt, Papageno antwortet von innen mit seinem Flötchen.)

Ha, das ist Papagenos Ton.

(Er spielt, Papageno antwortet.)

Tamino.

Vieleicht sah er Paminen schon,

Vieleicht eilt sie mit ihm zu mir!

Vieleicht führt mich der Ton zu ihr. (eilt ab.)

Sechzehnter Auftritt.

Papageno, Pamina (ohne Fesseln.)

Beyde.

Schnelle Füße, rascher Muth,
Schützt vor Feindes List und Wuth;
Fänden wir Taminen doch!
Sonst erwischen sie uns noch.

Pamina.

Holder Jüngling!

Papageno.

Stille, stille! ich kanns besser! (er pfeift.)

Tamino
(antwortet von innen mit seiner Flöte.)

Beyde.

Welche Freude ist wohl grösser,
Freund Tamino hört uns schon;
Hieher kam der Flöten Ton,
Welch' ein Glück, wenn ich ihn finde!
Nur geschwinde! Nur geschwinde! (wollen gehen.)

Siebenzehnter Auftritt.

Vorige, Monostatos.

Monostatos.

Ha, hab ich euch noch erwischt!
Nur herbey mit Stahl und Eisen;
Wart, man wi•? euch Mores weisen.
Den Monostatos erlicken!
Nur herbey mit Band und Stricken;
He, ihr Sclaven kommt herbey!

(Die Sclaven kommen mit Fesseln.)

Pamina, Papageno.

Ach nun ists mit uns vorbey.

Papageno.

Wer viel wagt, gewinnt oft viel,
Komm du schönes Glockenspiel!
Laß die Glöckchen klingen, klingen,
Daß die Ohren ihnen singen.

(Er schlägt auf sein Instrument, sogleich singt Mono,
statos und die Sclaven, und gehen unter dem Ge-
sang marschmäßig ab.)

Monostatos und Sclaven.

Das klinget so herrlich, das klinget so schön!
Tralla lala la Trallalala!

44

Nie hab ich so etwas gehört und geseh'n!
Trallalalala Tralla lalala. (ab.)

Papageno, Pamina.

Ha ha ha! ha ha ha!
Könnte jeder brave Mann
Solche Glöckchen finden,
Seine Feinde würden dann
Ohne Mühe schwinden.
Und er lebte ohne sie
In der besten Harmonie .
Nur der Freundschaft Harmonie
Mildert die Beschwerden;
Ohne diese Sympathie
Ist kein Glück auf Erden.

(Ein starker Marsch mit Trompeten und Paucken fällt
ein.)

(Von innen.)

Es lebe Sarastro! Sarastro lebe !

Papageno.

Was soll dieß bedeuten? Ich zittre, ich bebe.

Pamina.

O Freund, nun ists um uns gethan!
Dieß kündigt den Sarastro an.

Papageno.

O wär ich eine Maus!

Wie wollt ich mich verstecken,

Wär ich so klein wie Schnecken,

So kröch ich in mein Haus. —

Mein Kind, was werden wir nun sprechen?

Pamina.

Die Wahrheit! sey sie auch Verbrechen.

Beyde.

Die Wahrheit ! nicht immer gut,

Weil sie den Gr. ßen wehe thut;

Doch wär sie allezeit verhaßt,

So wär mein Leben mir zur Last.

Achtzehnter Auftritt.

Ein Zug von Gefolge; zuletzt fährt **Sarastro** auf einem Triumphwagen heraus, der von sechs Löwen gezogen wird. **Vorige.**

Chorus.

Es lebe Sarastro! Sarastro soll leben!

Er ist es, dem wir uns mit Freuden ergeben!

Stets mög er des Lebens als Weiser sich freun!

Er ist unser Abgott, dem alle sich weihn.

(Dieser Chor wird gesungen, bis Sarastro aus dem Wagen ist.)

Pamina (kniet.)

Herr, ich bin zwar Verbrecherinn!
Ich wollte deiner Macht entfliehn.
Allein die Schuld ist nicht an mir —
Der böse Mohr verlangte Liebe;
Darum, o Herr! entfloh ich dir.

Sarastro.

Steh auf, erheitre dich, o Liebe!
Denn ohne erst in dich zu dringen
Weis ich von deinem Herzen mehr:
Du liebest einen andern sehr.
Zur Liebe will ich dich nicht zwingen,
Doch geb ich dir die Freyheit nicht.

Pamina.

Mich rufet ja die Kindespflicht,
Denn meine Mutter —

Sarastro.

Steht in meiner Macht,
Du würdest um dein Glück gebracht,
Wenn ich dich ihren Händen ließe.

Pamina.

Mir klingt der Mutternamen süße;
Sie ist es —

Sarastro.

Und ein stolzes Weib.

Ein Mann muß eure Herzen leiten,
Denn ohne ihn pflegt jedes Weib
Aus ihrem Wirkungskreis zu schreiten.

Neunzehnter Auftritt.

Monostatos, Tamino. Vorige.

Monostatos.

Nun stolzer Jüngling, nur hieher!
Hier ist Sarastro, unser Herr!

Pamina, Tamino.

Er ists! Er ists! ich glaub es kaum!
Sie ists! Sie ists! es ist kein Traum!

Es schling mein Arm sich um $\left(\begin{array}{c}\text{sie}\\\text{ihn}\end{array}\right)$ her,

Und wenn es auch mein Ende wär.

Alle.

Was soll das heißen?

Monostatos.

Welch eine Dreistigkeit!
Gleich auseinander, das geht zu weit!

(Er trennt sie.)

(Kniet.)

Dein Sclave liegt zu deinen Füßen,

Laß den verweg'nen Frevler büßen.
Bedenk, wie frech der Knabe ist!
Durch dieses seltnen Vogels List,
Wollt er Paminen dir entführen;
Allein, ich wußt ihn auszuspühren.
Du kennst mich! — meine Wachsamkeit —

Sarastro.

Verdient, daß man ihr Lorber streut! —
He! gebt dem Ehrenmann sogleich —

Monostatos.

Schon deine Gnade macht mich reich.

Sarastro.

Nur 77. Sohlenstreich!

Monostatos (kniet.)

Ach Herr! den Lohn verhoft ich nicht.

Sarastro.

Nicht Dank! Es ist ja meine Pflicht.

(Wird fortgeführt.)

Alle.

Es lebe Sarastro, der göttliche Weise,
Er lohnet und strafet in ähnlichem Kreise.

Sarastro.

Führt diese beyden Fremdlinge,
In unsern Prüfungstempel ein:

Bedecket ihre Häupter dann —
Sie müssen erst gereinigt seyn.

(Zwey bringen eine Art Sack, und bedecken die Häupter
der beyden Fremden.)

Alle.

Führt diese beyden Fremdlinge
In unsern Prüfungstempel ein u. s. f.

Schlußchor.

Wenn Tugend und Gerechtigkeit
Den großen Pfad mit Ruhm bestreut;
Dann ist die Erd' e'n Himmelreich,
Und Sterbliche den Göttern gleich.

Ende des ersten Aufzugs.

——————

D

Zweyter Aufzug.

Erster Auftritt.

Das Theater ist ein Palmwald; alle Bäume
sind silberartig, die Blätter von Gold. 18.
Sitze von Blättern; auf einem jeden Sitze
steht eine Pyramide, und ein großes schwar-
zes Horn mit Gold gefaßt. In der Mitte
ist die größte Pyramide, auch die größten
Bäume. Sarastro nebst andern Priestern
kommen in feyerlichen Schritten, jeder
mit einem Palmzweige in der Hand. Ein
Marsch mit blasenden Instrumenten be-
gleitet den Zug.

Sarastro (nach einer Pause.)

Ihr, in dem Weisheitstempel eingeweihten Diener der großen Göttin Osiris und
Isis! — Mit reiner Seele erklär ich euch,
daß unsre heutige Versammlung eine der
wichtigsten unsrer Zeit ist. — Tamino, ein
Königssohn, 20 Jahre seines Alters, wandelt an der nördlichen Pforte unsers Tempels, und seufzt mit tugendvollem Herzen

nach einem Gegenstande, den wir alle mit
Mühe und Fleiß erringen müssen. — Kurz,
dieser Jüngling will seinen nächtlichen Schleyer
von sich reißen, und ins Heiligthum des größten Lichtes blicken. — Diesen Tugendhaf-
ten zu bewachen, ihm freundschaftlich die
Hand zu bieten, sey heute eine unsrer wichtigsten Pflichten.

Erster Priester. (steht auf) Er besitzt
Tugend?

Sarastro. Tugend!

Zweyter Priester. Auch Verschwiegenheit?

Sarastro. Verschwiegenheit!

Dritter Priester. Ist wohlthätig?

Sarastro. Wohlthätig! — haltet ihr
ihn für würdig, so folgt meinem Beyspiele.
(Sie blasen drey Mahl in die Hörner.) Gerührt über die
Einigkeit eurer Herzen, dankt Sarastro euch
im Namen der Menschheit. — Mag immer
das Vorurtheil seinen Tadel über uns Ein-
geweihte auslassen! — Weisheit und Vernunft zerstückt es gleich dem Spinnengewe-
be. — Unsere Säulen erschüttern sie nie.
Jedoch, das böse Vorurtheil soll schwinden;
und es wird schwinden, so bald Tamino selbst
die Größe unserer schweren Kunst besitzen
wird. — Pamina, das sanfte, tugendhafte
Mädchen haben die Götter dem holden

D 2

Jünglinge bestimmt; dies ist der Grundstein, warum ich sie der stolzen Mutter entriß. — Das Weib dünkt sich groß zu seyn; hoft durch Blendwerk und Aberglauben das Volk zu berücken, und unsern festen Tempelbau zu zerstören. Allein, das soll sie nicht; Tamino, der holde Jüngling selbst, soll ihn mit uns befestigen, und als Eingeweihter der Tugend Lohn, dem Laster aber Strafe seyn. (Der dreymahlige Accord in den Hörnern wird von allen wiederhohlt.)

Sprecher. (steht auf) Großer Sarastro, deine weisheitsvollen Reden erkennen und bewundern wir; allein, wird Tamino auch die harten Prüfungen, so seiner warten, bekämpfen? — Verzeih, daß ich so frey bin, dir meinen Zweifel zu eröfnen! mich bangt es um den Jüngling. Wenn nun im Schmerz dahin gesunken sein Geist ihn verließe, und er dem harten Kampfe unterläge. — Er ist Prinz!

Sarastro. Noch mehr — — Er ist Mensch!

Sprecher. Wenn er nun aber in seiner frühen Jugend leblos erblaßte?

Sarastro. Dann ist er Osiris und Isis gegeben, und wird der Götter Freuden früher fühlen, als wir. (Der dreymahlige Accord wird wiederhohlt.) Man führe Tamino mit seinem

Reisegefährten in Vorhof des Tempels ein.
(zum Sprecher, der vor ihm niederkniet.) Und du,
Freund! den die Götter durch uns zum Ver-
theidiger der Wahrheit bestimmten — voll-
ziehe dein heiliges Amt, und lehre durch
deine Weisheit beyde, was Pflicht der
Menschheit sey, lehre sie die Macht der
Götter erkennen.

(Sprecher geht mit einem Priester ab, alle Priester stellen sich mit ihren Palmzweigen zusammen.)

Chorus.

O Isis und Osiris schenket
Der Weisheit Geist dem neuen Paar!
Die ihr der Wandrer Schritte lenket,
Stärkt mit Geduld sie in Gefahr —
Laßt sie der Prüfung Früchte sehen.
Doch sollten sie zu Grabe gehen,
So lohnt der Tugend kühnen Lauf,
Nehmt sie in euern Wohnsitz auf.

(Sarastro geht voraus, dann alle ihm nach ab.)

Zweyter Auftritt.

Nacht, der Donner rollt von weitem. Das
Theater verwandelt sich in einen kurzen
Vorhof des Tempels, wo man Rudera
von eingefallenen Säulen und Pyramiden
sieht, nebst einigen Dornbüschen. An beyden Seiten stehen practicable hohe alt-
ägyptische Thüren, welche mehr Seitenge-
bäude vorstellen.

Tamino und **Papageno** werden vom
Sprecher, und dem andern **Priester**
herringeführt; sie lösen ihnen die Säcke
ab; die **Priester** gehen dann ab.

Tamino. Eine schreckliche Nacht! —
Papageno, bist du noch bey mir?

Papageno. J, freylich!

Tamino. Wo denkst du, daß wir uns
nun befinden?

Papageno. Wo? Ja wenns nicht finster wäre, wollt' ich dirs schon sagen —
aber so — (Donnerschlag) O weh! —

Tamino. Was ists?

Papageno. Mir wird nicht wohl bey
der Sache!

Tamino. Du hast Furcht, wie ich höre.

Papageno. Furcht eben nicht, nur eiß= kalt läufts mir über den Rücken. (Starker Don= nerschlag.) O weh!

Tamino. Was solls?

Papageno. Ich glaube, ich bekomme ein kleines Fieber.

Tamino. Pfui, Papageno! Sey ein Mann!

Papag⸗). Ich wollt' ich wär ein Mäd= chen! (ein sehr starker Donnerschlag) O! O! O! Das ist mein letzter Augenblick.

Dritter Auftritt.

Sprecher, und der andere **Priester** mit Fackeln. **Vorige.**

Sprecher. Ihr Fremdlinge, was sucht oder fordert ihr von uns? Was treibt euch an, in unsre Mauern zu dringen?

Tamino. Freundschaft und Liebe.

Sprecher. Bist du bereit, es mit deinem Leben zu erkämpfen?

Tamino. Ja!

Sprecher. Auch wenn Tod dein Loos wäre?

Tamino. Ja!

Sprecher. Prinz, noch ist's Zeit zu weichen — einen Schritt weiter, und es ist zu spät. —

Tamino. Weisheitslehre sey mein Sieg; Pamina, das holde Mädchen mein Lohn.

Sprecher. Du unterziehst jeder Prüfung dich?

Tamino. Jeder!

Sprecher. Reiche deine Hand mir! — (Sie reichen sich die Hände) So!

Zweyter Priester. Ehe du weiter sprichst, erlaube mir ein Paar Worte mit diesem Fremdlinge zu sprechen. — — Willst auch du dir Weisheitsliebe erkämpfen?

Papageno. Kämpfen ist meine Sache nicht. — Ich verlang' auch im Grunde gar keine Weisheit. Ich bin so ein Naturmensch, der sich mit Schlaf, Speise und Trank begnügt; — und wenn es ja seyn könnte, daß ich mir einmahl ein schönes Weibchen fange.

Zweyter Priester. Die wirst du nie erhalten, wenn du dich nicht unsern Prüfungen unterziehst.

Papageno. Worinn besteht diese Prüfung? —

Zweyter Priester. Dich allen unsern Gesetzen unterwerfen, selbst den Tod nicht scheuen.

Papag. Ich bleibe ledig!

Sprecher. Aber wenn du dir ein tugend-
haftes, schönes Mädchen erwerben könntest?

Papag. Ich bleibe ledig!

Zweyter Priester. Wenn nun aber
Sarastro dir ein Mädchen aufbewahrt hätte,
das an Farbe und Kleidung dir ganz gleich
wäre? —

Papag. Mir gleich! Ist sie jung?

Zweyter Priester. Jung und schön!

Papag. Und heißt?

Zweyter Priester. Papagena.

Papag. Wie? — Pa —?

Zweyter Priester. Papagena!

Papag. Papagena? — Die möcht' ich
aus bloßer Neugierde sehen.

Zweyter Priester. Sehen kannst du
sie! — —

Papag. Aber wenn ich sie gesehen habe,
hernach muß ich sterben?

Zweyter Priester (macht eine zweydeutige
Pantomime.)

Papag. Ja? — Ich bleibe ledig!

Zweyter Priester. Sehen kannst du
sie, aber bis zur verlaufenen Zeit kein Wort
mit ihr sprechen; wird dein Geist so viel
Standhaftigkeit besitzen, deine Zunge in
Schranken zu halten?

Papag. O ja!

Zweyter Priester. Deine Hand! du sollst sie sehen.

Sprecher. Auch dir, Prinz, legen die Götter ein heilsames Stillschweigen auf; ohne diesem seyd ihr beyde verlohren. — Du wirst Pamina sehen — aber nie sie sprechen dürfen; dieß ist der Anfang eurer Prüfungszeit. —

Duetto.

Bewahret euch vor Weibertücken:
Dies ist des Bundes erste Pflicht!
Manch weiser Mann ließ sich berücken,
Er fehlte, und versah sichs nicht.
Verlassen sah er sich am Ende,
Vergolten seine Treu mit Hohn!
Vergebens rang er seine Hände,
Tod und Verzweiflung war sein Lohn.

(Beyde Priester ab.)

Vierter Auftritt.

Tamino, Papageno.

Papag. He, Lichter her! Lichter her!
— Das ist doch wunderlich, so oft einen

die Herrn verlaſſen, ſo ſieht man mit offe-
nen Augen Nichts.

Tamino. Ertrag es mit Geduld, und
denke, es iſt der Götter Wille.

Fünfter Auftritt.

Die drey Damen, Vorige.

(u. a. der Verſenkung.)

Die drey Damen.

Quintetto.

Wie? Wie? Wie?
Ihr an dieſem Schreckensort?
Nie, Nie, Nie!
Kommt ihr wieder glücklich fort!
Tamino, dir iſt Tod geſchworen.
Du, Papageno! biſt verlohren!

Papageno.

Nein! Nein! Nein! Das wär zu viel.

Tamino.

Papageno ſchweige ſtill!
Willſt du dein Gelübde brechen,
Nichts mit Weibern hier zu ſprechen?

Papageno.

Ihr hört ja, wir sind beyde hin.

Tamino.

Stille sag ich! — Schweige still!

Papageno.

Immer still, und immer still!

Die drey Damen.

Ganz nah ist euch die Königinn!
Sie drang in Tempel heimlich ein.

Papageno.

Wie? Was? Sie soll im Tempel seyn?

Tamino.

Stille sag ich! — Schweige still! —
Wirst du immer so vermessen,
Deiner Eides - Pflicht vergessen?

Die drey Damen.

Tamino, hör! du bist verlohren!
Gedenke an die Königinn!
Man zischelt viel sich in die Ohren
Von dieser Priester falschem Sinn.

Tamino (für sich.)

Ein Weiser prüft und achtet nicht,
Was der verworfne Pöbel spricht.

Die drey Damen.

Man sagt, wer ihrem Bunde schwört,
Der ist verwünscht mit Haut und Haar.

Papageno.

Das wär beym Teufel unerhört!
Sagt an Tamino, ist das wahr?

Tamino.

Geschwätz v.. Weibern nachgesagt,
Von Heuchlern aber ausgedacht.

Papageno.

Doch sagt es auch die Königinn.

Tamino.

Sie ist ein Weib, hat Weibersinn,
Sey still, mein Wort sey dir genug,
Denk deiner Pflicht, und handle klug.

Die drey Damen. (zu Tamino)

Warum bist du mit uns so spröde?

Tamino (deutet bescheiden, daß er nicht sprechen darf.)

Die drey Damen.

Auch Papageno schweigt. — so rede!

Papageno.

Ich möchte gerne — Woll —

Tamino.

Still!

Papageno. (heimlich)

Ihr seht, daß ich nicht soll —

Tamino.

Still!

Tamino, Papageno.

Daß (ich / du) nicht (kann / kannst) das Plaudern laſſen,

Iſt wahrlich eine Schand' für (mich. / dich.)

Alle fünf.

(Wir / Sie) müſſen (ſie / uns) mit Schaam verlaſſen;

Es plaudert keiner ſicherlich!

Von feſtem Geiſte iſt ein Mann,

Er denket, was er ſprechen kann.

(Die Damen wollen gehen, die Eingeweihten ſchreyen von innen.)

Prieſter.

Entweiht iſt die heilige Schwelle,

Hinab mit d . . Weibern zur Hölle!

(Ein ſchrecklicher Accord mit allen Inſtrumenten, Donner, Blitz und Schlag: zugleich zwey ſtarke Donner. Die Damen ſtürzen in die Verſenkung.)

Die drey Damen.

O weh! O weh! O weh!

Papageno (fällt vor Schrecken zu Boden; singt, da schon alle Musik stille ist.)

O weh! O weh! O weh!

(Dann fängt der dreymahlige Accord an.)

Sechster Auftritt.

Tamino, Papageno, Sprecher, zweyter Priester (mit Fackeln.)

Sprecher. Heil dir, Jüngling! dein standhaft männliches Betragen hat gesiegt. Zwar hast du noch manch rauhen und gefährlichen Weg zu wandern, den du aber durch Hülfe der Götter glücklich endigen wirst. — Wir wollen also mit reinem Herzen unsere Wanderschaft weiter fortsetzen. — (er giebt ihm den Sack um.) So! nun komm. (ab.)

Zweyter Priester. Was seh' ich! Freund, stehe auf! wie ist dir?

Papag. Ich lieg' in einer Ohnmacht!

Zweyter Priester. Auf! Sammle dich und sey ein Mann!

Papag. (steht auf) Aber sagt mir nur meine lieben Herren, warum muß ich denn

alle die Qualen und Schrecken empfinden?
— Wenn mir ja die Götter eine Papagena
bestimmten, warum denn mit so vielen Ge=
fahren sie erringen?

Zweyter Priest. Diese neugierige Frage
mag deine Vernunft dir beantworten. Komm!
meine Pflicht heischt dich weiter zu führen.
(er giebt ihm den Sack um.)

Papag. Bey so einer ewigen Wander=
schaft möcht einem wohl die Liebe auf immer
vergehen. (ab.)

Siebenter Auftritt.

Das Theater verwandelt sich in einen ange=
nehmen Garten; Bäume, die nach Art ei=
nes Hufeisens gesetzt sind; in der Mitte
steht eine Laube von Blumen und Rosen,
worin **Pamina** schläft. Der Mond be=
leuchtet ihr Gesicht. Ganz vorn steht eine
Rasenbank, **Monostatos** kommt, setzt
sich nach einer Pause.

Monost. Ha, da find' ich ja die spröde
Schöne! — — Und um so einer geringen
Pflanze wegen wollte man meine Fußsohlen
behämme: ?. — Also bloß dem heutigen
Tage hab' ichs zu verdanken, daß ich noch
mit heiler Haut auf die Erde trete. — —

Hm! — Was war denn eigentlich mein Verbrechen? — daß ich mich in eine Blume
vergaffte, die auf fremden Boden versetzt
war? — Und welcher Mensch, wenn er
auch von gelinderm Himmelstrich daher wan-
derte, würde bey so einem Anblick kalt und
unempfindlich bleiben? — Bey allen Sternen! das Mädchen wird noch um meinen
Verstand mich bringen. — Das Feuer, das
in mir glimmt, wird mich noch verzehren.
(Er sieht sich allenthalben um.) Wenn ich wüßte —
daß ich so ganz allein, und unbelauscht wäre — ich wagte es noch einmal. (Er macht sich
Wind mit beyden Händen. Es ist doch eine ver-
dammte närrische Sache um die Liebe! —
Ein Küßchen, dächte ich, ließe sich entschuldigen. —

Arie.

(Alles wird so piano gesungen und gespielt, als wenn die
Musik in weiter Entfernung wäre.)

Alles fühlt der Liebe Freuden,
Schnäbelt, tändelt, herzet, küßt;
Und ich soll die Liebe meiden,
Weil ein Schwarzer häßlich ist.
Ist mir denn kein Herz gegeben?
Ich bin auch den Mädchen gut?
Immer ohne Weibchen leben,

E

Wäre wahrlich Höllenglut.
Drum so will ich, weil ich lebe,
Schnäbeln, küssen, zärtlich seyn! —
Lieber, guter Mond — vergebe
Eine Weiße nahm mich ein! —
Weiß ist schön! — ich muß sie küssen;
Mond! verstecke dich dazu! —
Sollt es dich zu seh'n verdrießen,
O so mach die Augen zu.

(Er schleicht langsam und leise hin.)

Achter Auftritt.

Die Königinn kommt unter Donner aus der mittlern Versenkung, und so, daß sie gerade vor **Pamina** zu stehen kommt.

Königinn. Zurücke!
Pamina. (erwacht) Ihr Götter!
Monost. (prallt zurück) O weh! — das ist — wo ich nicht irre, die Göttin der Nacht.

(Steht ganz still.)

Pamina. Mutter! Mutter! meine Mutter! — (Sie fällt ihr in die Arme.)

Monost. Mutter? hm! das muß man von weitem belauschen. (Schleicht ab.)

Königinn. Verdank es der Gewalt, mit

der man dich mir entriß, daß ich noch deine
Mutter mich nenne. — Wo ist der Jüngling, den ich an dich sandte?

Pamina. Ach Mutter, der ist der Welt
und den Menschen auf ewig entzogen. — Er
hat sich den Eingeweihten gewidmet.

Königinn. Den Eingeweihten? — Unglückliche Tochter, nun bist du auf ewig mir
entrissen. —

Pamina. Entrissen? — O fliehen wir
liebe Mutter! unter deinem Schutz troz ich
jeder Gefahr.

Königinn. Schutz? Liebes Kind, deine
Mutter kann dich nicht mehr schützen. —
Mit deines Vaters Tod gieng meine Macht zu
Grabe.

Pamina. Mein Vater —

Königinn. Übergab freywillig den sie-
benfachen Sonnenkreis den Eingeweihten;
diesen mächtigen Sonnenkreis trägt Sarastro auf seiner Brust. — Als ich ihn darüber beredete, so sprach er mit gefalteter
Stirne: Weib! meine letzte Stunde ist da
— alle Schätze, so ich allein besaß, sind
dein und deiner Tochter. — Der 'alles verzeh-
rende Sonnenkreis, fiel ich hastig ihm in die Rede, — ist den Geweihten bestimmt, antwortete
er: — Sarastro wird ihn so männlich verwal-
ten, wie ich bisher. — Und nun kein Wort

E 2

weiter; forsche nicht nach Wesen, die dem weiblichen Geiste unbegreiflich sind. — Deine Pflicht ist, dich und deine Tochter, der Führung weiser Männer zu überlassen.

Pamina. Liebe Mutter, nach allem dem zu schließen, ist wohl auch der Jüngling auf immer für mich verloren.

Königinn. Verloren, wenn du nicht, eh' die Sonne die Erde färbt, ihn durch diese unterirdische Gewölber zu fliehen beredest. — Der erste Schimmer des Tages entscheidet, ob er ganz Dir oder den Eingeweihten gegeben sey.

Pamina. Liebe Mutter, dürft ich den Jüngling als Eingeweihten denn nicht auch eben so zärtlich lieben, wie ich ihn jetzt liebe? — Mein Vater selbst war ja mit diesen weisen Männern verbunden; er sprach jederzeit mit Entzücken von ihnen, preißte ihre Güte — ihren Verstand — ihre Tugend. — Sarastro ist nicht weniger tugendhaft. — —

Königinn. Was hör ich! — Du meine Tochter könntest die schändlichen Gründe dieser Barbaren vertheidigen? — So einen Mann lieben, der mit meinem Todfeinde verbunden, mit jedem Augenblick mir meinen Sturz bereiten würde? — Siehst du hier diesen Stahl? — Er ist für Sarastro geschliffen. — Du wirst ihn tödten, und den mächtigen Sonnenkreis mir überliefern.

Pamina. Aber liebste Mutter! —

Königinn. Kein Wort!

Arie.

Der Hölle Rache kocht in meinem Herzen,
Tod und Verzweiflung flammet um mich her!
Fühlt nicht durch dich Sarastro Todesschmerzen,
So bist du meine Tochter nimmermehr.
Verstoßen sey auf ewig und verlassen,
Zertrümmert alle Bande der Natur,
Wenn nicht durch dich Sarastro wird erblassen!
Hört Rache, — Götter! — Hört der Mutter
                                    Schwur.

(Sie versinkt.)

Neunter Auftritt.

Pamina (mit dem Dolch in der Hand.)

Pamina. Morden soll ich? — Götter!
das kann ich nicht. — Das kann ich nicht!

(Steht in Gedanken.)

Zehnter Auftritt.

Vorige, Monostatos.

Monost. (kommt schnell, heimlich, und sehr freudig)
Sarastros Sonnenkreis hat also auch seine
Wirkung? — Und diesen zu erhalten, soll
das schöne Mädchen ihn morden? — Das
ist Salz in meine Suppe!

Pamina. Aber schwur sie nicht bey allen Göttern, mich zu verstoffen, wenn ich
den Dolch nicht gegen Sarastro kehre? —
Götter! — Was soll ich nun?

Monost. Dich mir anvertrauen! (nimmt
ihr den Dolch.)

Pamina (erschrickt und schrent) Ha!

Monost. Warum zitterst du? vor meiner schwarzen Farbe, oder vor dem ausgedachten Mord?

Pamina (schüchtern) Du weißt also? —

Monost. Alles. — Ich weiß sodar,
daß nicht nur dein, sondern auch deiner Mutter Leben in meiner Hand steht. — Ein einziges Wort sprech ich zu Sarastro, und deine Mutter wird in diesem Gewölbe in eben
dem Wasse , das die Eingeweihten reinigen
soll, wie man sagt, ersäufft. — Aus diesem Gewölbe kommt sie nun sich nicht mehr

mit heiler Haut, wenn ich es will. — Du
hast also nur einen Weg, dich und deine Mutter zu retten.

Pamina. Der wäre?

Monost. Mich zu lieben.

Pamina. (zitternd für sich) Götter!

Monost. (freudig) Das junge Bäumchen
jagt der Sturm auf meine Seite. — Nun
Mädchen! — Ja, oder nein!

Pamina (entschlossen) Nein!

Monost. (voll Zorn) Nein? und warum?
weil ich die Farbe eines schwarzen Gespensts
trage? — Nicht? — Ha so stirb! (er er-
greift sie bey der Hand)

Pamina. Monostatos, sieh mich hier
auf meinen Knien — schone meiner!

Monost. Liebe oder Tod! — Sprich!
dein Leben steht auf der Spitze.

Pamina. Mein Herz hab ich dem Jüngling geopfert.

Monost. Was kümmert mich dein Opfer.
— Sprich! —

Pamina. (entschlossen) Nie!

Elfter Auftritt.

Vorige, Sarastro.

Monost. So fahr denn hin! (Sarastro hält ihn schnell ab.) Herr, mein Unternehmen ist nicht strafbar; man hat deinen Tod geschworen, darum wollt ich dich rächen.

Sarastro. Ich weis nur allzuviel. — Weiß, daß deine Seele eben so schwarz als dein Gesicht ist. — — Auch würde ich dies schwarze Unternehmen mit höchster Strenge an dir bestrafen, wenn nicht ein böses Weib, das zwar eine sehr gute Tochter hat, den Dolch dazu geschmiedet hätte. — Verdank es der bösen Handlung des Weibes, daß du ungestraft davon ziehst. — Geh! —

Monost. (im Abgehen) Jetzt such' ich die Mutter auf, weil die Tochter mir nicht beschieden ist. (ab.)

Zwölfter Auftritt.

Vorige, ohne Monostatos.

Pamina. Herr, strafe meine Mutter nicht, der Schmerz über meine Abwesenheit. —

Sarastro. Ich weis alles. — Weis,
daß sie in unterirdischen Gemächern des Tem=
pels herumirrt, und Rache über mich und
die Menschheit kocht; — Allein, du sollst
sehen, wie ich mich an deiner Mutter rä=
che. — Der Himmel schenke nur dem hol=
dem Jüngling Muth und Standhaftigkeit in
seinem frommen Vorsatz, denn bist du mit
ihm glücklich, und deine Mutter soll beschämt
nach ihrer Sh.. zurücke kehren.

Arie.

In diesen heil'gen Hallen,
Kennt man die Rache nicht. —
Und ist ein Mensch gefallen;
Führt Liebe ihn zur Pflicht.
Dann wandelt er an Freundeshand,
Vergnügt und froh ins beff're Land.
In diesen heiligen Mauern
Wo Mensch den Menschen liebt,
Kann kein Verräther lauern,
Weil man dem Feind vergiebt.
Wen solche Lehren nicht erfreu'n,
Verdienet nicht ein Mensch zu seyn.

(Gehen beyde ab.)

Dreyzehnter Auftritt.

Das Theater verwandelt sich in eine Halle, wo das Flugwerk gehen kann. Das Flugwerk ist mit Rosen und Blumen umgeben, wo sich sodann eine Thüre öfnet. **Tamino** und **Papageno** werden ohne Säcke, von den **zwey Priestern** herein geführt. Ganz vorne sind zwey Rasenbänke.

Sprecher. Hier seyd ihr euch beyde allein überlassen. — Sobald die röchelnde Posaune tönt, dann nehmt ihr euren Weg dahin. — Prinz, lebt wohl! Wir sehen uns, eh' ihr ganz am Ziele seyd. — — Noch einmal, vergeßt das Wort nicht: Schweigen. — (ab.)

Zweyter Priester. Papageno, wer an diesem Ort sein Stillschweigen bricht, den strafen die Götter durch Donner und Blitz. Leb wohl! (ab.)

Vierzehnter Auftritt.

Tamino, Papageno.

Tamino (setzt sich auf eine Rasenbank.)

Papag. (nach einer Pause) Tamino!

Tamino. (verweisend) St!

Papag. Das ist ein lustiges Leben! — Wär' ich lieber in meiner Strohhütte, oder im Walde, so hört ich doch manchmahl einen Vogel pfeifen.

Tamino. (verweisend) St!

Papag. Mit mir selbst werd' ich wohl sprechen dürfen; und auch wir zwey können zusammen ... chen, wir sind ja Männer.

Tamino. (verweisend) St!

Papag. (singt) La la la — la la la! — Nicht einmal einen Tropfen Wasser bekommt man bey diesen Leuten; viel weniger sonst was. —

Fünfzehnter Auftritt.

Ein altes häßliches **Weib** kommt aus der Versenkung, hält auf einer Tasse einen großen Becher mit Wasser.

Papag. (sieht sie lang an) Ist das für mich?

Weib. Ja, mein Engel!

Papageno. (sieht sie wieder an, trinkt) Nicht mehr und nicht weniger als Wasser. — Sag du mir, du unbekannte Schöne! werden alle fremde Gäste auf diese Art bewirthet?

Weib. Freylich mein Engel!

Papag. So, so! — Auf die Art werden die Fremden auch nicht gar zu häufig kommen. — —

Weib. Sehr wenig.

Papag. Kann mirs denken. — Geh Alte, setze dich her zu mir, mir ist die Zeit verdammt lange. — Sag du mir, wie alt bist du denn?

Weib. Wie alt?

Papag. Ja!

Weib. 18. Jahr, und 2. Minuten.

Papag. 18. Jahr, und 2. Minuten?

Weib. Ja!

Papag. Ha ha ha! — Ey du junger Engel! Hast du auch einen Geliebten?

Weib. J' freylich!

Papag. Ist er auch so jung wie du?

Weib. Nicht gar, er ist um 10. Jahre älter. —

Papag. Um 10. Jahr ist er älter als du? — Das muß eine Liebe seyn! — — Wie nennt sich denn dein Liebhaber?

Weib. Papageno!

Papag. (erschrickt, Pause) Papageno? — Wo ist er denn dieser Papageno?

Weib. Da sitzt er mein Engel!

Papag. Ich wär dein Geliebter?

Weib. Ja mein Engel!

Papag. (nimmt schnell das Wasser, und sprützt sie ins Gesicht) **Sag du mir, wie heißt du denn?**

Weib. Ich heiße —— (starker Donner, die Alte hinkt schnell ab.)

Papag. O weh!

Tamino (steht auf, droht ihm mit dem Finger.)

Papag. Nun sprech ich kein Wort mehr!

Sechs enter Auftritt.

Die drey Knaben kommen in einem mit Rosen bedeckten Flugwerk. In der Mitte steht ein schöner gedeckter Tisch. Der eine hat die Flöte, der anders das Kästchen mit Glöckchen. **Vorige.**

Terzetto.

Seyd uns zum zweytenmal willkommen
Ihr Männer in Sarastros Reich!
Er schickt, was man euch abgenommen,
Die Flöte und die Glöckchen euch.
Wollt ihr die Speisen nicht verschmähen,
So esset, trinket froh davon!
Wenn wir zum drittenmal uns sehen,
Ist Freude eures Muthes Lohn!

Tamino Muth! Nah ist das Ziel,
Du Papageno, schweige still.

(Unter dem Terzett sehen sie den Tisch in die Mitte,
und fliegen auf.)

Siebzehnter Auftritt.

Tamino, Papageno.

Papag. Tamino, wollen wir nicht speisen? — —

Tamino (bläst auf seiner Flöte.)

Papag. Blase du nur fort auf deiner
Flöte, ich will meine Brocken blasen. —
Herr Sarastro führt eine gute Küche. —
Auf die Art, ja da will ich schon schweigen,
wenn ich immer solche gute Bissen bekomme.
(er trinkt) Nun will ich sehen, ob auch der Kel-
ler so gut bestellt ist. — Ha! — Das ist
Götterwein! — (die Flöte schweigt.)

Achtzehnter Auftritt.

Pamina, Vorige.

Pamina (freudig) Du hier? — Gütige
Götter! Dank euch, daß ihr mich diesen Weg

führtet. — Ich hörte deine Flöte — und
so lief ich pfeilschnell dem Tone nach. —
Aber du bist traurig? — Sprichst nicht eine
Silbe mit deiner Pamina?

Tamino. (seufzt) Ah! (winkt ihr fortzugehen.)

Pamina. Wie? ich soll dich meiden?
liebst du mich nicht mehr?

Tamino (seufzt) Ah ! (winkt wieder fort.)

Pamina. Ich soll fliehen, ohne zu wissen, warum . . . . Tamino, holder Jüngling!
hab ich dich beleidigt? — O kränke mein
Herz nicht noch mehr. — Bey dir such ich
Trost — Hülfe — und du kannst mein
liebevolles Herz noch mehr kränken? —
Liebst du mich nicht mehr?

Tamino (seufzt.)

Pamina. Papageno, sage du mir, sag,
was ist meinem Freund?

Papag. (hat einen Brocken in dem Mund, hält
mit beyden Händen die Speisen zu, winkt fortzugehen.)

Pamina. Wie? auch du? — Erkläre
mir wenigstens die Ursache eures Stillschwei-
gens. — —

Papag. St! (er denkt ihr fortzugehen.)

Pamina. O das ist mehr als Kränkung —
mehr als Tod! (Pause) Liebster, einziger Tamino! —

Arie.

Ach ich fühls, es ist verschwunden —
Ewig hin der Liebe Glück!
Nimmer kommt ihr, Wonnestunden,
Meinem Herzen mehr zurück.
Sieh Tamino, diese Thränen
Fließen Trauter, dir allein.
Fühlst du nicht der Liebe Sehnen,
So wird Ruh im Tode seyn. (ab.)

Neunzehnter Auftritt.

Tamino, Papageno.

Papag. (ist hastig) Nicht wahr Tamino,
ich kann auch schweigen, wenns seyn muß.
— Ja, bey so einem Unternehmen da bin
ich Mann. — (er trinkt) Der Herr Koch,
und der Herr Kellermeister sollen leben. —
(Dreymaliger Posaunenton.)
Tamino (winkt Papageno, daß er gehen soll.)
Papag. Gehe du nur voraus, ich komm
schon nach.
Tamino (will ihn mit Gewalt fortführen.)
Papag. Der Stärkere bleibt da!
Tamino (droht ihm, und geht rechts ab; ist aber
links gekommen.)

Papag. Jetzt will ich mirs erst recht wohl seyn lassen. — Da ich in meinem besten Appetit bin, soll ich gehen. — Das lass' ich wohl bleiben. — Ich gieng' jetzt nicht fort, und wenn Herr Sarastro seine sechs Löwen an mich spannte. (die Löwen kommen heraus, er erschrickt.) O Barmherzigkeit, ihr gütigen Götter! — Tamino, rette mich! die Herrn Löwen machen eine Mahlzeit aus mir. — — (Tamino bläst seine Flöte, kommt schnell zurück; die Löwen gehen hinein.)

Tamino (winkt ihm.)

Papag. Ich gehe schon! heiß du mich einen Schelmen, wenn ich dir nicht in allem folge. (dreymaliger Posaunenton) Das geht uns an. — Wir kommen schon. — Aber hör einmal, Tamino, was wird denn noch alles mit uns werden?

Tamino (deutet gen Himmel.)

Papag. Die Götter soll ich fragen?

Tamino (deutet ja.)

Papag. Ja, die könnten uns freylich mehr sagen, als wir wissen! (dreymaliger Posaunenton.)

Tamino (reißt ihn mit Gewalt fort.)

Papag. Eile nur nicht so, wir kommen noch immer zeitlich genug, um uns braten zu lassen. (ab.)

F

Zwanzigster Auftritt.

Das Theater verwandelt sich in das Gewölbe von Pyramiden. **Sprecher, und einige Priester.** Zwey Priester tragen eine beleuchtete Pyramide auf Schultern; jeder **Priester** hat eine transparente Pyramide in der Größe einer Laterne, in der Hand.

Chor.

O Isis und Osiris, welche Wonne!
Die düstre Nacht verscheucht der Glanz der
Sonne.
Bald fühlt der edle Jüngling neues Leben;
Bald ist er unserm Dienste ganz gegeben.
Sein Geist ist kühn, sein Herz ist rein,
Bald wird er unser würdig seyn.

Ein und zwanzigster Auftritt.

Tamino, (der hereingeführt wird) Vorige.

Saras.ro. Prinz, dein Betragen war bis hieher männlich und gelassen; nun hast

du noch zwey gefährliche Wege zu wandern.
— Schlägt dein Herz noch eben so warm
für Pamina — und wünschest du einst als
ein weiser Fürst zu regieren, so mögen die
Götter dich ferner begleiten. — — Deine
Hand — Man bringe Paminen!

(Eine Stille herrscht bey allen Priestern, Pamina wird
mit eben diesem Sack, welcher die Eingeweihten be-
deckt, herein geführt, Sarastro löst die Bande am Sacke auf.)

Pamina. Wo bin ich? — Welch eine
fürchterliche Stille! — Saget, wo ist mein
Jüngling? —

Sarast. Er wartet deiner, um dir das
letzte Lebewohl zu sagen.

Pamina. Das letzte Lebewohl! —
wo ist er? — Führe mich zu ihm! —

Sarast. Hier! —

Pamina. Tamino!

Tamino. Zurück!

Terzett.

Sarastro, Pamina, Tamino.

Pamina.

Soll ich dich, Theurer! nicht mehr seh'n?

F 2

Sarastro.

Ihr werdet froh euch wieder seh'n! —

Pamina.

Dein warten tödtliche Gefahren! —

Sarastro und Tamino.

Die Götter mögen ($\begin{smallmatrix}\text{ihn}\\\text{mich}\end{smallmatrix}$) bewahren! —

Pamina.

Du wirst dem Tode nicht entgehen;
Mir flüstert Ahndung dieses ein! —

Sarastro und Tamino.

Der Götter Wille mag geschehen;
Ihr Wink soll ($\begin{smallmatrix}\text{ihm}\\\text{mir}\end{smallmatrix}$) Gesetze seyn! —

Pamina.

O liebtest du, wie ich dich liebe,
Du würdest nicht so ruhig seyn! —

Sarastro und Tamino.

Glaub mir, ($\begin{smallmatrix}\text{er fühlet}\\\text{ich fühle}\end{smallmatrix}$) gleiche Triebe,

($\begin{smallmatrix}\text{Wird}\\\text{Werd'}\end{smallmatrix}$) ewig dein Getreuer seyn!

Sarastro.

Die Stunde schlägt, nun müßt ihr scheiden;
Tamino muß nun wieder fort!

Tamino und Pamina.

Wie bitter sind der Trennung Leiden!

(Pamina, ich muß wirklich fort!)
(Tamino muß nun wirklich fort!)

Sarastro.

Nun muß er fort!

Tamino.

Nun muß ich fort!

Pamina.

So mußt du fort! —

Tamino.

Pamina, lebe wohl!

Pamina.

Tamino, lebe wohl!

Sarastro.

Nun eile fort!
Dich ruft dein Wort.

Sarastro und Tamino.

Die Stunde schlägt: wir seh'n uns wieder! —

Pamina.

Ach, goldne Ruhe, kehre wieder!

(entfernen sich.)

Zwey und zwanzigster Auftritt.

Papageno.

Papageno. (von außen) Tamino! Tamino! willst du mich denn gänzlich verlassen? (er sucht herein) Wenn ich nur wenigstens wüßte, wo ich wäre — Tamino! — Tamino! — So lang' ich lebe, bleib' ich nicht mehr von dir — — nur dießmal verlaß mich armen Reisgefährten nicht! (er kommt an die Thüre, wo Tamino abgeführt worden ist.)

Eine Stimme ruft: Zurück! (dann ein Donnerschlag; das Feuer schlägt zur Thüre heraus; starker Accord.)

Papag. Barmherzige Götter! — Wo wend' ich mich hin? — Wenn ich nur wüßte, wo ich herein kam. (er kommt an die Thüre, wo er herein kam.)

Die Stimme. Zurück! (Donner, Feuer, und Accord wie oben.)

Papag. Nun kann ich weder zurück, noch vorwärts! — (weint) Muß vieleicht am Ende gar verhungern. — Schon recht! — Warum bin ich mitgereist.

Drey und zwanzigster Auftritt.

Sprecher (mit seiner Pyramide.) **Vorige.**

Sprecher. Mensch! du hätteſt verdient, auf immer in finſtern Klüften der Erde zu wandern; — die gütigen Götter aber entlaſſen der Strafe dich. — Dafür aber wirſt du das himm. ſche Vergnügen der Eingeweihten nie fühlen.

Papag. Je nun, es giebt ja noch mehr Leute meines Gleichen. — Mir wäre jetzt ein gut Glas Wein das größte Vergnügen.

Sprecher. Sonſt haſt du keinen Wunſch in dieſer Welt?

Papag. Bis jetzt nicht.

Sprecher. Man wird dich damit bedienen! — (ab.)

(Sogleich kommt ein großer Becher, mit rothem Wein angefüllt, aus der Erde.)

Papag. Juchhe! da iſt er ja ſchon! — (trinkt) Herrlich! — Himmlisch! — Göttlich! — Ha! ich bin jetzt ſo vergnügt, daß ich bis zur Sonne fliegen wollte, wenn ich Flügel hätte. — Ha! — mir wird ganz wunderlich ums Herz. — Ich möchte — ich wünſchte — ja was denn?

Arie.

(Er schlägt dazu.)

Ein Mädchen oder Weibchen
Wünscht Papageno sich!
O so ein sanftes Täubchen
Wär' Seligkeit für mich! —
Dann schmeckte mir Trinken und Essen;
Dann könnt' ich mit Fürsten mich messen,
Des Lebens als Weiser mich freu'n,
Und wie im Elysium seyn.
Ein Mädchen oder Weibchen
Wünscht Papageno sich!
O so ein sanftes Täubchen
War' Seeligkeit für mich! —
Ach kann ich denn keiner von allen
Den reizenden Mädchen gefallen?
Helf' eine mir nur aus der Noth,
Sonst gräm' ich mich wahrlich zu Tod'.
Ein Mädchen oder Weibchen,
Wünscht Papageno sich!
O so ein sanftes Täubchen
Wär' Seligke. für mich.
Wird keine mir Liebe gewähren,
So muß mich die Flamme verzehren!

Doch küßt mich ein, weiblicher Mund,
So bin ich schon wieder gesund.

Vier und zwanzigster Auftritt.

Die Alte (tanzend, und auf ihren Stock dabey sich
stützend.) **Vorige.**

Weib. Da bin ich schon, mein Engel!
Papag. Du hast dich meiner erbarmt?
Weib. Ja, mein Engel!
Papag. Das ist ein Glück!
Weib. Und wenn du mir versprichst, mir
ewig treu zu bleiben, dann sollst du sehen,
wie zärtlich dein Weibchen dich lieben wird.
Papag. Ey du zärtliches Närrchen!
Weib. O wie will ich dich umarmen,
dich liebkosen, dich an mein Herz drücken!
Papag. Auch ans Herz drücken?
Weib. Komm, reiche mir zum Pfand
unsers Bundes deine Hand.
Papag. Nur nicht so hastig, lieber En-
gel! — So ein Bündniß braucht doch auch
seine Überlegung.
Weib. Papageno, ich rathe dir, zaudre
nicht. — Deine Hand, oder du bist auf immer hier eingekerkert.
Papag. Eingekerkert?

Weib. Wasser und Brod wird deine täg-
liche Kost seyn. — Ohne Freund, ohne Freundinn mußt du leben, und der Welt auf immer
entsagen, —

Papag. Wasser trinken? — Der Welt
entsagen? — Nein, da will ich doch lieber
eine Alte nehmen, als gar keine. — Nun,
da hast du meine Hand, mit der Versicherung, daß ich dir immer getreu bleibe, (für sich)
so lang' ich keine schönere sehe.

Weib. Das schwörst du?

Papag. Ja, das schwör' ich!

Weib (verwandelt sich in ein junges Weib, welche
eben so gekleidet ist, wie Papageno.)

Papag. Pa — Pa — Papagena! —
(er will sie umarmen.)

Fünf und zwanzigster Auftritt.

Sprecher (nimmt sie hastig bey der Hand.)
Vorige.

Sprecher. Fort mit dir, junges Weib!
er ist deiner noch nicht würdig. (er schleppt sie
hinein, Papageno will nach.) Zurück, sag ich! oder
zittre. —

Papag. Eh' ich mich zurück ziehe, soll
die Erde mich verschlingen, (er sinkt hinab.) O
ihr Götter!

Sechs und zwanzigster Auftritt.

Das Theater verwandelt sich in einen kurzen
Garten, **die drey Knaben** fahren
herunter.

Finale.

Bald prangt, - - Morgen zu verkünden,
Die Sonn' auf goldner Bahn, —
Bald soll der finstre Irrwahn schwinden;
Bald siegt der weise Mann. —
O holde Ruhe, steig hernieder;
Kehr in der Menschen Herzen wieder;
Dann ist die Erd' ein Himmelreich,
Und Sterbliche den Göttern gleich. —

Erster Knabe.

Doch seht, Verzweiflung quält Paminen!

Zweyter und dritter Knabe.

Wo ist sie denn?

Erster Knabe.

Sie ist von Sinnen!

Zweyter und dritter Knabe.

Sie quält verschmähter Liebe Leiden.
Laßt uns der Armen Trost bereiten!

Fürwahr, iſ · Schickſal geht mir nah!
O wäre nur ıy. Jüngling da! —
Sie kommt, laßt uns beyſeite geh'n,
Damit wir, was ſie mache, ſeh'n.

(gehen beyſeite.)

Sieben und zwanzigſter Auftritt.

Pamina (halb wahnwißig mit einem Dolch in der
Hand.) **Vorige.**

Pamina (zum Dolch.)

Du alſo biſt mein Bräutigam?
Durch dich vollend' ich meinen Gram. —

Die drey Knaben (beyſeite.)

Welch' dunkle Worte ſprach ſie da?
Die Arme iſt dem Wahnſinn nah.

Pamina.

Geduld, mein Trauter! ich bin dein;
Bald werden wir vermählet ſeyn.

Die drey Knaben (beyſeite.)

Wahnſinn tobt ihr im Gehirne;
Selbſtmord ſteht auf ihrer Stirne.

(Zu Paminen.)

Holdes Mädchen, sieh uns an!

Pamina.

Sterben will ich, weil der Mann
Den ich nimmermehr kann haffen,
Seine Traute kann verlaffen.

(auf den Dolch zeigend.)

Dies gab meine Mutter mir.

Die drey Knaben.

Selbstmord strafet Gott an dir.

Pamina.

Lieber durch dies Eisen sterben,
Als durch Liebesgram verderben.
Mutter, durch dich leide ich,
Und dein Fluch verfolget mich.

Die drey Knaben.

Mädchen, willst du mit uns gehen?

Pamina.

Ja des Jammers Maas ist voll!
Falscher Jüngling, lebe wohl!
Sieh, Pamina stirbt durch dich;
Dieses Eisen tödte mich.

(Sie holt mit der Hand aus.)

Die drey Knaben (halten ihr den Arm.)

Ha, Unglückliche! halt ein;
Sollte dies dein Jüngling sehen,
Würde er für Gram vergehen;
Denn er liebet dich allein.

Pamina (erhohlt sich.)

Was? Er fühlte Gegenliebe,
Und verbarg mir seine Triebe;
Wandte sein Gesicht von mir?
Warum sprach er nicht mit mir? —

Die drey Knaben.

Dieses müssen wir verschweigen!
Doch wir wollen dir ihn zeigen,
Und du wirst mit Staunen seh'n,
Daß er dir sein Herz geweiht,
Und den Tod für dich nicht scheut.

Pamina, und die drey Knaben.

Führt mich hin, ich möcht ihn seh'n.
Komm, wir wollen zu ihm geh'n.

Alle Vier.

Zwey Herzen, die von Liebe brennen,
Kann Menschenohnmacht niemahls trennen.
Verloren ist der Feinde Müh;
Die Götter selbsten schützen sie. (gehen ab.)

Acht und zwanzigster Auftritt.

Das Theater verwandelt sich in zwey große
Berge; in dem einen ist ein Wasserfall,
worin man sausen und brausen hört;
der andre speyt Feuer aus; jeder Berg hat
ein durchbrochenes Gegitter, worin man
Feuer und Wasser sieht; da, wo das Feuer
brennt, muß der Horizont hellroth seyn, und
wo das Wasser ist, liegt schwarzer Nebel.
Die Scenen sind Felsen, jede Scene schließt
sich mit einer eisernen Thüre. **Tamino**
ist leicht' angezogen ohne Sandalien. **Zwey
schwarz geharnischte Männer** führen **Tamino** herein. Auf ihren Helmen
brennt Feuer, sie lesen ihm die transparente Schrift vor, welche auf einer Pyramide geschrieben steht. Diese Pyramide
steht in der Mitte ganz in der Höhe nahe
am Gegitter.

Zwey Männer.

Der, welcher wandert diese Straße voll Be-
schwerden,
Wird rein durch Feuer, Wasser, Luft und
Erden;
Wenn er des Todes Schrecken überwinden kann,

Schwingt er sich aus der Erde Himmel an. —
Erleuchtet wird er dann im Stande seyn,
Sich den Mysterien der Isis ganz zu weih'n.

Tamino.

Mich schreckt kein Tod, als Mann zu handeln, —
Den Weg der Tugend fort zu wandeln.
Schließt mir des Schreckens Pforten auf!

Pamina (von innen.)

Tamino, halt, ich muß dich seh'n.

Tamino, und die Geharnischten.

Was höre ich, Paminens Stimme?
Ja, ja, das ist Paminens Stimme!

Wohl $\left(\begin{array}{c}\text{mir}\\\text{dir}\end{array}\right)$ nun kann sie mit $\left(\begin{array}{c}\text{mir}\\\text{dir}\end{array}\right)$ gehn.

Nun trennet $\left(\begin{array}{c}\text{uns}\\\text{euch}\end{array}\right)$ kein Schicksal mehr,

Wenn auch der Tod beschieden wär.

Tamino.

Ist mir erlaubt, mit ihr zu sprechen?

Geharnischte.

Dir sey erlaubt, mit ihr zu sprechen.

Welch Glück, wenn wir $\left(\begin{array}{c}\text{uns}\\\text{euch}\end{array}\right)$ wieder seh'n,

Froh Hand in Hand in Tempel geh'n.

Ein Weib, das Nacht und Tod nicht scheut,
Ist würdig, und wird eingeweiht.

(Die Thüre wird aufgemacht; Tamino, Pamina umarmen sich.)

Pamina.

Tamino mein! O welch ein Glück! ⎫
Tamino.   ⎬ Pauſ.
Pamina mein   we ch ein Glück!   ⎭

Tamino.

Hier ſind die Schreckenspforten,
Die Noth und Tod mir dräun.

Pamina.

Ich werde aller Orten
An deiner Seite ſeyn.
Ich ſelbſten führe dich;
Die Liebe leite mich!

(nimmt ihn bey der Hand,)

Sie mag den Weg mit Roſen ſtreu'n,
Weil Roſen ſtets bey Dornen ſeyn.
Spiel du die Zauberflöte an;
Sie ſchütze uns auf unſrer Bahn;
Es ſchnitt in einer Zauberſtunde
Mein Vater ſie aus tiefſtem Grunde

G

Der tausendjähr'gen Eiche aus
Bey Blitz und Donner, Sturm und Braus.

Tamino, Pamina.

Nun komm, $\left(\begin{smallmatrix}\text{ich}\\\text{und}\end{smallmatrix}\right)$ spiel' die Flöte an.

Zwey Geharnischte.

Sie leitet $\left(\begin{smallmatrix}\text{uns}\\\text{euch}\end{smallmatrix}\right)$ auf grauser Bahn.

$\left.\begin{smallmatrix}\text{Wir wandeln}\\\text{Ihr wandelt}\end{smallmatrix}\right)$ durch des Tones Macht
Froh durch des Todes düstre Nacht.

(Die Thüren werden nach ihnen zugeschlagen; man sieht
Tamino und Pamina wandern; man hört Feuerge-
prassel, und Windgeheul, manchmal auch den Ton
eines dumpfen Donners, und Wassergeräusch. Tamino bläst seine Flöte; gedämpfte Pauken accompagni-
ren manchmal darunter. Sobald sie vom Feuer heraus kommen, umarmen sie sich, und bleiben in der
Mitte.)

Pamina.

Wir wandelten durch Feuergluthen,
Bekämpften muthig die Gefahr.

(zu Tamino.)

Dein Ton sey Schutz in Wasserfluthen,
So wie er e' im Feuer war.

(Tamino bläst; man sieht sie hinunter steigen, und nach
einiger Zeit wieder herauf kommen; sogleich öffnet sich

eine Thüre; man sieht einen Eingang in einen Tempel, welcher hell beleuchtet ist. Eine feyerliche Stille. Dieser Anblick muß den vollkommensten Glanz darstellen. Sogleich fällt der Chor unter Trompeten und Paucken ein. Zuvor aber)

Tamino, Pamina.

Ihr Götter, welch ein Augenblick!
Gewähret ist uns Isis Glück.

Chor.

Triumph, Triumph! du edles Paar!
Besieget hast du die Gefahr!
Der Isis Weihe ist nun dein!
Kommt, tretet in den Tempel ein!

(alle ab.)

Neun und zwanzigster Auftritt.

Das Theater verwandelt sich wieder in vorigen Garten.

Papageno (ruft mit seinem Pfeifchen.)

Papagena! Papagena! Papagena!
Weibchen! Täubchen! meine Schöne!
Vergebens! Ach sie ist verloren!
Ich bin zum Unglück schon geboren.

G 2

Ich plauderte, — und das war schlecht,
Darum geschieht es mir schon recht.
Seit ich gekostet diesen Wein —
Seit ich das schöne Weibchen sah —
So brennts im Herzenskämmerlein,
So zwickt es hier, so zwickt es da.
Papagena! Herzenstäubchen!
Papagena! liebes Weibchen!
'S ist umsonst! Es ist vergebens'
Müde bin ich meines Lebens!
Sterben macht der Lieb' ein End,
Wenns im Herzen noch so brennt.

    (nimmt einen Strick von seiner Mitte.)

Diesen Baum da will ich zieren,
Mir an ihm den Hals zuschnüren,
Weil das Leben mir mißfällt.
Gute Nacht, du schwarze Welt!
Weil du böse an mir handelst,
Mir kein schönes Kind zubandelst,
So ists aus, so sterbe ich:
Schöne Mädchen, denkt an mich.
Will sich eine um mich Armen,
Eh' ich hänge, noch erbarmen,
Wohl, so laß ichs diesmal seyn!
Rufet nur — ja, oder nein! —

Keine hört mich; alles stille!

(sieht sich um.)

Also ist es euer Wille?

Papageno, frisch hinauf!

Ende deinen Lebenslauf.

(sieht sich um.)

Nun ich warte noch; es sey!

Bis man zählt : Eins, zwey, drey!

(pfeift.)

Eins! (sieht sich um.)

(pfeift.)

Zwey! (sieht sich um.)

Zwey ist schon vorbey!

(pfeift.)

Drey! (sieht sich um.)

Nun wohlan, es bleibt dabey,

Weil mich nichts zurücke hält!

Gute Nacht, du falsche Welt! (will sich hängen.)

Drey Knaben (fahren herunter.)

Halt ein, o Papageno! und sey klug.

Man lebt nur einmal, dies sey dir genug.

Papageno.

Ihr habt gut reden, habt gut scherzen;

Doch brennt' es euch, wie mich im Herzen,

Ihr würdet auch nach Mädchen geh'n.

Drey Knaben.

So laffe beine Glöckchen klingen:
Dies wird dein Weibchen zu dir bringen.

Papageno.

Ich Narr vergaß der Zauberdinge.
Erklinge Glockenspiel, erklinge!
Ich muß mein liebes Mädchen sehn.
Klinget, Glöckchen, klinget!
Schafft mein Mädchen her!
Klinget, Glöckchen, klinget!
Bringt mein Weibchen her!

(Unter diesem Schlagen laufen die drey Knaben zu ihrem Flugwerk, und bringen das Weib heraus.)

Drey Knaben.

Komm her, du holdes, liebes Weibchen!
Dem Mann sollst du dein Herzchen weihn!
Er wird dich lieben, süßes Weibchen,
Dein Vater, Freund, und Bruder seyn!
Sey dieses Mannes Eigenthum!

(Im Auffahren.)

Nun, Papageno, sieh dich um!

(Papageno sieht sich um; beyde haben unter dem Ritornell
komisches Spiel.)

Papageno.

Duetto.
Pa—Pa—Pa—Pa—Pa—Pa—Papagena!

Weib.
Pa—Pa—Pa—Pa—Pa—Pa—Papageno.

Beyde.
Pa—Pa—Pa— Pa—Pa—Pa (Papagena!
Papageno!

Papageno.
Bist du mir nun ganz gegeben?

Weib.
Nun bin ich dir ganz gegeben.

Papageno.
Nun so sey mein liebes Weibchen!

Weib.
Nun so sey mein Herzenstäubchen!

Beyde.
Welche Freude wird das seyn,
Wenn die Götter uns bedenken,
Unsrer Liebe Kinder schenken,
So liebe kleine Kinderlein.

Papageno.
Erst einen kleinen Papageno.

Weib.

Dann eine kleine Papagena.

Papageno.

Dann wieder einen Papageno.

Weib.

Dann wieder eine Papagena.

Beyde.

Es ist das höchste der Gefühle,
Wenn viele, viele, viele, viele,
Pa, pa, pa, pa, pa, pa, geno
Pa, pa, pa, pa, pa, pa, gena
Der Segen froher Altern seyn;
Wenn dann die kleinen um sie spielen,
Die Altern gleiche Freude fühlen,
Sich ihres Ebenbildes freun.
O welch ein Glück kann grösser seyn?

(beyde ab.)

Dreyßigster Auftritt.

Der Mohr, die Königinn mit allen ihren Damen, kommen von beyden Versenkungen; sie tragen schwarze Fackeln in der Hand.

Mohr.

Nur stille! stille! stille! stille!
Bald dringen wir in Tempel ein.

Alle Weiber.

Nur stille! stille! stille! stille!
Bald dringen wir in Tempel ein.

Mohr.

Doch, Fürstinn, halte Wort! — Erfülle —
Dein Kind muß meine Gattinn seyn.

Königinn.

Ich halte Wort; es ist mein Wille.

Alle Weiber.

$\left(\begin{matrix}\text{Mein}\\\text{Ihr}\end{matrix}\right)$ Kind soll deine Gattin seyn.

(Man hört dumpfen Donner, Geräusch von Wasser.)

Mohr.

Doch still, ich höre schrecklich rauschen,
Wie Donnerton und Wasserfall.

Königinn, Damen.

Ja, fürchterlich ist dieses Rauschen,
Wie fernen Donners Wiederhall!

Mohr.

Nun sind sie in des Tempels Hallen.

Alle.

Dort wollen wir sie überfallen, —
Die Frömmler tilgen von der Erd
Mit Feuersgluth und mächt'gem Schwerd.
Dir, große Königinn der Nacht,
Sey unsrer Rache Opfer gebracht.

(Man hört den stärksten Accord, Donner, Blitz, Sturm.
Sogleich verwandelt sich das ganze Theater in eine
Sonne. Sarastro steht erhöht; Tamino, Pamina,
beyde in priesterlicher Kleidung. Neben ihnen die
ägyptischen Priester auf beyden Seiten. Die drey
Knaben halten Blumen.)

Mohr, Königinn.

Zerschmettert, zernichtet ist unsere Macht,
Wir alle gestürzet in ewige Nacht.

(sie versinken.)

Sarastro.

Die Strahlen der Sonne vertreiben die Nacht,
Zernichten der Heuchler erschlichene Macht.

Chor von Priestern.

Heil sey euch, Geweihten! Ihr drangt durch
die Nacht,
Dank sey dir, Osiris und Isis, gebracht!
Es siegte die Stärke, und krönet zum Lohn
Die Schönheit und Weisheit mit ewiger Kron'.

Ende.

La clemenza di Tito
(Prague, 1791)

LA CLEMENZA
DI TITO,

DRAMMA SERIO PER MUSICA

IN DUE ATTI

DA RAPPRESENTARSI

NEL TEATRO NAZIONALE
DI PRAGA

NEL SETTEMBRE 1791.

IN OCCASIONE DI SOLLENIZZARE

IL GIORNO DELL' INCORONAZIONE

DI SUA

MAESTA L'IMPERATORE
LEOPOLDO II.

NELLA STAMPERIA DI NOB. DE SCHÖNFELD.

ARGOMENTO.

Non à conosciuto l'antichità nè migliore, nè più amato Principe di Tito Vespasiano. Le sue virtù lo resero a tutti sì caro, che fu chiamato la delizia del genere umano. E pure due giovani Patrizi, uno dé quali era suo Favorito, cospirarono contro di lui. Scoperta però la congiura furono dal Senato condannati a morire. Ma il clementissimo Cesare, contento di averli paternamente ammoniti, concesse loro, ed à loro complici un generoso perdono. Sueton. Aurel. Vitt. Dio. Zonar. &c.

INTERLOCUTORI.

Tito Vespasiano, Imperator di Roma.
Vitellia, Figlia dell' Imperatore Vitellio.
Seruilia, Sorella di Sesto, amante d'Annio.
Sesto, Amico di Tito, amante di Vitellia.
Annio, Amico di Sesto, amante di Servilia.
Publio, Prefetto del Pretorio.

La Scena è in Roma.

La musica è tutta nuova, composta dal celebre Sig.
Wolfgango Amadeo Mozart, maestro di capella
in attuale servizio di sua Maestà jmperiale.

Le tre prime Decorazioni sono d'invenzione del Sig.
Pietro Travaglia, all' attual servizio di S. A. il
Principe Esterazi.

La quarta Decorazione è del Sig. Preisig di Coblenz.
Il vestiario tutto nuovo di ricca e vaga invenzione del Sig. Cherubino Babbini di Mantova.

ATTO PRIMO.

SCENA PRIMA.

(Appartamenti di Vitellia.)

Vitellia, e Sesto.

Vit. Ma che? sempre l'istesso,
Sesto, a dir mi verrai? Sò, ohe sedotto,
Fù Lentulo da te: che i suoi seguaci
Son pronti già: che il Campidoglio acceso
Darà moto a un tumulto. Io tutto questo
Gia mille volte udii; la mia vendetta
Mai non veggo però. S'aspetta forse
Che Tito a Berenice in faccia mia
Offra d'amor insano
L'usurpato mio soglio, e la sua mano?
Parla, di, che s'attende?
Seß. Oh Dio!
Vit. Sospiri!
Seß. Pensaci meglio, o cara
Pensaci meglio. Ah non togliamo in Tito
La sua delizia al mondo, il Padre a Roma,
L'amico a noi. Fra le memorie antiche
Trova l'egual, se puoi. Fingiti in mente
Eroe più generoso, e più clemente.
Parlagli di premiar; poveri a lui
Sembran pli Erarj sui.

Par-

Parlagli di punir; fcufe al delitto
Cerca in ognun; chi all' inefperta ei dona,
Chi alla canuta età. Rifparmia in uno
L'onor del fangue illuftre: il baffo ftato
Compatifce nell' altro. Inutil chiama,
Perduto il giorno ei dice,
In cui fatto non ha qualcun felice.

Vit. Dunque a vantarmi in faccia
Venifti il mio nemico? e più non penfi
Che quefto Eroe clemente un foglio ufurpa
Dal fuo tolto al mio padre?
Che m'ingannò, che mi feduffe, (e quefto
E' il fuo fallo maggior) quafi ad amarlo.
E poi, perfido! e poi di nuovo al Tebro
Richiamar Berenice! una rivale
Aveffe fcelta almeno
Degna di me fra le beltà di Roma.
Ma una Barbara, Sefto,
Un' efule antepormi, una Regina!

Seft. Sai pur che Berenice
Volontaria tornò.

Vit. Narra à fanciulli
Codefte fole. Io sò gli antichi amori:
Sò le lacrime fparfe allor, che quindi
L'altra volta partì: Sò come adeffo
L'accolfe, e l'onorò: chi non lo vede?
Il perfido l'adora.

Seft. Ah Principeffa,
Tu fei gelofa.

Vit. Io!

Seft. Si.

Vit.

Vit. Gelofa io fono,
Se non foffro un difprezzo?

Seſt. Eppur . . .

Vit. Eppure
Non hai cor d'acquiſtarmi.

Seſt. Io fon . . .

Vit. Tu fei
Sciolto d'ogni promeſſa. A me non manca
Più degno efecutor dell' odio mio.

Seſt. Sentimi.

Vit. Intefi aſſai.

Seſt. Fermati

Vit. Addio.

Seſt. Ah Vitellia, ah mio Nume,
Non partir! dove vai?
Perdonami, ti credo, io m'ingannai.

Seſto.

Come ti piace imponi:
Regola i moti miei.
Il mio deſtin tu fei:
Tutto farò per te.

Vitellia.

Prima che il fol tramonti,
Eſtinto io vò l'indegno.
Sai ch'egli ufurpa un Regno,
Che in forte il ciel mi diè.

Seſto.

Già il tuo furor m'accende.

Vitellia.

Ebben, che più s'attende?

Seſto.

123

Sesto.

Un dolce sguardo almeno
Sia premio alla mia fè.

a 2.

Fan mille affetti infieme
Battaglia in me fpietata.
Un'alma lacerata
Più della mia non v'è.

SCENA II.

Annio, e detti.

Ann. Amico, il paffo affretta:
    Cefare a fe ti chiama.
Vit. Ah non perdete
    Quefti brevi momenti. A Berenice
    Tito gli ufurpa.
Ann. Ingiuftamente oltraggi,
    Vitellia, il noftro Eroe. Tito hà l'impero
    E del mondo, e di fe. Già per fuo cenno
    Berenice partì.
Seft. Come?
Vit. Che dici?
Ann. Voi ftupite a ragion. Roma ne piange,
    Di maraviglia, e di piacere. Io fteffo
    Quafi nol credo: ed io
    Fui prefente, o Vitellia, al grande addio.
Vit. (Oh fperanze!)
Seft. Oh virtù!

                                Vit.

Vit. Quella superba
   Oh come volontieri udita avrei
   Esclamar contro Tito.

Ann. Anzi giammai
   Più tenera non fù: Parti; ma vide,
   Che adorata partiva, e che al suo caro
   Men che a lei non costava il colpo amaro.

Vit. Ognun può lusingarsi.

Ann. Eh si conobbe,
   Che bisognava a Tito
   Tutto l'Eroe per superar l'amante.
   Vinse, ma combattè: non era oppresso,
   Ma tranquillo non era: ed in quel volto
   (Dicasi per sua gloria)
   Si vedea la battaglia, e la vittoria.

Vit. (Eppur forse con me, quanto credei
   Tito ingrato non è) Sesto, sospendi
   D'eseguire i miei cenni: il colpo ancora
   Non è maturo.

Sest. E tu non vuoi ch'io vegga! . .
   Ch'io mi lagni, o crudele! . .

Vit. Or che vedesti?
   Di che ti puoi lagnar?

Sest. Di nulla. (oh Dio!)
   Chi provò mai tormento eguale al mio.

Vitellia.

Deh se piacer mi vuoi,
   Lascia i sospetti tuoi:
Non mi stancar con questo
   Molesto dubitar.

Chi

Chi ciecamente crede,
Impegna a ferbar fede;
Chi fempre inganni afpetta
Alletta ad ingannar.

(*parte.*)

S C E N A III.

Sefto , ed Annio.

Ann. Amico, ecco il momento
Di rendermi felice. All' amor mio
Servilia promettefti. Altro non manca
Che d'Augufto l'affenfo. Ora da lui
Impetrarlo potrefti
Seft. Ogni tua brama,
Annio, m'è legge. Impaziente anch'io
Quefto nuovo legame, Annio, defio.

Ann. e Seft. a 2.

Deh prendi un dolce ampleffo
Amico mio fedel:
E ognor per me lo fteffo
Ti ferbi amico il ciel.

(*partono.*)

SCE-

126

SCENA IV.

Parte del Foro romano magnificamente adornato d'archi,
obelifchi, e trofei: in faccia afpetto efteriore
del Campidoglio, e magnifica ftrada, per cui
vi fi afcende.

Publio, Senatori romani, e i Legati delle Provincie
foggette, deftinati a prefentare al Senato gli
annui impofti tributi. Mentre Tito, preceduto
da Littori, feguito da Pretoriani, e circondato
da numerpfo popolo, fcende dal Campidoglio,
cantarfi il feguente.

Coro.

Serbate, o Dei cuftodi
Della Romana forte
In Tito il giufto, il forte
L'onor di noftra età.
Voi gl'immortali allori
Sulla cefarea chioma,
Voi cuftodite a Roma
La fua felicità.
Fù voftro un fi gran dono:
Sia lungo il dono voftro;
L'invidj al mondo noftro
Il mondo, che verrà.
(*Nel fine del Coro fuddetto.
Annio, e Sefto da diverfe parti*)

Pub.

Pub. Te della Patria il Padre   (*a Tit.*)
Oggi appella il Senato : e mai più giusto
Non fù ne' suoi decreti, o invitto Augusto.

Aun. Nè padre sol, ma sei
Suo Nume tutelar. Più che mortale
Giacchè altrui ti dimostri, a' voti altrui
Cemincia ad avvezzarti. Eccelso tempio
Ti destina il Senato : e là si vuole
Che fra divini onori
Anche il Nume di Tito il Tebro adori.

Publ. Quei tesori, che vedi,
Delle serve Provincie annui tributi,
All' opra consagriam. Tito non sdegni
Questi del nostro amor publici segni.

Tit. Romani, unico oggetto
E' de' voti di Tito il vostro amore :
Ma il vostro amor non passi
Tanto i confini suoi
Che debbano arrossirne e Tito, e voi.
Quegli offerti tesori
Non ricuso però. Cambiarne solo
L'uso pretendo Udite : oltre l'usato
Terribile il Vesevo ardenti fiumi
Dalle fauci eruttò : scosse le rupi :
Riempiè di ruine
I campi intorno, e le città vicine.
Le desolate genti
Fuggendo van : ma la miseria opprime
Quei che al foco avvanzar. Serva quell'oro
Di tanti afflitti a riparar lo scempio.
Questo, o Romani, è fabbricàrmi il Tempio.

                    Aun.

Ann. Oh vero Eroe!

Pub. Quanto di te minori
Tutti i premj fon mai tutte le lodi!

Tit. Bafta, bafta, o miei fidi.
Selto a me s'avvicini: Annio non parfa.
Ogn' altro s'allontani.

Ann. (Adeffo, o Sefto, (*Si ritirano tutti fuori dell'*
Parla per me.)   *Atrio, e vi rimangono, Tito,*
                    Sefto, eà Annio.)

Seft. Come, Signor, potefti
La tua bella Regina?..

Tit. Ah, Sefto amico,
Che terribil momento! Io non credei...
Bafta; hò vinto: partì. Tolgafi adeffo
A Roma ogni fofpetto
Di vederla mia spofa. Una fua figlia,
Vuol veder ful mio foglio,
E appagarla convien. Giacchè l'amore
Scelfe in vano i miei lacci, io vò, che almeno
L'amicizia li fcelga. Al tuo s'unifca,
Sefto, il cefareo fangue. Oggi mia spofa
Sarà la tua germana.

Seft. Servilia!

Tit. Appunto.

Ann. (Oh me infelice!)

Seft. (Oh Dei!
Annio è perduto.)

Tit. Udifti?
Che dici? non rifpondi?

Seft. E chi potrebbe
Rifponderti Signor? M'opprime a fegno
La tua bontà. Che non hò cor... vorrei...

Ann. (Sefto è in pena per mé.)

Tit. Spiegati. Io tutto
Farò per tuo vantaggio

Seft. (Ah fi ferva l'amico.)

Ann. (Annio corraggio.)

Seft. Tito . . . .

Ann. Augufto, conosco
Di Sefto il cor. Fin dalla cuna infieme
Tenero amor ne ftrinfe. Ei di fe fteffo
Modefto eftimator teme, che fembri
Sproporzionato il dono: e non s'avvede
Ch'ogni diftanza egnaglia
D'un Cefare il favor. Ma tu configlio
Da lui prender non dei. Come potrefti
Spofa elegger più degna
Dell' impero, e di te? Virtù, bellezza,
Tutto è in Servilia. Io le conobbi in volto
Ch'era nata a regnar. De' miei prefagi
L'adempimento è quefto.

Seft. (Annio parla cofi? Sogno, o fon defto!)

Tit. Ebben recane a lei,
Annio, tu la novella; E tu mi fiegui,
Amato Sefto; e quefte
Tue dubbiezze deponi. Avrai tal parte
Tu ancor nel foglio, e tanto
T'innalzerò, che refterà ben poco
Dello fpazio infinito,
Che frapofer gli Dei fra Sefto, e Tito.

Seft. Quefto è troppo, o Signor. Modera almeno,
Se ingrati non ci vuoi,
Modera, Augufto, i beneficj tuoi.

Tit.

Tit. Ma che? (ſe mi niegate
  Che benefico io ſia) che mi laſciate?

Del più ſublime foglio
L'unico frutto è queſto:
Tutto è tormento il reſto;
E tutto è ſervitù.

Che avrei, ſe ancor perdeſſi,
Le ſole ore felici
C'hò nel giovar gli oppreſſi:
Nel ſollevar gli amici:
Nel diſpenſar teſori
Al merto, e alla virtù.

(parte ton Seſto.)

SCENA V.

Annio, e poi Servilia.

Ann. Non ci pentiam. D'un generoſo amante
  Era queſto il dover. Mio cor, deponi
  Le tenerezze antiche: è tua Sovrana
  Chi fù l'idolo tuo. Cambiar conviene
  In riſpetto l'amore. Eccola. Oh Dei!
  Mai non parve ſì bella agli occhi miei.
Ser. Mio ben.
Ann. Taci, Servilia. Ora è delitto
  Il chiamarmi coſì.
Ser. Perchè?
Ann. Ti ſcelſe
  Ceſare (che martir!) per ſua conſorte.

A

A te (morir mi fento) a te m'impofe
Di recarne l'avvifo (oh pena!) ed io - - -
Io fui - - (parlar non poffo) Augufta; addio.
Ser. Come! fermati. Io fpofa
Di Cefare? E perchè?
Ann. Perchè non trova
Beltà, virtù che fia
Più degna d'un Impero, anima - - - oh ftelle!
Che dirò? lafcia, Augufta,
Deh lafciami partir.
Ser. Cofi confufa
Abbandonarmi vuoi? Spiegati: dimmi,
Come fu? Per qual via? - - -
Ann. Mi perdo, s'io non parto, anima mia.

Ah perdonna al primo affetto
Quefto accento fconfigliato,
Colpa fù del labbro, ufato
A cofi chiamarti ognor.

Servilia.

Ah tu fofti il folo oggetto
Che finor fedele amai;
E tu l'ultimo farai,
Come fofti il primo amor.

Annio.

Cari accenti del mio bene.

Servilia.

Oh mia dolce cara fpene.
a 2. Più che fento i fenfi tuoi
In me crefce più l'ardor.

Qual

Qual piacer il cor rifente
Quando un' alma è all' altra
(unita! - - -
Ah fi tronchi dalla vita
Tutto quel che non è amor.

(partono.

S C E N A VI.

*(Ritiro deliziofo nel Sogiorno Imperiale ful
colle Palatino.)*

Tito , e Publio con un foglio.

Tit. Che mi rechi in quel foglio?

Pub. I nomi ei chiude
De' rei, che ofar con temerarj accenti
De' Cefari già fpenti
La memoria oltraggiar.

Tit. Barbara inchiefta,
Che agli eftinti non giova, e fomminiftra
Mille ftrade alla frode
D'infidiar gl' innocenti.

Pub. Ma v'è Signor, chi lacerare ardifce
Anche il tuo nome.

Tit. E che perciò? Se 'l moffe
Leggerezza; nol curo:
Se follia; lo compiango.
Se ragion; gli fon grato! e fe in lui fono
Impeti di malizia ; io gli perdono

Pub. Almen - - - -

B   SCE-

SCENA VII.

Serviglia, e detti.

Ser. Di Tito al piè - - - -

Tit. Servilia! Augufta!

Ser. Ah Signor, fi gran nome
Non darmi ancora. Odimi prima - - Io deggio
Palefarti un arcan.

Tit. Publio, ti fcofta;
Ma non partir.   (*Publ. fi ritira.*)

Ser. Che del Cefareo alloro
Me fra tante più degne,
Generofo Monarca, inviti a parte,
E' dono tal che defteria tumulto
Nel più ftupido cor. Ma - - -

Tit. Parla.

Ser. Il core
Signor, non è più mio. Già da gran tempo
Annio me lo rapì. Valor che bafti
Non hò per obbliarlo. Anche dal Trono
Il folito fentiero
Farebbe a mio difpetto il mio penfiero.
Sò, che oppormi è delitto
D'un Cefare al voler: ma tutto almeno,
Sia noto al mio Sovrano;
Poi, fe mi vuol fua fpofa, ecco la mano.

Tit. Grazie, o Numi del Ciel. Pur fi ritrova
Chi s'avventuri a difpiacer col vero.
Alla grandezza tua la propria pace
Annio pofpone! Tu ricufi un trono
Per effergli fedele! ed io dovrei

                                   Tur-

Turbar fiamme fi belle! Ah non produce
Sentimenti fi rei di Tito il core.
Sgombra ogni tema. Io voglio
Stringer nodo fi degno, e n'abbia poi
Cittadini la patria eguali a voi.

Ser. Oh Tito! oh Augufto! oh vera
Delizia de' mortali! Io non faprei
Come il grato mio cor - - -.

Tit. Se grata appieno
Effer mi vuoi, Servilia, agli altri infpira
Il tuo candor. Di pubblicar procura,
Che grato a me fi rende,
Più del falfo che piace, il ver che offende.

Ah, fe foffe intorno al Trono
Ogni cor così fincero,
Non tormento un vafto im-
          (pero,
Ma faria felicità.
Non dovrebbero i Regnanti
Tollerar fi grave affanno
Per diftinguer dall' inganno
L' infidita verità.

          (*parte.*)

S C E N A VIII.

Servilia, poi Vitellia.

Ser. Felice me!
Vit. Poffo alla mia Sovrana
          Offrir del mio rifpetto i primi omaggi?

          B 2   Poffo

Poſſo adorar quel volto
Per cui d'amor ferito
Hà perduto il ripoſo il cor di Tito?

Ser. Non eſſer meco irata:
Forſe la regia deſtra è a te ſerbata (*parte.*)

SCENA IX.

Vitellia, poi Seſto.

Vit. Ancora mi ſcherniſce?
Queſto ſoffrir degg' io
Vergognoſo diſprezzo? Ah con qual faſto
Qui mi laſcia coſtei! barbaro Tito
Ti parca dunque poco
Berenice antepormi? Io dunque ſono
L'ultima de' viventi. Ah trema ingrato,
Trema d'avermi offeſa. Oggi 'l tuo ſangue ‥

Seſt. Mia vita.

Vit. Ebben, che rechi? Il campidoglio
E' acceſo? è incenerito?
Lentulo dove ſtà? Tito è punito?

Seſt. Nulla intrapreſi ancor.

Vit. Nulla! e ſi franco
Mi torni innanzi? E con qual merto ardiſci
Di chiamarmi tua vita?

Seſt. E' tuo comando
Il ſoſpendere il colpo.

Vit. E non udiſti
I miei novelli oltraggi? un altro cenno
Aſpetti ancor? Ma ch' io ti creda amante
Dimmi, come pretendi,
Se coſi poco i miei penſieri intendi?

                        Seſt.

Seſt. Se una ragion poteſte
     Almen giuſtificarmi?
Vit. Una ragione!
     Mille n'avrai, qualunque ſia l'affetto
     Da cui prenda il tuo cor regola, e moto.
     E' la gloria il tuo voto? Io ti propongo
     La patria a liberar. Sei d'un illuſtre
     Anbizion capace? eccoti aperta
     Una ſtrada all' Impero.
     Renderti fortunato
     Può la mia mano? Corri,
     Mi vendica, e ſon tua.
     D'altri ſtimoli hai d'uopo?
     Sappi, che Tito amai,
     Che del mio cor l'acquiſto
     Ei t'impedì: che ſe rimane in vita,
     Si può pentir: ch'io ritornar potrei
     (Non mi fido di me) forſe ad amarlo.
     Or va: ſe non ti move
     Deſio di gloria, ambizione, amore;
     Se tolleri un rivale,
     Che uſurpò, che contraſta,
     Che involarti potria gli affetti miei,
     Degli uomini 'l più vil dirò che ſei.
Seſt. Quante vie d'aſſalirmi!
     Baſta, baſta non più, già m'inſpiraſti,
     Vitellia, il tuo furore. Arder vedrai
     Fra poco il campidoglio, e queſt' acciaro
     Nel ſen di Tito --- (Ah ſommi Dei! qual
                       gelo
     Mi ricerca le vene ---)
Vit. Ed or che penſi?

                              Seſt.

Seſt. Ah Vitellia !

Vit Il previdi ,
           Tu pentito già ſei.

ɢɛ*ſt.* Non ſon pentito ,
           Ma - - -

Vit. Non ſtancarmi più.   Conoſco , ingrato ,
           Che amor non hai per me. Folle, ch'io fui !
           Già ti credea ; già mi piacevi, e quaſi
           Cominciavo ad amarti.   Agli occhi miei
           Involati per ſempre ,
           E ſcordati di me.

Seſt. Fermati : io cedo
           Io già volo a ſervirti.

Vit. Eh non ti credo :
           M'ingannerai di nuovo. In mezzo all' opra
           Ricorderai - - -

Seſt. Nò : mi puniſca amore ,
           Se penſo ad ingannarti.

Vit. Dunque corri ; che fai ? Perchè non parti ?

S e ſ t o.

Parto, ma tu ben mio,
    Meco ritorna in pace :
    Sarò qual più ti piace
    Quel che vorrai farò.
Guardami, e tutto obblio,
    E a vendicarti io volo :
    A queſto ſguardo ſolo
    Da me ſi penſerà
(Ah qual poter oh Dei!
    Donaſte alla beltà.)   (*parte.*)

SCE-

SCENA X.

Vitellia, poi Publio, ed Annio.

Vit. Vedrai, Tito, vedrai, che alfin sì vile
Questo volto non è.   Basta a sedurti
Gli amici almen, se ad invaghirti è poco.
Ti pentirai - - -

Pub. Tu qui, Vitellia? Ah corri.
Va Tito alle tue stanze.

Ann. Vitellia, il passo affretta.
Cesare di te cerca.

Vit. Cesare!

Pub. Ancor nol sai?
Sua consorte t'elesse.

Ann. Tu sei la nostra Augusta; e il primo omaggio
Già da noi ti si rende.

Pub. Ah Principessa, andiam: Cesare attende.

Vitellia.

Vengo - - - aspettate - - Sesto --
Ahimè! Sesto - è partito?
Oh sdegno mio funesto!
Oh insano mio furor!
(Che angustia! che tormento!
Io gelo oh Dio! d'orror.

Publio Annio a 2

Oh come un gran contento
Come confonde un cor.

(*partono.*)

SCE-

S C E N A XI.

Campidoglio, come prima.

Sesto solo, indi Annio poi Serviglia, Publio, Vi-
tellia da diversa parti.

Oh Dei, che smania è questa
Che tumulto hò nel cor! palpito, agghiaccio,
M'incammino, m'artesto; ogn' aura, ogn'
　　　　　　　　　　　　　　　(ombra
Mi fà tremare. Io non credea, che fosso
Si difficile impresa esser malvagio.
Ma compirla convien. Almen si vada
Con valor a perir. Valore! e come
Può averne un traditor? Sesto infelice!
Tu traditor! Che orribil nome! Eppure
T' affretti a meritarlo. E chi tradisci?
Il più grande, il più giusto, il più clemente
Principe della terra, a cui tu devi
Quanto puoi, quanto sci. Bella mercede
Gli rendi in vero. Ei t'innalzò per farti
Il carnefice suo. M'inghiotta il suolo
Prima ch'io tal divenga. Ah non hò core,
Vitellia, a secondar gli sdegni tui.
Morrei prima del colpo in faccia a lui.

(Si desta nel Campidoglio un incendio,
　che a poco a poco va crescendo.)

Arde già il campidoglio.
Un gran tumulto io sento
D'armi, e d'armati: Ahi! tardo è il penti-
　　　　　　　　　　　　　　(mento.

Deh

Deh confervate, o Dei,
A Roma il fuo fplendor
O almeno i giorni miei
Co' fuoi troncate ancor.

Annio.

Amico, dove vai ?

Sefto.

Io vado --- lo faprai
Oh Dio ! per mio roffor.

(Afcende frettolofo nel campidoglio.)

S C E N A XII.

Annio, poi Servilia, indi publio.

Annio.

Io Sefto non intendo, - - -
Ma qui Servilia viene.

Servilia.

Ah che tumulto orrendo !

Annio.

Fuggi di quà mio bene.

Servilia.

Si teme che l' incendio
Non fia dal cafo nato,
Ma con peggior difegno
Ad arte fufcitato.

Coro

Coro in distanza.

- - - Ah! - - -

Publio.

V'è in Roma una congiura,
Per Tito ahimè pavento:
Di quefto tradimento
Chi mai farà l'autor.

Coro. - - - Ah! - - -

Servilia, Annio, Publio a 3.

Le grida ahimè ch'io fento
Mi fan gelar d'orror.

Coro. - - - Ah! - - -

S C E N A XIII.

Detti, e Vitellia.

Vitellia.

Chi per pietade oh Dio!
M'addita dov'è Sefto?
(In odio a me fon'io
Ed'ho di me terror.

Serio Annio Publio a 3.

Di quefto tradimento
Chi mai farà l'autor!

Coro. - - - Ah! ah! - - -

Vit-

Vitellio Serv. Ann. Pub. a 4

Le grida ahimè ch' io fento
 Mi fan gelar d'orror.

Cⲟⲣⲟ. - - - Ah! ah! - - -

SCENA XIV.

Detti, e Sefto che fcende dal campidolio.

Sesto.

(Ah dove mai m'afcondo?
 Apriti, o terra, inghiottimi,
 E nel tuo fen profondo
 Rinferra un traditor)

Vitellia.

Sefto! —

Sefto.

Da me che vuoi?

Vitellia.

Quai fguardi vibri intorno?

Sesto.

Mi fa terror il giorno.

Vitellia.

Tito? - - -

Sesto.

La nobil alma
 Verfò dal fen trafitto.

Ser. Ann. Pub. a 3

Qual deftra rea macchiarfi
Potè d'un tal delitto?

Sefi.

Sesto.

Fù l'uom più fcellerato,
L'orror della natura,
Fù - - - -

Vitellia.

Taci forfennato,
Deh non ti palefar.
15   Ah dunque l'aftro è fpento
Di pace apportator.

Tutti e Coro.

Oh nero tradimento
Oh giorno di dolor!

Fine dell' Atto primo.

AT-

ATTO SECONDO.

SCENA PRIMA.

(Ritiro deliziofo nel foggiorno Imperiale ful colle
Palatino.)

Annio, e Sefto.

Ann. Sesto, come tu credi,
Augufto non perì. Calma il tuo duolo:
In quefto punto ei torna
Illefo dal tumulto.
Seft. Eh tu m'inganni.
Io fteffo lo mirai cader trafitto
Da fcellerato acciaro.
Ann. Dove?
Seft. Nel varco angufto, onde fi afcende
Quinci preffo al Tarpeo.
Ann. Nò : travedefti.
Tra il fumo, e tra il tumulto.
Altri Tito ti parve.
Seft. Altri ! e chi mai
Delle cefaree vefti
Ardirebbe adornarfi? il facro alloro,
L'augufto ammanto...
Ann. Ogni argomento è vano
Vive Tito, ed è illefo. In quefto iftante
Io da lui mi divido.

Seft.

Seſt. Oh Dei pietoſi!
Oh caro Prence! oh dolce amico! ah laſcia
Che a queſto ſen... Ma non m'inganni?..

Ann. Io merto
Si poca fè? Dunque tu ſteſſo a lui
Corri e'l vedrai.

Seſt. Ch'io mi preſenti a Tito
Dopo averto tradito?

Ann. Tu lo tradiſti?

Seſt. Io del tumulto, io ſono
Il primo autor.

Ann. Come! perchè?

Seſt. Non poſſo
Dirti di più.

Ann. Seſto è infedele!

Seſt. Amico,
M'hà perduto un inſtante. Addio. M'involo
Alla patria per ſempre.
Ricordati di me: Tito difendi
De nuove inſidie. Io vo ramingo, afflitto
A pianger fra le ſelve il mio delitto.

Ann. Fermati : oh Dei! penſiamo... Incolpan
molti
Di queſto incendio il caſo; e la congiura
Non è certa fin ora . . . .

Seſt. Ebben, che vuoi?

Ann. Che tu non parta ancora.
Torna di Tito a lato:
Torna; e l'error paſſato
Con replicate emenda
Prove di fedeltà.

L'acer-

L'acerbo tuo dolore
E' fegno manifefto
Che di virtù nel core
L'immagine ti ftà.
Torna di Tito a lato
Torna &c.

S C E N A II.

Sefto, poi Vitellia.

Sefl. Partir deggio, o reftar? Io non ho mente
    Per diftinguer configli.
Vit. Sefto, fuggi, conferva
    La tua vita, e'l mio onor. Tu fei perduto
    Se alcun ti fcopre, e fe fcoperto fei
    Publico è il mio fecreto.
Sefl. In quefto feno
    Sepolto refterà. Neffuno il feppe.
    Tacendolo morrò.
Vit. Mi fiderei,
    Se minor tenerezza
    Per Tito in te vedeffi. Il fuo rigore
    Non temo già, la fua clemenza io temo:
    Quefta ti vincerà.

S C E N A III.

Publio con Guardie, e detti.

Pub. Sefto.
Sefl. Che chiedi?

                                        Pub.

147

Pub. La tua ſpada.

Seſt. E perchè?

Pub. Colui, che cinto.
Delle ſpoglie regali agli occhi tuoi
Cadde trafitto al ſuolo, ed ingannato
Dall' apparenza tu credeſti Tito,
Era Lentulo: il colpo
La vita a lui non tolſe: il reſto intendi.
Vieni.

Vit. (Oh colpo fatale!)

Seſt. Alfin tiranna . . .

Pub. Seſto partir conviene. E' già raccolto
Per udirti il ſenato; e non poſs'io
Differir di condurti.

Seſt. Ingrata, addio.

S C E N A IV.

D e t t i.

Se al volto mai ti ſenti
Lieve aura, che s'aggiri,
Gli eſtremi miei ſoſpiri
Quell' alito ſarà.

Vit.   Per me vien tratto a morte:
Ah dove mai m'aſcondo!
Fra poco noto al mondo
Il fallo mio ſarà.

Pub.   Vieni

Seſt.   Ti ſieguo . . . addio. (*a Vit.*)

Vit.   Senti . . . mi perdo, oh Dio!

Pub.   Vieni.

                                        Vit.

Vit. Che crudeltà!

Seft. Rammenta chi t'adora *(in atto di partire)*
In quefto ftato ancora.
Mercede al mio dolore
Sia almen la tua pietà

Vit. (Mi laceran il core

a 3. Rimorfo, orror, fpavento.
Quel che nell' alma io fento
Di duol morir mi fa.)

Pub. L'acerbo amaro pianto,
Che da' fuoi lumi piove,
L'anima mi commove,
Ma vana è la pietà. (*Pub. e Seft.*
partono con le Guardie,
e Vit. dalla parte oppofta.)

S C E N A V.

Gran Sala deftinata alle publiche udienze. Trono,
Sedia, e Tavolino.

Tito, Publio, Patrizj, Pretoriani, e Popolo.

C o r o.

Ah grazie fi rendano
Al Sommo Fattor,
Che in Tito del Trono
Salvò lo fplendor,

T i t o.

Ah nò fventurato
Non fono cotanto,

C   Se

Se in Roma il mio fato
Si trova compianto,
Se voti per Tito
Si formano ancor.

Coro.

Ah grazie fi rendano
Al Sommo Fattor,
Che in Tito del Trono
Salvò lo Splendor.

Pub. Già de' publici giuochi,
Signor, l'ora trascorre. Il di folenne
Sai che non foffre il trascurargli. E' tutto
Colà d'intorno alla feftiva arena
Il popolo raccolto; e non s'attende
Che la prefenza tua. Ciascun fofpira
Dopo il noto periglio
Di rivederti falvo. Alla tua Roma
Non differir fi bel contento.

Tit. Andremo,
Publio fra poco. Io non avrei ripofo,
Se di Sefto il deftino
Pria non fapefli. Avrà il Senato omai
Le fue discolpe udite: avrà fcoperto,
Vedrai, ch'egli è innocente; e non dovrebbe
Tardar molto l'avvifo.

Pub. Ah troppo chiaro
Lentulo favellò.

Tit. Lentulo forfe
Cerca al fallo un compagno
Per averlo al perdono. Ei non ignora

Quanto

150

Quanto Sefto m'è caro, Arte comune
Quefta è de' rei: Pur dal fenato ancora
Non torna alcun. Che mai farà? Va: chiedi
Che fi fa, che fi attende? Io tutto voglio
Saper pria di partir.

Pub. Vado; ma temo
Di non tornar nunzio felice.

Tit. E puoi
Creder Sefto infedele? Io dal mio core
Il fuo mifuro; e un impoffibil parmi
Ch'egli m'abbia tradito.

Pub. Ma, Signor, non han tutti il cor di Tito.

Tardi s'avvede
　D'un tradimento
　Chi mai di fede
　　Mancar non fà.
Un cor verace
　Pieno d'onore
　Non è portento
　Se ogn' altro core
　Crede incapace
　　D'infedeltà.

(*Parte.*)

S C E N A VI.

Tito, poi Annio.

Tit. Nò: cofi fcellerato
Il mio Sefto non credo. Io l'hò veduto

C 2　　　Non

151

Non fol fido, ed amico;
Ma tenero per me. Tanto cambiarfi
Un' alma non potrebbe. Annio che rechi?
L'innocenza di Sefto?
Confolami.

Ann. Signor, pietà per lui
Ad implorar io vengo.

S C E N A VII.

Detti , Publio con foglio.

Pub. Cefare, nol diff'io. Sefto è l'autore
Della trama crudel.
Tit. Publio, ed è vero?
Pub. Pur troppo: ei di fua bocca
Tutto affermò. Co' complici il Senato
Alle fiere il condanna. Ecco il decreto
Terribile, ma giufto: *(dà il foglio a Tito.)*
Nè vi manca, o Signor, che il nome Augufto.
Tit. Onnipoffenti Dei!   *(fi getta a federe.)*
Ann. Ah pietofo Monarca - - -
Tit. Annio, per ora
Lafciami in pace;
Pub. Alla gran pompa unite
Sai che le genti omai . . .
Tit. Lo fo: partite.
Ann. Deh perdona, s'io parlo
In favor d'un infano.
Della mia cara fpofa egli è germao.

Tu

Tu fofti tradito:
 Ei degno è di morte:
 Ma il core di Tito
 Pur lafcia fperar.
Deh prendi configlio,
 Signor, dal tuo core:
 Il noftro dolore
 Ti degna mirar.
(*Publ. ed Annio partono.*)

SCENA VIII.

Tito folo a federe.

Che orror! che tradimento!
Che nera infedeltà! fingerfi amico
Effermi fempre al fianco: ogni momento
Efiger dal mio core
Qualche prova d'amore, e ftarmi intanto
Preparando la morte! ed io fofpendo
Ancor la pena? e la fentenza ancora
Non fegno? - - Ah, sì lo fcellerato mora.
(*prende la penna
per fottofcrivere*)
Mora! . . . Ma fenza udirlo
Mando Sefto a morir? sì: già l'intefe
Abbaftanza il Senato. E s'egli aveffe
Qualche arcano a fvelarmi? (olà.) s'afcolti,
(*depone la penna:
intanto efce una Guardia.*)

E

E' poi vada al fupplicio. (A me fi guidi
Sefto.) E pur di chi regna
Infelice il deftino (*la Guardia parte*)! A noi fi
                                              nega
Ciò che a' più baffi è dato. In mezzo al bofco
Quel villanel mendico, a cui circonda
Ruvida lana il rozzo fianco, a cui
E mal fido, riparo
Dall' ingiurie del ciel tugurio informe,
Placido i fonni dorme,
Paffa tranquillo i dì. Molto non brama:
Sà chi l'odia, e chi l'ama: unito e folo
Torna ficuro alla forefta, al monte;
E vede il core a chiafcheduno in fronte.
Noi fra tante ricchezze
Sempre incerti viviam : cne in faccia à noi
La fperanza, o il timore
Sulla fronte d'ognun trasforma il core.
Chi dall' infido amico (olà) chi mai
Quefto temer dovea?

S C E N A IX.

Publio, e Tito.

Tit. Ma, Publio, ancora
       Sefto non viene?
Pub. Ad efeguire il cenno
       Gia' volaro i cuftodi.
Tit. Io non comprendo
       Un fi lungo tardar.

                                    Pub.

Pub. Pochi momenti
Sono fcorfi, o Signor.

Tit. Vanne tu ftcffo:
Affrettalo.

Pub. Ubbidifco:.. i tuoi Littori
Veggonfi comparir.   Sefto dovrebbe
Non molto effer lontano.   Eccolo.

Tit. Ingrato!
All'udir che s'appreffa
Già mi parla a fuo prò l'affetto antico.
Ma nò: trovi il fuo Prence, e non l'amico.

S C E N A X.

Tito, Publio, Sefto, e cuftodi. Sefto entrato appena,
fi ferma.

S e f t o.

(Quello di Tito è il volto!..
Ah dove oh ftelle! è andata
La fua dolcezza ufata?
Or ei mi fà tremar.)

T i t o.

(Eterni Dei! di Sefto
Dunque il fembiante è quefto?
Oh come può un delittc
Un volto trasformar!)

P u b l i o.

(Mille diverfi affetti
In Tito guerra fanno.

S'ei

S'ei prova un tal affanno,
Lo feguita ad amar.)

Tito.

Avvicinati.

Sesto.

(Oh voce
Che piombami ful core)

Tito.

Non odi?

Sesto.

Di fudore
Mi fento oh Dio! bagnar.

Tit. Pub. a 2.

(Palpita il traditore,

a 3.

Nè gli occhi ardifce alzar.)

Sesto.

(Oh Dio! non può chi more
Non può di più penar.)

Tit. (Eppur mi fà pietà.) Publio, Cuftodi,
Lafciatemi con lui. (*Publio, e le guardia partono*)
Seft. (Nò, di quel volto
Non hò coftanza a foftener l'impero.)
Tit. Ah Sefto è dunque vero? (*depone l'aria maeftofa*)
Dunque vuoi la mia morte? In che t'offefe
Il tuo Prence, il tuo Padre,
Il tuo Benefattor? Se Tito Augufto
Hai potuto obbliar, dl Tito amico
                                        Come

Come non ti fovvenne? Il premio è quefto
Della tènera cura,
Ch'ebbi fempre di te? Di chi fidarmi
In avvenir potrò, fe giunfe oh Dei!
Anche Sefto a tradirmi? E lo potefti?
E'l cor te lo fofferfe?

Seft. Ah Tito, ah mio   *(s'inginocchia.)*
Clementiffimo Prençe,
Non più, non più: fe tu veder poteffi
Quefto mifero cor; fpergiuro, ingrato
Pur ti farei pietà. Tutte ho fugli occhi
Tutte le colpe mie: tutti rammento
I beneficj tuoi: foffrir non poffo,
Nè l'idea di me fteffo,
Nè la prefenza tua. Quel facro volto,
La voce tua, la tua clemenza iftessa
Diventò mio fupplicio. Affretta almeno,
Affretta il mio morir. Toglimi prefto
Quefta vita infedel: lafcia, ch'io verfi,
Se pietofo effer vuoi,
Quefto perfido fangue ai piedi tuoi.

Tit. Sorgi, infelice. *(Sefto fi leva)* (il contenerfi
                   è pena
A quel tenero pianto.) Or vedi a quale
Lacrimevòle ftato
Un delitto riduce, una sfrenata
Avidità d'Impero! E che fperafti
Di trovar mai nel Trono? Il fommo forfe
D'ogni contento? Ah fconfigliato! offerva
Quai frutti io ne raccolgo,
E bramalo, fe puoi.

                       Seft.

Seſt. No, queſta brama
    Non fu, che mi feduſſọ.

Tit. Dunque che fù?

Seſt. La debolezza mia
    La mia fatalità.

Tit. Più chiaro almeno
    Spiegati.

Seſt. Oh Dio! non poſſọ.

Tit. Odimi, o Seſto:
    Siam foli: il tuo Sovrano
    Non è prefente. Apri il tuo eore a Tito:
    Confidati all' amico. Io ti prometto,
    Che Auguſto nol faprà. Del tuo delitto
    Dì la prima cagion. Cerchiamo infieme
    Una via di fcufarti. Io ne farei
    Forfe di te più lieto.

Seſt. Ah la mia colpa
    Non hà difefa.

Tit. In contraccambio almeno
    D'amicizia lo chiedo. Io non celai
    Alla tua fede i più gelofi arcani:
    Merito ben che Seſto
    Mi fidi un fuo fegreto.

Seſt. (Ecco una nuova
    Specie di pena! o difpiacere a Tito,
    O Vitellia accufar)

Tit. Dubiti ancora?   (*incomincia a turbarſi*)
    Ma, Seſto, mi ferifci
    Nel più vivo del cor. Vedi, che troppo
    Tu l'amicizia oltraggi
    Con queſto diffidar. Penfaci: oppaga
    il mio giuſto defio.   (*con impazienza*)
                                Seſto.

Seſt. (Ma qual aſtro ſplendeva al naſcer mio!)
                        (*con diſperſatione*)

Tit. E taci? E non riſpondi? Ah giacchè puoi
    Tanto abuſar di mia pietà.

Seſt. Signore - - -
    Sappi dunque - - - (che fò?)

Tit. Siegui.

Seſt. Ma quando
    Finirò di penar?

Tit. Parla una volta:
    Che mi volevi dir?

Seſt. Ch'io ſon l'oggetto
    Dell' ira degli Dei: che la mia ſorte
    Non ho più forza a tollérar: ch'io ſteſſo
    Traditor mi confeſſo, empio mi chiamo:
    Ch'io merito la morte, e ch'io la bramo.

Tit. Sconoſcente! e l'avrai. Cuſtodi, il reo
    Toglietemi d'innanzi
               (*alle guardie, che ſaranno uſcite.*)

Seſt. Il bacio eſtremo
    Su quella invitta man.

Tit. Parti: non è più tempo
    Or tuo giudice ſono.

Seſt. Ah ſia queſto, Signor, l'ultimo dono.

Deh per queſto inſtante ſolo
Ti ricorda il primo amor.
Che morir mi fa di duolo
Il tuo ſdegno il tuo rigor.

Di pietade indegno è vero,
Sol ſpirar io deggio orror.
               Pur

Pur farefti men fevero,
Se vedeffi quefto cor.

Difperato vado a morte;
Ma il morir non mi fpaventa.
Il penfiero mi tormenta
Che fui teco un traditor.
(Tanto affanno foffre un core,
Nè fi more di dolor!)

(parte.)

SCENA XI.

Tito folo.

Ove s'intefe mai più contumace
Infedelta? deggio alla mia negletta
Difprezzata clemenza una vendetta.
Vendetta! - - - Il cor di Tito.
Tali fenfi produce? - - Eh viva - - - in vano
Parlar dunque le leggi? Io lor cuftode
L'efeguifco cofi? Di Sefto amico.
Non sà Tito fcordarfi? - - Ogn'altro affetto
D'amicizia, e pietà taccia per ora   (*fiede*)
Sefto è reo: Sefto mora. (*fotto fcrive*) Ec-
(coci afperfi
Di cittadino fangue, e s'incomincia
Dal fangue d'un amico. Or che diranno
I Pofteri di noi? Diran, che in Tito
Si ftancò la clemenza,
Come in Silla, e in Augufto
La crudeltà: che Tito era l'offefo,
E che le proprie offefe,

Senza

160

Senza ingiuria del giusto.,
Ben poteva obbliar. Ma dunque faccio
Si gran forza al mio cor. Nè almen ficuro
Sarò ch'altri l'approvi? Ah non fi lafci
Il folito cammin. --- Viva l'amico!

(lacera il foglio)

Benchè infedele. E fe accufarmi il mondo
Vuol pur di qualche errore,
M'accufi di pietà non di rigore.

(gatta il foglio lacerato.)

Publio.

S C E N A XII.

Detto, e Publio.

Pub. Cefare.
Tit. Andiamo
Al popolo, che attende.
Pub. E Sefto?
Tit. E Sefto.
Venga all' arena ancor.
Pub. Dunque il fuo fato?---
Tit. Si, Publio, è già decifo.
Pub. (Oh fventurato!)

T i t o.

Se all' Impero, amici Dei,
Neceffario è un cor fevero;
O togliete a me l'impero,
O a me date un altro cor.
Se la fè de' regni miei
Coll'amor non afficuro;

D'una

D'una fede non mi curo,
Che fia frutto del timor.

(parte.)

SCENA XIII.

Vitellia ufcendo dalla porta oppofita, richiama Publio,
che feguita Tito.

Vit. Publio, afcolta.

Pub. Perdona   (ia atto di partire)
Deggio a Cefare appreffo.
Andar.

Vit. Dove?

Pub. All'arena

Vit. E Sefto?

Pub. Anch'effo.

Vit. Dunque morrà?

Pub. Pur troppo.

Vit. (Ohimè!) con Tito
Sefto ha parlato?

Pub. È lungamente.

Vit. E fai
Quel, ch'ei dicefse?

Pub. No: Solo con lui
Reftar Cefare volle: efclufo io fui. (parte)

SCENA XIV.

Vitellia, e poi Annio, e Servilia da diverfe parti:

Vit. Non giova lufingarfi:
Sefto già mi fcoperfe.   A Publio iftesso
Si

Si conofce ful volto. Ei non fù mai
Con me fi ritenuto. Ei fugge: ei teme
Di raftar meco. Ah fecondato aveffi
Gl'impulfi del mio cor. Per tempo a Tito
Dovea fvelarmi, e confeffar l'errore.
Sempre in bocca d'un reo, che la detefta,
Scema d'orror la colpa. Or quefto ancora
Tardi faria. Seppe il delitto Augufto,
E non da me. Quefta ragione iftefla
Fa più grave . . .

Ser. Ah Vitellia!
Ann. Ah Principeffa!
Ser. Il mifero germano
Ann. Il caro amico.
Ser. E' condotto a morir.
Ann. Fra poco in faccia
 Di Roma fpettatrice
 Delle fere farà pafto infelice.
Vit. Ma che poffo per lui.
Ser. Tutto. A' tuoi prieghi
 Tito lo donerà
Ann. Non può negarlo
 Alla novella Augufta.
Vit. Annio, non fono
 Augufta ancor
Ann. Pria che tramonti il fole
 Tito farà tuo fpofo. Or, me prefente,
 Per le pompe feftive il cenno ci diede.
Vit. (Dunque Sefto ha taciuto! oh amore! oh
         fede!)

 Annio, Servilia. Andiam. (Ma dove coro
        Cofir

Cofi fenza penfar?) Partite, Amici,
Vi feguirò.

Ann. Ma fe d'un tardo ajuto
Sefto fidar fi dee, Sefto è perduto.

                                (parte.)

Ser. Andiam. Quell' infelice
T'amò più di fe fteffo: avea fra labbri
Sempre il tuo nome. Impallidia qualora
Si perlava di te. Tu piangi!

Vit. Ah parti.

Ser. Ma tu perchè reftar? Vitellia ah parmi. - - -

Vit. Oh Dei! parti: verrò: non tormentarmi

Servilia.

S' altro che lacrime
Per lui non tenti:
Tutto il tuo piangere
Non gioverà.

A queft' inutile
Pietà che fenti,
Oh quanto è fimile
La crudeltà.   *(parte)*

S C E N A XV.

Vitellia fola.

Vit. Ecco il punto; o Vitellia,
D'efaminar la tua coftanza: Avrai
Valor che bafti a rimirar efangue

                                          Il

Io tuo Sefto fedel? Sefto, che t'ama
Più della vita fua? Che per tua colpa
Divenne reo? Che t'ubbidì crudele?
Che ingiufta t'adorò? Che in faccia a morte
Si gran fede ti ferba, e tu frattanto
Non ignota a te fteffa, andrai tranquilla
Al talamo d'Augufto? Ah mi vedrei
Sempre Sefto d'intorno; e l'aure, ei faffi
Temerei che loquaci
Mi fcopriffero a Tito. A' piedi fuoi
Vadafi il tutto a palefar. Si fcemi
Il delitto di Sefto,
Se feufar uon fi può, col fallo mio.
D'Imperi, e d'imenei fperanze addio.

Non più di fiori
  Vaghe catene
  Difcendè Imene
  Ad intrecciar.

Stretta fra barbare
  Afpre ritorte
  Veggo la morte
  Ver me avanzar.

Infelice! qual orrore!
  Ah di me che fi dirà.
  Chi vedeffe il mio dolore,
  Pur avria di me pietà.

                              (parte)

        D   SCE-

SCENA XVI.

Lu●go magnifico, che introduce a vaſto Anfiteatro, da cui per diverſi archi ſcuopreſi la parte interna. Si vedranno già nell' arena i complici della congiura condannati alle fiere.

Nel tempo, che ſi canta il Coro, preceduto da' Littori, circondato da' Senatori, e Patrizi Romani, e ſeguito da' Pretoriani eſce Tito, e dopo Annio, e Servilia da diverſe parti.

C o r o.

Che del Ciel, che degli Dei
Tu il penſier, l'amor tu ſei,
Grand'Eroe nel giro anguſto
Si moſtrò di queſto dì.

Ma cagion di maraviglia
Non è già, felice Auguſto,
Che gli Dei chì lor ſomiglia,
Cuſtodiſcano coſi.

Tit. Pria che principio a' lieti
Spettacoli ſi dia, cuſtodi, innanzi
Conducetemi il reo. (Più di perdono
Speme non hà. Quanto aſpettato meno
Più caro eſſer gli dee).
Ann. Pietà Signore.
Ser. Signor pietà.

Tit.

Tit. Se a chiederla venite
 Per Sefto, è tardi. E' il fuo deftin decifo
Ann. E fi tranquillo in vifo
 Lo condanni a morir?
ser. Di Tito il core
 Come il dolce perdè coftume antico?
Tit. Ei fi appreffa: tacete.
Ser. Oh Sefto!
Ann. Oh amico!

SCENA XVII.

Publio e Sefto fra Littori, poi Vitellia e detti.

Tit. Sefto, de' tuoi delitti
 Tu fai la ferie, e fai
 Qual pena ti fi dee. Roma fconvolta,
 L'offefa Maeftà, le leggi offefe
 L'amicizia tradita, il mondo, il cielo
 Voglion la morte tua. De' tradimenti
 Sai pur ch'io fon l'unico oggetto: or fenti.
Vit. Eccoti, eccelfo Augufto,
 Eccoti al piè la più confufa ---
       (s'inginocchia)
Tit. Ah forgi,
 Che fai? che brami?
Vit. Io ti conduco innanzi
 L'autor dell' empia trama.
Tit. Ov' è? Chi mai
 Preparò tante infidie al viver mio?

Vit. Nol crederai.

Tit. Perchè ?

Vit. Perchè fon io.

Tit. Tu ancora ?

Seft. (

a 2 (Oh Stelle !

Ser. (

Ann. (

a 2 (Oh Numi !

Pub. (

Tit. E quanti mai
     Quanti fiete a tradirmi ?

Vit. Io la più rea
     Son di ciafcuno ! Io meditai la trama :
     Il più fedele amico
     Io ti feduffi : io del fuo cieco amore
     A tuo danno abufai.

Tit. Ma del tuo fdegno
     Chi fù cagion ?

Vit. La tua bontà.   Credei
     Che quefta foffe amor. La deftra e'l trono
     Da te fperava in dono, e poi negletta
     Reftai più volte, e procurai vendetta.

Tit. Ma che giorno è mai quefto ? Al punto
                       (fteffo,
     Che affolvo un reo, ne fcopro un altro ? e
                       (quando
     Troverò, giufti Numi,
     Un' anima fedel ? Congiuran gli aftri,
     Cred'io, per obbligarmi a mio difpetto
     A diventar crudel. No : non avranno
                       Quefto

Quefto trionfo. A foftener la gara
Già m'impegnò la mia virtù. Vediamo,
Se più coftante fia
L'altrui perfidia, o la clemenza mia:
Olà: Sefto fi fciolga: abbian di nuovo
Lentulo, e i fuoi feguaci
E vita, e libertà: fia noto a Roma,
Ch'io fon lo fteffo, e ch'io.
Tutto sò, tutti affolvo, e tutto obblio.

Sefto Vitellia a 2.

Tu è ver, m'affolvì, Augufto,
  Ma non m'affolve il core,
  Che piangerà l'errore,
  Fin chè memoria avrà.

T i t o.

Il vero pentimento,
  Di cui tu fei capace,
  Val più d'una verace
  Coftante fedeltà.

Servilia, Annio a 2.

Oh generofo! oh grande!
  E chi mai giunfe a tanto?
  Mi trae dagli occhi il pianto
  L'eccelfa fua bontà.

T u t t i.

Eterni Dei, vegliate
  Sui facri giorni fuoi:

A

A Roma in lui ferbate
La fua felicità.

T i t o.

Troncate, eterni Dei,
    Troncate i giorni miei
    Quel dì, che il ben di Roma
    Mia cura non farà.

Tutti e Coro.

Eterni Dei, vegliate
    Sui facri giorni fuoi.
    A Roma in lui ferbate
    La fua felicità.

F I N E.

Die verstellte Gärtnerin
(Augsburg, 1780)

Die verstellte

Gärtnerinn

ein

Singspiel

in

drey Aufzügen.

Aus dem Italienischen ins Teutsche übersetzt.

Die Musik, von Herrn Mozart Hoch-
fürstlich-Salzburgischen Kapellmeister.

Augsburg,
gedruckt bey Johann Anton Stansky.

Personen.

Die Gräfinn Violante Onesti, unter de
    Namen Sandrina, als Gärtnerinn.
Der Graf von Belfiore.
Arminda, Nichte des Amtshauptmanns.
Der Ritter Ramiro, Armindens Liebhaber.
Der Amtshauptmann von Schwarzensee.
Robert, Diener der Violante unter dem
    Namen Nardo, ebenfalls als Gärtner.
Serpetta, Wirthschafterinn des Amtshaupt-
    manns.

Erster Aufzug.

✳ ══ ══ ══ ✳

Erster Auftritt.

Ein angenehmer Garten im Schloß des
Amtshauptmanns.

Der Amtshauptmann, der Ritter Ramiro,
und Serpetta; Sandrina und Nardo, welche
letztere mit Arbeit beschäfftiget sind.

Alle

Welches Vergnügen, welch froher Tage?
Welch schöne Gegend, welch schöne Lage?
Wonne und Liebe verbreiten sich hier!

Ramiro. Verborgnes Leiden, macht mich verzagen!
    Mein Herz empfindet stets neue Plagen,
    Freud und Zufriedenheit, fliehen von mir.
Amtshpt. Wer kann dieß Mädchen genugsam schätzen?
    An ihrem Reitze sich satt ergötzen?
    Für sie allein sey mein Herz aufbewahrt.
Sand. Ach! welche Schwermuth drückt meine Seele!
    Ich noch die Ursach davon verheele.
    Verfolgt das Schicksaal, wohl jemand so hart?

A 2   Nardo

Nard. Sie denkt nicht einmal mich anzuschauen.
  Auf Weiber Treue ist nicht zu bauen;
    Der falsche Wechselbalg hat mich zum Spott.
Serp. In dieses Affeng'sicht ist er vernarret:
    Steht Unbeweglich da, und fast erstarret.
  Betrügt der Falsche mich, quäl ich ihn Tod.
Ramiro. Mein bittres Leiden muß ich verheelen.
Amtsh Gutes Sandrinchen! nichts soll dich quälen.
Sand So vieler Gütigkeit bin ich nicht werth.
Ram Wann wird sich enden dieß herbe Leiden?
Amt. Von dieser Schönheit kann mich nichts scheiden.
Serp Der Männer Falschheit ist ganz unerhört.
Alle. Welches vergnügen ꝛc.

  Amt. Ha! es lebe der gute Geschmak meiner artigen Gärtnerinn! wie hübsch sie meinen Garten heraus-
gepußt hat! Doch sie selbst ist wohl die schönste Blume darinn? Flosculus Amoris. nicht wahr Ritter?

  Ramiro. Sicher! doch so Vortrefflich dieser Garten auch immer ist, so kann er mich doch nicht ganz
von meiner Schwermuth heilen.

  Amtsh. Ey! das ist Thorheit! aber Sandrinchen! warum machst du denn so betrübte Gesichter?

  Serp. (für sich) Wenn sie nur beym Henker
wäre! — seit dem dieß Frazengesicht hier im Hauße
ist, sieht mich der Alte nicht einmal mehr an.

  Nardo. (zu Serp.) Giebst du mir heute keinen Blick?

  Serp. Laß mich zufrieden;

  Amtsh. (zu Sand.) nun wo fehlts denn mein
Liebchen.?

  Serp. Mir scheint sie hat Herzweh!

  Sand. Ich bin ihrer Güte nicht werth: Es überfällt mich zuweilen eine gewiße Schwermuth, die mich
niederschlagt, und mir alle Fröhlichkeit raubt.

  Nardo. (zu Serp.) Aber bedenke doch mein
Kind!

                                        Serp.

Serp. Mir vergeht alle Geduld

Amtsh. Ritter, Sandrina! munter! aufgeräumt! ich erwarte alle Augenblicke meine Nichte, die Braut des Grafen Belsïor. Sie kann keine traurige Gesichter leiden. Fort! was zum Henker soll dieß melankolische Wesen, zu einer Zeit, da alles Tanzen, Springen und lustig seyn soll. Gaudeamus lætemur!

Sand. Dazu werd ich sehr wenig aufgelegt seyn.

Ram. Mich kann nichts erheitern.

Amtsh Freund ich fürchte immer, die Liebe hat ihnen einen schlimmen Streich gespielt. Amor Ludificus Proditor

Ram Nur allzuwahr Freund! ich seufze um eine Ungetreue, eine Undankbare,

Amtsh. Lächerlich! ha ha ha! — wie lächerlich sich um ein Frauenzimmer zu kränken! sich das Leben um sie zu verkürzen! folgen sie meinem Rath: schenken sie ihr Herz einer andern. Vis vi repellatur! Die Liebe hat sie verwundet, die Liebe soll sie wieder heilen.

Ram. Dafür bewahre mich der Himmel! ich sollte mir neuerdings Fesseln anlegen? nein nein! nie soll mir wieder ein solcher Gedanke kommen.

Die Lerche die vom Maschen
Sich einmal losgedrungen
Läßt sich nicht Zweymal haschen
Sie nimmt sich wohl in acht.
Da es mir jetzt gelungen
Mich aus dem Netz zu ziehen,
Will ich in Zukunft fliehen
Amors betrogne Macht

M ●   Drama

177

Zweyter Auftritt.

Der Amtshauptmann, Sandrina, Serpetta, Nardo

Amtshpt. Serpetta! Nardo! geschwind hurtig! seht zu, daß bey der Ankunft der Brautleute alles prächtig, und in guter Ordnung sey.

Serpetta. Haha! wir sind ihm hier ungelegen! er will mit seinen Gärtnermädchen allein seyn.

Nardo. Gehen wir Serpetta. **(geht ab)**

Serp. Geh brich dir den **Hals Dumkopf (sie geht bis in Grund des Theaters, verbirgt sich, und lauret auf)**

Amtsh. Endlich sind wir allein! nun wollen wir näher miteinander sprechen. Sandrinchen! deine Schönheit, dein Reitz, dein artiges einnehmendes Wesen hat mich völlig bezaubert. Der Blitz deiner schönen Augen, hat mein Herz in Brand gestekt. Comburor ab intus! und wenn du nicht löschen hilfst, so wird der ganze Palast meines Körpers zu Asche verbrennen.

Sand. Was sagen sie mein Herr? ein Armes Bauernmädchen.

Serpet. (her vor) Soll Sandrina nicht auch helfen?

Amtsh. Was willst du? apage! Sandrina soll hier bleiben. Hen impudentem!

Serpet. Wie sie befehlen **(für sich)** Die Verdamte Hexe? **(geht ab.)**

Amtsh. Nun Sandrinchen! du balsamisches Oleum popoleum meines Herzens! was meinst du? sprich!

Sand. Aber erwegen sie einmal! Ihr Stand und der meinige; welcher Unterschied!

Amtsh Ey was unterschied! die Liebe kennt keinen.

Sand Aber kann ein Ehrbares Mädchen zugeben, daß ihr ansehuliches Haus durch sie entehrt werde?

Serpet

Serpet. Verzeihen sie Herr Amtshauptmann, wenn ich sie störe.

Amtsh. Was zum Teufel schon wieder?

Serpet. Wo soll ich der Braut ihren Putztisch hinstellen.

Amptsh. zornig: he! in die Stube — in Keller — ins Kamin — auf den Heuboden — wohin du willst.

Serpet. Ich bitte um Vergebung. (für sich) das Affengesicht!

(Geht zurück)

Amtsh. heus molestam! — Genug mein Schatz! deine Schönheit entehrt keineswegs, sondern erhebt vielmehr den Glanz meines hochansehnlichen Hauses.

Sand. Was verlangen sie denn also?

Amtsh. Dich zu meinem süßen Weibchen zu machen.

Serpet. Was werden sie wohl denken, wenn ich —

Amtsh. Daß du ein unverschämtes, boshaftes, und naseweises Ding bist, die — — —

Serpet. Erlauben sie nur ein paar Worte —

Amtsh. Geh zum Henker du Ueberlästige,

Serpet. Geduld, Geduld! ich gehe schon für sich. warte Mensch! du sollst es mir entgelten Geht ab.

Sand. Mit dero Erlaubniß mein Herr! (will fort)

Amtsh. Wohin mein Herzche, warte, höre mich! Ach! wenn du wüßtest — ich weiß nicht, wo mir der Kopf steht. Alles geht bey mir unter und d'rüber. Mein Herz schlägt mir, ich weiß nicht, ist Freude, Furcht oder Hoffnung.

In meiner Brust erhallet.
Ein liebliches Ertöhnen.
Der Flauten und der Oboe:
Die Lust mein Herz durchwallet.
Kann ich die Freud gewöhnen?
Ich weiß nicht wo ich sich!

Doch Wie! was muß ich hören?
Welch schwarze Harmonie,
Die mich erzittern macht.
Es sind hier die Bratschisten,
Mit düstrer Melodie,
Die mich in Angst gebracht.
Jetzt kömmt ein großes Lermen,
Von Pauken und Trompeten,
Von Bäßen, und Fagotten,
Das mich fast närrisch macht.

Dritter Auftritt.

Sandrina, hernach Nardo.

Sand. Grausames Schicksal! wie lange wirst du mich noch verfolgen? Von dem einzigen Gegenstande, der mir so theuer ist, aus blinder Eifersucht verwundet, und dann verlassen, muß ich meinen Stand verläugnen, und unter erborgter Kleidung bey niedriger Arbeit, meine Tage hinweinen. Und doch — wollte ich alles vergessen, könnte ich den Undankbaren nur noch einmal sehen —

Nardo. Gnädige Frau! —

Sand. Unvorsichtiger schweige! wenn dich jemand hörte —

Nardo. Wer soll uns hören? wir sind ja allein.

Sand. Du weißt, daß heute die Jahrszeit jener traurigen Nacht ist, wo der Unsinnige Graf Belfior aus toller Eifersucht gereizt, auf mich den Degen zog, mir eine tödtliche Wunde versetzte, und, als er mich Tod glaubte, eilfertig die Flucht nahm?

Nardo. O des abscheulichen Zufalls! ich muß weinen, so oft ich daran denke.

Sand. Du weißt mein treuer Robert, daß ich blos in der Absicht meinen Geliebten aufzusuchen, mich in diese Kleider gesteckt, und mit dir, den man für meinen Vetter hält, mich unerkannt in die Welt gewagt habe. Nun bin ich kaum eine kurze Zeit hier, und schon droht mir ein neues Ungewitter.

Nardo. Ungewitter? wo soll das herkommen? wir sind in guten Händen. Der Herr Amtshauptman liebt sie ja, und er — —

Sand. Eben seine Liebe ists, die mich zwingt auf meine Abreise zu denken. Wie kann ich die ewigen Seufzer und die unaufhörlichen Zudringlichkeiten eines ungestümmen lächerlichen Liebhabers länger aushalten, ohne — —

Nardo. Ey zum Henker! wer kann sie denn zwingen, ihn zu lieben? machen sie es wie andere Frauenzimmer — schmeichlen sie ihm zum Scheine! verstellen sie sich — bohren sie ihm den Narren! wie es jetzt bey den Weibern Mode ist! —

Sand. Diese Mode ist nicht für mich! und ich wollte auch selbst zum Zeitvertreib, es nicht wagen, mich in eine neue Liebe einzulassen. Ich kenne zu sehr die Gefahr, die man bey Männern läuft! ich will sie alle fliehen — (will gehen)

Vierter Auftritt

Ramiro vorige.

Ramiro. (Der die letzten Worte mit angehört, und Sandrinen aufhält)

Lieben müssen sie die Männer nicht fliehen.

Nardo. Das war ein gescheides Wort.

Ramiro. Was für Grund haben sie denn die Männer zu hassen?

Sand. Ihre Untreue, Eifersucht, und Falschheit.

Ramiro. Und doch giebt es Männer, die alle diese Fehler nicht haben. Ich selbst darf mich darunter zehlen. — Ich liebte eine junge reizende Person von Stande, mit dem reinesten aufrichtigsten Herzen Die Zeit unsrer Verbindung war da! doch, unglückliche Erinnerung! Statt ihre Hand mir zu reichen, Vergaß sie Ehre, Pflicht, und Schwüre; verließ mich des schimpft, verrathen, und — —

Sand. Da haben wir es! wir armen Mädchen müßen die Schuld tragen! wir sind der Ursprung alles Uebels! Armes Frauenzimmer! wie hart ist doch unser Schicksal! weder Schönheit noch Verstand kann uns glücklich machen.

Wir arme gute Mädchen,
Wie sind wir nicht geschoren!
Kaum da wir sind geboren,
Fängt unser Leiden an.
Unwissend in der Kindheit,
Geplagt in unsrer Jugend.
Sind in der Jahren blühte,
Die Wilde wie die Schöne,
Von der verwünschten Liebe,
Zu Asche fast verbrennt.
Ach! Arme gute Mädchen,
Wär es für uns nicht besser,
Wir wären nicht auf der Welt!

Ram. Hätte ich nie eine Arminda gekannt, so wäre ich ruhig, und glücklich!

Fünfter Auftritt.

Nardo.

Zum Henker! meine Gräfinn will schon wie der Reißaus nehmen? der verdamte Streich! Ha vielleicht! — ja, nichts vielleicht! — ich bin selbst verlegner als sie. Serpetta hat mir das rechte Gift gegeben! ich möchte vor Liebe krepieren, und doch ist die Unbarmherzige so hart, so unempfindlich wie ein Klotz, immer weicht sie mir aus Was soll ich doch thun, um sie in mich verliebt zu machen? — ich will bitten, seufzen, weinen — daß es — aber was wird es helfen? heut zu Tage hat das Weibsvolke Herzen, wie Marmor, Stahl, und Eisen.

Der

Der Hammer zwingt das Eisen,
Erweicht durch Feuershitze.
Der Marmor läßt sich formen,
Durch scharfe Meißelspitze.
Doch wer kann mir erweisen,
Das Hammer oder Eisen,
wohl selbst der Liebe Feuer,
Hab jemals überwunden,
Der Weiber Eigensinn.
Sind wir nicht alle Narren,
Recht blinde dumme Narren?
Betrogen durch der Weiberlist.
Verlachet sie, verspotet sie.
Verachtet sie, und fliehet sie.
Sie sind kein Teufel werth!

Sechster Auftritt.

Saal im Schloß des Amthauptm.
Der Amtshanptmann, Arminda hernach
Serpetta.

Amtsh. Nun liebe Nichte! ruhen sie hier ein wenig
aus. Ich hoffe, ihr Bräutigam wird bald eintreffen.

Arm. Das ist in der That wider allen Wohlstand,
daß er mich auf sich warten läßt.

Amtsh. Vielleicht weiß er noch nicht —

Arm. Er weiß freylich noch nicht, daß ich sehr
empfindlich bin, und meine eigne Grillen habe.

Amth. Seyn sie nicht böse, Liebste Nichte!
es läßt sich alles mit guter Art richten. Patientia,
moderatio!

Arm. Setzen wir uns!

Amtsh. He! wo bleiben den die Stühle, wenn
den sie bald kommen?

Serpet. (bringt Sessel) Hier sind sie, hier
sind sie! das ist ein geschrey, als wenn man Taub wär.

Arm. Wer ist sie?

Serpet. Kammerjungfer, Wirthschafferinn, was sie! wollen.

Amtsh. Juris utriusque.

Arm. Und ihr beobachtet nicht eure Schuldigkeit? ihr kömmt nicht mir die Hand zu küssen?

Serp. Eben wollt ich es thun. (will ihr die Hand küssen)

Arm. Gut gut!

Amtsh. Geh nur.

Serpet. Wie sie befehlen.

Arm. He! Mädchen!

Serpet. (für sich) Hier wird es Geduld brauchen! — was befehlen Euer Gnaden?

Arm. Hast du noch nichts von meinem Bräutigam gesehen?

Serpet. Nein Ihro Gnaden! aber ich glaube —

Arm. Geh nur!

Amtsh . Ja geh nur!

Serpet. (für sich) Wir zwey werden nicht gut miteinander auskommen.* (geht ab)

Arm. Sagen sie mir Herr Oheim! ist mein Bräutigam schön, artig, wohlerzogen?

Amtsh. O was das betrift — —

Serpet. Geschwind! Euer Gnaden! eben ist ein Wagen angekommen.

Arm Das wird wohl der Graf seyn!

Amtsh. Ich will ihm entgegen gehen. holla! he! wo sind meine Leute, daß jedes seine Schuldigkeit beobachte — (zu Arm.) hören sie Nichte! — (zu Serpet.) rufe Kammerdiener, Laquaien und alle —

Serpet Hier kömmt schon der Herr Bräutigam.

Amtsh. Zum Teufel! meine Leute! — nun muß ich mir ein Ansehn geben.

Siebenter Auftritt.

Graf Belfior. Vorige.

Belf. Welche Pracht, welch seltne Schönheit!
Welcher Glanz! ihr große Götter!
Selbst die Sonne muß ihr weichen,
Kann ihr Feuer nicht erreichen,
Das mein Herz zu Asche brennt.

Arminda! meine englische Braut! der Graf Belfior
wirft sich der aufgehenden Sonne seiner künftig glücklichen Tage in Ehrfurcht zu Füßen.

Arm. Englischer Graf! stehen sie auf! sie sollen
einen Platz in meinem Herzen finden (für sich) ein
artiges Närchen! er gefält mir nicht übel.

Amtsh. (ganz gravitätisch) Illustrissime
nec non venerandissime Comes, ac futurissime Nepos.
(Er will ihn umarmen, der Graf entschlüpft
ihm) Empfangen sie in dieser Umarmung die Versicherung meiner Hochachtung und Freundschaft.

Belf Erlauben sie schönste Braut, daß ich auf diese
schneeweise Alabaster Hand — (zum Amtshpt)
ach verzeihen sie ich irrte mich , ich, ich — die Schuldigkeit erfordert, daß ich — (zu Serpet) artiges
Mädchen! ich bin ihr — er läuft hin und her)
Englisches Fräulein — mein Herr — hübsches Kind —
ich bin — ganz — verwirrt —! ich weiß nicht, was
ich sagen soll!

Serpet Ich muß von Herzen über den Narren
lachen.

Amtsh. Nun Herr Graf! wie gefält ihnen meine
Nichte?

Belf Unvergleichlich! ein Meisterstück der Natur!
eine hohe Stirne, blizende Augen, rosenfarbe Wangen,
eine majestätische Nase! ach sie beschämt Lilien und
Rosen.

Arm. Und sie sind eine Sonnenblum, ein Wetter-
hane, der sich nach allen Winden dreht.

Belf.

Belf Wie meinen sie das meine Göttinn?

Arm. Ich meine, daß sie leichtsinnig und flater= haft sind. Was sagen sie Herr Oheim?

Amtsh. Erlauben sie mir doch ein wenig ihr Ge= sicht. Secundum Lineamenta zu urtheilen! halte ich ihn für einen Getreuen.

Belf. Sagen sie für den Getreuesten —

Amtsh. Beständigen und standhaften —

Belf. Standhaftesten Liebhaber! gleich einem Felßen, welcher — oder vielmehr einem Schiffe, das vom heftigsten Sturm an eine Klippe geworfen, in Stü= cke zerschmettert — Nein nein das aller Gefahr troßet, und den brausenden Wellen entwischt. Sie werden dieses schöne Gleichniß verstehen.

Amtsh. Wenn es auf gleichniße ankömmt! so kön= te man dem ihrigen andere entgegen seßen! Exempli. gra ia: Sie sind ein stürmender Nordwind — oder melius ein Feuerspeyender Vesuvius — ein Wirbelwind — ein Orkan — Nein nein! ein sanft säußlender Zephir. Das ist das schönste Gleichniß.

Arm Gut es wird sich zeigen. Nun Graf! sagen sie mir! lieben sie mich?

Belf. Ob ich sie liebe? gleich beym ersten Anblike hat mich das Feuer ihrer Augen entzündet, bezaubert, be — be —

Amtsh. Bene.

Arm Geduld! Kennen sie schon mein Temperament?

Belf. O sie sind die Allerliebste —

Arm. Ich bin wunderlich, eigensinnig, empfindlich

Belf. Das ist mir lieb!

Amtsh. optime!

Arm. Ich bin freundlich, gutherzig, habe aber auch gute Hände

Amtsh. Optimissime! (zu **Belf.**) Gratulor ex animo!

Arm. Die sie für jede Untreu züchtigen wird.

Amtsh. Welch edle Offenherzigkeit! da sihet man

wohl,

wohl, daß sie meine Nichte ist. non procula stipite Pomum!

Belf. Schon braf! zum Entzücken! welcher Geist! welche Grazin! ich bin ganz hingerissen.

Arm. Sie wissen jetzt, woran sie sind ich werde sie lieben! aber weh ihnen, wenn ich sie auf einer Untreue ertappe! sie bekommen mit mir zu thun, und wenn es mitten auf der Straße wäre.

Wenn die Männer sich verlieben,
Schwören sie ganz leicht die Treu!
Und durch schmeichlendes Entzücken,
Läßt ein Mädchen sich berücken,
Glaubt geschwind, daß es so sey!
Doch bey mir kann das nicht gehen,
Erst muß alles richtig stehen,
Eh ich ja sag oder nein.
Sie allein nur sind mein Leben,
Ihnen will ich mich ergeben.
Wenn sie aber mich belügen,
Nach der Mode mich betrügen,
Räch ich mich mit eigner Hand.

Achter Auftritt.

Graf Belfior, der Amtshauptmann.

Amtsh. Nun Herr Graf was halten sie von meiner Nichte?

Belf. Ihr Feuer reißt mich hin! welch Glücke für mich, ein Frauenzimmer, wie sie gefunden zu haben! doch, was sage ich? sie ist eine Göttin, die an Witz, Verstand, Schönheit und Reitz von keiner sterblichen übertroffen wird. Kurz! sie ist das achte Weltwunder

Amtsh. Ich sollte es zwar nicht sagen, weil ich ihr Oheim bin! doch hat sie in der That ganz was auserordentliches. Es ist eine Freude, sie zu hören. Ihre Reden sind Sentenzen und Machtsprüche! sie ist ein zweyter Cicero.

A. If

187

Belf. Ja das ist die Wahrheit! und damit sie es nur wissen: Ich verliebte mich schon in ihren Verstand, ehe ich sie kannte. Glauben sie gewiß: Ich habe mehr als hundert der schönsten Mädchen, wegen ihr den Korb gegeben.

Amt. Haud minimum Dubito.

Belf. Seyn sie versichert: An allen Orten, wo ich immer war, sind mir die Frauenzimmer in Menge nachgeloffen, um die Schönheit, und Majestät meines Gesichts zu bewundern. Denn sie müssen wissen, ich bin wirklich ein schöner Mann.

Amt. Certissime! Ich bewundere sie! ordentlich Herr Graf. Ein zweyter Narzissus! profecto!

Belf. Ich bin ein Kavalier von großem Geist, reich und vornehm. Mein Blut fließt aus den Adern der ältesten Geschlechter griechisch- und römischer Helden. Ich bin mit den größten Monarchen der Welt Versippschafftet. Hier hier sehen sie den unumstößlichen Beweiß! meinen Stammbaum (Er zieht einen ziemlich großen Stambaum hervor)

Amt. Mit dero gütigsten Erlaubniß. — Heus Obstupesco! Dürfte ich wohl meiner Nichte die unbeschreibliche Freude machen, ihr solchen so gleich ad inspiciendum zu übersenden?

Belf. Ich will ihr die Gnad erweisen.

Amt. He Serpetta! Serpetta!

Serp. (für sich) immer muß man laufen — — was befehlen sie?

Amts. Hier bringe meiner Nichte das glorreiche Testimonium ihres zukünftigen großen Glückes, das preiswürdige Stammenregister ihres hochadelichen Herrn Bräutigams — (Serpetta will damit fort) Doch warte! ich will dir die Sache erst ein bischen erklären, damit du die wichtige Wichtigkeit dieser Legation einsiehst, mit der man dich als eine respective, abgeordnete Honorirt — Er eröffnet den Stambaum nnd haltet ihr denselben vor)

Vers

Verbeuge dich und neige dich — erige Aures Pamphi-
le! Oefne deine Augen, spitze die Ohren, und erstaune
    Hier von Osten bis zu Westen,
    Dort von Süden, bis zu Norden,
    Ist schon längst bekannt geworden,
    Sein hochadeliches Haus.
    Er hat Güter, Lehenträger,
    Städte, Dörfer, große Schwäger,
    Fürsten, Grafen, Generalen,
    Kaiser, König, Admiralen,
    Diktatoren, Bürgermeister,
    Helden Roms, und große Geister,
    Zehlt sein Stamme ohne Zahl.
    Doch zum Teufel warum lachst du?
    Welcher Zweifel? willst du sie sehen?
    Hier ist Numma, dort ist Scipio,
    Mark Aurel, und Mark Agrippa,
    Mutio Scewola, und der Kato.
    Auch der große Alexander,
    Ist sein nächster Anverwandter·
    Mit der größten Ehrfurcht, bücke dich!
    Und neige dich!
    Nur geschwind bald hin bald her.

Neunter Auftritt.

Serpetta.

Wer zum Geyer sollte nicht lachen? — Ha! es leben
alle die Herrn Stukatoren, Bürgermeister, Zipio, und
alle die großen Parucken des hochadelichen Stammen-
baums! — Das ist ein wahrer Spas mit solchen
Norren — — Bey allem dem ist es, wenns so
fort geht, in diesem Haus nicht mehr auszuhalten. Seit
dem diese Braut angekommen, ist weder Rast noch
Ruhe. Alle Augenblicke ruft sie, schreit sie, klingelt,
zanket! besiehlt, wo bist du? warum kömmst du nicht?
wo bleibst du? thu dieß; mach das! geh fort! bleib
hier! alles in einem Athem — Da müßt ich meine

B
Küsse

Füße gestohlen haben, und mich zu Tod lausen.
nein das ist nicht für mich! ha hier kömmt Nardo.
Der wird mir wohl seine Liebe wieder vorseufzen. Ich will
thun als wenn ich ihn nicht sähe: und zum Spas ein
Liedchen singen, daraus er merken kann, daß er von
mir nichts zu hoffen hat.

Das Vergnügen in dem Ehestand
Möchte ich gerne bald erfahren!
Doch ein Mann der schon bey Jahren,
Taugt in Wahrheit nicht für mich.

Zehnter Auftrit

Nardo, Serpetta.

Nardo (Der die ganze Arie Rukwerts
mit angehört hat, für sich)
Schau! schau! sie stichelt mit ihrem Liedchen auf mich.
Aber Geduld! ich will ihr durch ein anders, auch meine Meynung sagen.

Das vergnügen in dem Ehestand,
Wünschest du bald zu erfahren?
Doch ein Mann der jung von Jahren,
Taugt in Wahrheit nicht für dich.

Serpet. Vortreflich Herr Spasmacher! wer hat
dir die Erlaubniß gegeben, mir so nahe zu kommen?

Nardo. Liebstes Serpettchen! nimm mir
übel! ich fand die Thüre offen, und da gieng ich
ein.

Serpet. Wenn du den gnädigen Herrn suchst, so
geh nur dort hinüber, dort wirst du ihn finden. Geh,
geh fort!

Nardo. Jagst mich schon wieder fort, und bist
mir doch so tief ins Herz gewachsen.

Serpet. Ich habe dir schon oft gesagt, du bist
nicht für mich. Soll ich es nochmal wiederholen?

Nardo. Nein, nein! ich verlang es nicht mehr,
zu hören. Serpettchen!
Serpet. Nun?

Nar

Nardo. Sey doch nicht so grausam!

Serpet. Und du nicht so überlästig! Ein für als lemal! du bist kein Mann für mich

Nardo Aber bin ich denu nicht eben sowohl eine Mannsperson, wie ein anderer?

Serpet. Du gefällst mir nicht.

Nardo Nu, nur Geduld! du wirst noch einmal froh seyn mich zu kriegen.

Serpet. Ha! ha! ha!

Nardo. Du lachst?

Serpet. Ja ich muß lachen, weil der Narr glaubt, daß man auf ihn anstehen wird. Dummkopf! Männer kann ich genug haben: ich darf nur die Hand ausstrecken, so laufen sie zu ganzen Haufen, aur um sie zu küssen.

Sobald sie mich sehen,
So sind sie gefangen,
Sie rennen und flehen,
Mein Herz zu erlangen.
Von Liebe erhitzet:
Der schnaubet, und schwitzet.
Es ruft einer dà, und ein anderer dort:
Bewundert die Augen des englischen Kindes,
Wie artig wie lebhaft,
Ihr Anstand und Farbe?
Mich rühret die schöne, wenn ich sie betracht.
Ich schlage, die Lieder
Der Augen, dann nieder,
Und schweige ganz züchtig mit allem Bedacht.

Zehn-

Zehnter Auftritt.

Garten,
Sandrina, hernach Arminda.
Sandrina.

Seufzend beklagt das Täubchen,
Ferne von seinem Männchen,
Sein trauriges Verhängniß,
Und sucht nach seiner Sprache,
Mitleid in seinem Schmerz.

Arm. Das wird wohl das Gärtnermädchen seyn, von der man so viel Weesen macht. He! Mädchen geh her!

Sand: Was befehlen sie?

Arm. Sage mir! was fehlt dir? daß ich dich so traurig sehe!

Sand. Mein unglückliches Schicksal —

Arm. Ha! ich verstehe dich; du bist verliebt, und deine Seufzer gehen nach dem Amtshauptmann —

Sand. O ich bitte! verschonen sie mich — ich bin ein ehrbares Mädchen, und weiß den Unterschied.

Arm. Halts Maul du Zoffe! bedenke daß du mit Fräulein Arminda sprichst, die —

Sand. Ihro Gnaden verzeihen! ich wußte nicht —

Arm. Nun gut, so wisse es jetzt, daß ich die Nichte vom Hause, und die Braut des Grafen Belfiore bin. —

Sand Weh mir! was sagen sie? Belfiore ihr Bräutigam?

Arm Ja, ja! Belfiore mein Bräutigam , und noch heute wird unsere Vermählung vollzogen.

Sand. O Himmel, ich vergehe! ich — fühle — den — Tod.

Arm

192

Arm. Was ist dir? du entfärbst dich?

Sand. Ich weiß nicht. Ein heftiger Schmerz überfällt mich auf einmal — er drückt mir das Herz ab. — Ich werde — schwach — der Angstschweiß — ach ich bin — des — Todes! —

Sie wird ohnmächtig.

Arm. Das arme Mädchen! he! zu Hülfe! ist niemand da?

Eilfter Auftritt.

Belsiore vorige.

Belf. Was giebts? hier bin ich?

Arm Hier liebster Graf, stehen sie diesem armen Mädchen bey! ich laufe nach Lebensbalsam, um sie wieder zu recht zu bringen. Ich bin gleich wieder da

Belf Himmel, welch seltsamer Zufall!
Violante! sie lebt noch? weh mir!
Zitternd schlägt mein Herz.
Ich fühle Lust und Schmerz.

Sand. Ach Undankbarer komme,
Sieh mich aus Liebe sterben.

Belf Ihre Stimm und ihre Züge;
Wenn ich mich nicht betrüge.
Doch was soll diese Kleidung?
Ich könnte mich wohl irren,
Ich muß sie näher sehen.

Sand. Ach daß über mich Arme,
Der Himmel sich erbarme!

Belf. Sie ist es wirklich,
Mir sinket Herz und Muth,

Sand. Was seh ich? der Graf! o Himmel!

B 3   Zwölf-

Zwölfter Auftritt.

Arminda, Ramiro, Vorige.

Arm. Nehmet hier Balsam Sulphuris,
Ram. — Herr Graf mit ihrer Erlaubniß,
Arm Arminda!)
Belf. Ramiro!) was soll ich thun?
(Belf zu Sand.) Sag wer bist du?
Sand. (für sich) Was sag ich?
Ram (zu Arm.) Grausame!
Arm (für sich) Was soll ich thun?
Alle vier. O unerhörtes Schicksal,
Dieser verdamte Zufall,
Quälet mich fast zu tod.
Belf. Steh ich, geh ich, oder bleib ich,
Schlaf ich, träum ich, oder wach ich?
Mein Gehirn ist ganz verrückt.
Sand. Ich empfind in meinem Herzen,
Unermeßlich bittren Schmerzen,
Der mich weinen und seufzen macht.
Ram. Meine Sinne sind verrücket,
Von dem Zufall unterdrüket,
Ich verliere den Verstand.
Arm. Ich weiß nicht was vorgegangen,
Noch was ich soll jetzt anfangen.
zitternd, bebend, steh ich da.
Alle vier. Meine Seel ist ganz entkräftet!
Mir starrt jedes Wort im Mund.

Dreyzehnter Auftritt.

Der Amtshauptmann Vorige.

Amt. Welche Stille, welche Minen!
Macht ihr etwa hier Kalender?

A . t t

Habt ihr etwa die Sprach Verlohren?
Ist der Mund euch zu gefroren?
Nun so sprecht! was geht hier vor?
Sand. Kann ich es sagen?
Belf. Welche Plagen!
Ram. Welche Frage!
Arm. Ich verzage.
Amtpt. Alles ist mir unbegreiflich!
Hier ist etwas vorgegangen
Mit der Sprache nur heraus.

Ram. (zu Arm) Bist du diese?

Belf (zu Sand) Bist du diese?

Arm. (zu Ram) bist du jener?

Sand. (zu Belf) Bist du jener?
Alle fünf. Mein Gehirn ist in verwirrung
Es hüpft drinn bald hin und her.
Ram. Belf. Sand. Arm. gehen verschiedentlich
ab.

Vierzehenter Auftritt.

Der Amtshauptman gleich hernach
Serpetta und Nardo.

Amt Wo ist die Ehrfurcht, die mir gebühret?
Mich den hochweißen, der alles regieret,
Läßt man hier stehen, wie einen Narren?
Gehet zum Teufel, macht mir nicht bange
Ich will nichts wissen von eurem Range,
Vom Nepotismus, und Adelstand.
Serpetta. Lustig! ich bringe recht hübsche Nach-
richt.
Das Gärtnermädchen, mit ihrem Grafen
Küssen und Drücken unten im Garten,
Mit aller freyheit, ruhig und still.
Amt. Teufel und Hölle! das sollt ich leiden?
Nardo. Glaubt nicht den Lügen des losen Mädchens,
Sie will euch schicken in den April.

B 4   Serp

Serp. Hier diese Augen, hier diese Ohren,
Mußten es sehen, konnten es hören.
Nardo Schröckliche Lügen! sie zu bethören.
Amt. Gleich überzeiget mich.
Nardo. (Komt nur mit mir.
Serp. (Gegen Nardo.) Er kann nur lügen.
Nardo. (gegen Serpetta.) und sie betrügen.
Amt. Quäle mich tödt, wiedriges Schicksal!
    Sehet verspottet, sehet hintergangen!
    Jenen berühmten Mann den Podesta!
Alle drey Wir wollen gehen,
    Und nun gleich sehen!
    Die Wahrheit zeiget sich dort oder da.

Fünfzehenter Auftritt.

Ein anderer Theil des Garten:

Sandrina, Belfior, gleich darauf der Amtshauptmann mit Serpetta und Nardo hernach Arminda und letztlich Ramiro.

Sand. Was ist denn ihr verlangen
    Ich bin genug gequälet,
    Sie haben schon gewählet
    Armindens schöne Hand.
Belf. Ach meine Liebe kennet
    Die Sprache und die Mine
    Sie sind Violantine
    Der ich mein Herz verpfand
Serp. Sie sehen mit welcher Zärtlichkeit
    Die Buhlerinn ihm schmeichlet
Amts. Ich säh es: daß sie krepiere!
    Ich räche mich an ihr
Nardo. Der Graf! ach welcher Zufall!
    Wie helf ich ihr heraus?

Sand.

Sand. Sie sind in großer Irrung

Belf. Himmel welche Verwirrung.

Arm. Ihr Hinterlist und Meineid
   Hat ihren Stand entehrt.

Ram. Das Herz das sie belebet,
   Nur schwarze Falschheit nährt

Sand. Grausamer, ohn verschonen!
   Kann man so schlecht belohnen
   Mein zärtlich treues Herz?
   Nenne mir mein Verbrechen,
   Denn magst dich an mir rächen!
   Fühlloser ohne Ehr!

Belf. Sieh itzt nur meine Reue,
   Mein Engel, mir verzeihe,
   O himmlische Violante!

Sand. Bedaure ihr hart Geschicke,
   Denn nun ist Violante
   Das arme Kind, dahin.
   O Himmel! sie ist Todt.

Amt. Gebt mir Antwort!

Arm. Sprecht nur weiter!

Ram Graf hübsch munter!

Serb. Nicht gezittert!

Nardo. Wo will alles dieß hinaus?

Sand. Alles muß ich schweigend dulden.

Belf. Ach sie büßet mein verschulden.

Serp.
Ram.
Arm   } Alle schweigen.
Amt.   Was geschieht?
Nardo

Arm Graf! die Lieb wird sie verzehren!

Amt Solche Einfalt! muß man ehren!

Ram Ich erfreue mich mit ihnen!

Serp. Welche unschuld volle Minen?

B 5   Arm.

197

Arm.   ⌈ Lebt vergnügt verliebte Seelen,
Kam.   ⎰ Niemal soll ein Zwist euch quälen
Amt.   ⎱
Ser.   ⌊ Steigt herab ihr Liebesflammen
Nar.   (Und verbrennt zu Staub ihr Herz
Sand.(Ueber mich schlägt hier zusammen
Belf.   Alles Unglück, und aller Schmerz
Arm Unmensch! Verräther könnt ich dein Herz in
Stücke zerreißen.

Kam. Den großen Eifer, und diese Hitze begreif
ich nicht.

Amtsh. Kannst du meine Güte so wenig schätzen?

Serp. Könnt ich sie aus dem Hauß, mit Hun=
den hetzen!

Nardo. Bey diesem Handel gebricht mir die
Sprach.

Alle Welche Verwirrung!
Ohn alle Rettung,
Der Zorn zernagt mir das Herz im Leibe
Nichts Dämpfet diese Glut,
Nichts hemmt die Wuth.

Ende des ersten Aufzuges.

Zwey=

Zweyter Aufzug.

Erster Auftritt.

Saal.

Ramiro, Arminda.

Arminda lauft zornig herein Ramiro eilt ihr nach.

Ram. Du sollst mir nicht entfliehen, Grausame! ich will, ich muß mit dir sprechen.

Arm Verwegner! was willst du, was verlangst du von mir?

Ram. Unmenschliche! du bist noch so dreust mir unter die Augen zu sehen? hätte ich gewußt, daß der Amtshauptmann dem Oheim wäre so würde ich dich meines Anblickes über hoben, und dir deine itzige Schamrothe erspart haben.

Arm. Wenn aber dein Schicksal. —

Ram. Was schicksal! dein Stolz heißt dich meine Liebe verschmähen, und dein Ehrgeiz zieht mir einen Grafen vor, der vor mir nichts, als einen elenden Titel zum voraus hat.

Arm. Nicht Unbescheiden Ritter! Es ist wahr, ich habe ihnen mein Wort, ich will sogar sagen, meine Schwüre gebrochen; ich erkenne meinen Fehler! allein! ich kann ihn nicht bereuen. Der Gegenstand, der dich mir entzieht, ist zu liebenswürdig, als daß ich nicht um ihn einen Ramiro vergeßen, und — —

Ram. Halt ein Treulose! neune mir nicht den verhaßten Nebenbuhler ins Gesicht du sollst nicht über mich triumphieren. Ich schwöre dir, dein unwürdiges verrätherisches Herz, soll meine ganze Rache nachdrücklich fühlen (geht ab)

Arm

Arm. Ich bedaure ihn. Ich fühle, daß ich seine Vorwürfe verdiene, aber ich kann ihn nicht mehr lieben. Der Graf allein verdient meine Hand, und mein Herz.

Zweyter Auftritt.

Belfior, Arminda.

Belf. (ohne Arm. zu sehen) Ich bin voll Verzweiflung! seit dem ich meine Violante wieder gefunden habe, weiß ich mir nicht zu rathen. Ich muß sie suchen — ich muß sie sprechen — oder ich bin — (er stößt an Arminden, erschrickt verbeugt sich, will davon gehen, und sagt:) Anbethenswürdige Arminda!

Arm. Nicht so schnell! sagen sie mir erst, um meine Neugierde zu befriedigen; wen wollen sie suchen? wen wollen sie sprechen?

Belf. (will fort) Ich will es ihnen schon hernach sagen —

Arm. Bleiben sie! ich will es gleich wissen — Nun?

Belf. Ich kam — ich glaubte — (für sich) wie werd ich mir doch nur heraus helfen? — ich suchte sie mein Fräulein!

Arm. Ich heise ja nicht Violante.

Belf. Habe ich Violante gesagt? vergeben sie mir — ich — ich

Arm. Nu? was ich?

Belf. (für sich) Ich fürchte ihre Hände.

Arm. Ha! Verräther! sie können nicht weiter —

Belf. Hören sie mich, eh sie mich verdammen; ich will ihnen die ganze Sache erklären.

Arm. Was kannst du sagen? Violante? ha! Violante! das ist also die Buhlerinn die du mir vorziehst? an dem Tag unsrer festlichen Verbindung? Undankbarer! Meineidiger

Um

Um deine Straf zu fühlen,
Rieß ich die Wuth zu kühlen,
Dir Böswicht, mit Enzüken!
Dein falsches Herz in Stücken,
Liebt ich dich nicht so sehr!
Lohnst du so meine Liebe,
Und meines Herzenstriebe?
Ach ich kann nicht entscheiden,
Ob Rache, ob Liebe siegt.

Dritter Auftritt.

Belsior hernach Serpetta.

Belf. Nein das ist kein Frauenzimmer, das ist eine Furie! ein Teufel. Hätte ich nicht Vernunft gebraucht —

Serp. Herr Graf — (sie schreyt etwas von fern)

Belf. Weh mir! (er erschrikt)

Serp. Was ist ihnen?

Belf. Nichts nichts! ich dachte es wäre meine Braut.

Serp. Eben bin ich ihr begegnet. Was haben sie denn wohl gethan? sie schäumte vor Wuth, fluchte auf sie, und schwur bey allem was heilig ist, sich an ihnen zu rachen.

Belf. Ach ihr Zorn wird sich schon wieder legen

Serp Hoffen sie das nicht, Herr Graf! sie wissen nicht was der Zorn bey einem Frauenzimmer vermag wenn ich ihnen rathen dürfte; — meine Meynung wäre: sie unverzüglich um Vergebung zu bitten.

Belf. Warum das?

Serpe Weil die Ehrfurcht, die Hochachtung, die sie dem schönen Geschlecht schuldig sind — die Pflicht — die Mode.-

Belf. Geh du, die Pflicht, die Hochachtung, die Mode, und die Braut, alle zum Teufel (er geht ab)
Mie.

Vierter Auftritt

Serpetta hernach Nardo.

Serp. In der That ich bedaure ihn, daß er einer so bös artigen Kreatur in die Hände gefallen ist.

Nardo. Meine Prinzeßinn verzeih! wenn ich dir schon wieder überlästig bin. Schöne Mädchen haben sonst gemeiniglich gute Herzen.

Serp. Schön oder häßlich, — gut oder nicht! genug ich mag dich nicht.

Nardo. Du willst also meinen Tod? wenn ich sterbe —

Serp. So werde ich nicht um dich weinen.

Nardo. Barbarinn! jetzt eile ich mir das Leben zu rauben.

Serp Glückliche Reiße!

Nardo. O du Marmorsteinernes Herz! (*er zieht ein Meßer aus der Tasche*) Jetzt will ich meinem Elende ein Ende machen — wie du reist mir nicht den Dolch aus der Hand?

Serp. Stos nur zu!

Nardo In deiner Gegenwart? nein, ich fürchte du kanst kein Blut sehen. Du würdest zu sehr erschreken.

Serp. Ganz und gar nicht ich sehe so was gern.

Nardo. Stelle dich so grausam als du willst, du wirst mich doch nicht abschreken dich zu lieben. Deine Gleichgültigkeit reitzt mich nur desto mehr.

Serp. (*für sich*) Ich muß ihn nur vollends närrisch machen (*zu Nardo*) Nach und nach fängst du mir an zu gefallen.

Nardo. Was sagst du? Ernst oder Spas? O mein Schäzchen! ich weis nicht wo ich vor Freuden bin! poz Stern und Glücke! so ein Wort macht mich wie neu gebohren.

Serp. Nun so höre! ich will mich deiner erbarmen. Aber du mußt mir immer mit einer schmachtenden Mine begegnen, die rechte Hand lehrerbietig aufs Herz

Herze legen, wenn du mich siehst.

Nardo. Alles was du willst.

Serp. Nu lustig! laß sehen! mache die Mine! — gut! den Reverenz. — nicht so steif! schön gerade, hurtig und flink!

Nardo. Der kleine Teufel macht aus mir was sie will.

Nach der welschen Art und Weise,
Spricht man so: Ah qnel visetto
m' ha infiammato il cuor in petto!
Che languire ogn' or mi fa.

Serpetta (deutet daß ihr dieß nicht gefalle)

Nardo. Bist du nicht damit zu frieden?
Nun so hör ein Kompliment
Auf gut Französisch!
Ah Madame votre Serviteur
De tout mon Coeur!

Serp. (wie oben)

Nardo Und auch dieß gefält dir nicht?
Nun laßt uns auf Englisch sehen.
Ah my Life pray you Say yes

Serp. (wie vor)

Nardo. Ey das ist ja zum Krepieren!
Ich muß die Geduld verlieren.
Weder Englisch noch Französisch!
Weder Teutsch noch Italienisch,
Gar nichts steht ihr an!
O des eigensinnigen Mädchens!

Gar nichts ist ihr recht gethan. (geht ab)

Serp. Der Spas gefällt mir! aber wie! wenn, es bey mir Ernst würde? — doch nein! das wird aimmer mehr geschehen. Es ist schon genug das er Sandrinchens Vetter ist.

Fünfter

Fünfter Auftritt.

Garten
Sandrina, hernach Belfior und der Amts-hauptmann.

Sand. Welch ein betrübter Zufall. Ich finde meinen Geliebten den ich suche, und finde ihn nur um ihn durch Arminden auf immer zu verlieren. — Ich will ihn fliehen den Undankbaren, den Grausamen, der mir schon einmal fast das leben raubte. Muß ich ihn denn auch noch untreu finden? doch nein das ist er nicht. Er hält mich ja für Todt. Ach ich fühle, das ich ihn noch zu heftig liebe. Was soll ich thun seine Heyrath zu hintertreiben? mich ihm entdecken? noch ist es nicht Zeit. Er kömmt! o wie heftig schlägt mir mein Herz bey seinem Anblicke.

Belf. Violante! unglückliche Geliebte, die ich so mishandelte, können sie mir vergeben?

Sand. Was sagen sie mein Herr?

Belf. Ja du bist das himmlische Bild meiner Geliebten. Diese Reitze diese Blike, mein eignes Herz sagt mir! daß ich dich gefunden habe, dich nun wieder sehe,

Sand. Und dein Blick Grausamer! Verräther! daß ich denjenigen gefunden habe, denjenigen — —

Belf. So irrte ich mich denn nicht? so bist du es?

Sand. Erinnerst du dich nicht mehr meiner Thränen — meines Flehens? unmenschlicher Verräther! wie oft schwurst du mir Liebe, mit thränendem Auge und seufzendem Herzen?

Belf. Ach! es ist die Wahrheit, aber jener verfluchte —

Sand. Sprich Barbar! Ungeheuer! was hatte ich verbrochen? ohne Ursach, ohne mich zu hören stossest du mir den Dolch in die Brust, tödtest mich unschuldiger Weiße, und läßt mich ohne Hülfe in meinem Blut liegen.

Belf. Mir zittern alle Glieder. Weh mir! —

doch

doch ein großes Glücke, daß du noch lebest, liebvoller Engel! aber sage mir wie kömmst du in diese Kleidung?

Sand. So sprach Violante, als sie mit dem Todt. rang. Das waren ihre letzten Worte, als sie starb

Belf. Was sagst du sie wäre also doch Todt?

Sand. Des werden sie am besten wissen.

Belf (für sich) Diese Gestalt, diese Geberden diese ganze Bildung, zeigt mir Violanten, und ich wollte mein Leben wetten, daß sie es wäre.

Sand. Was verweilen sie noch hier! Arminda —

Belf. (erschroken) Wo ist sie?

Sand. Wenn sie uns hier trifft, so sind wir verlohren.

Belf. Ich gehe schon — doch ich kann nicht, eine geheime Macht hält mich zurücke. Vergönne mir doch nur einen deiner reizenden Blicke.

Sand. Sprechen sie mit mir?

Belf. Mit dir du Wonne meines Lebens! deine Verstellung betrügt mich nicht! du bist Violante meine zweyte Seele.

Laß mich die Reize sehen,
Die mir dein Aug entzieht!
Ach laß mich nicht vergehen.
Dein Blik nur kann mich trösten.
Ich geh, doch nur nicht Zörne.
Wie hart ist dein Geboth!
Doch, eh ich mich entferne,
Laß mich das Glück geniessen,
Die schöne Hand zu küßen,
Dann geb ich in den Todt.
Ach welche Lust empfinde ich!
Englische Hand! ich küße dich,
Der Venus wahres Ebenbild.

(zum Amts.) Mein Herr mich freut sie hier zu sehen
Befinden sie sich wohl?

(für sich) So muß mir dieser Streich geschehn!
Daß ihn der Teufel hol!

C

Der

Der Amtshauptmann kömmt schon zu Anfang Belfiorens Arie; er beobachtet beyde eine Weil. Sandrina die den Amtshauptmann erblickt, deutet dem Belfior sich zu entfernen. Der Amtshauptmann tritt näher, befiehlt der Sandrina sich zu entfernen, und tritt an ihre Stelle! und da Belfior Sandrinen die Hand küßen will, erwischt er die des Amtshauptmanns, und läuft zum Schluß der Arie davon.

Sechster Auftritt.

Amtshauptmann, Sandrina.

Amts. Warte nur heilloser Graf! du sollst mir — (zu Sand) und du Unverschämte! meynst du, das soll dir hingehen?

Sand. Ach mein Herr! ich verdiene ihren Zorn nicht. Sie haben Unrecht, mir Vorwürfe zu machen.

Amts. Unrecht? hab ich nicht mit eignen Augen gesehen —

Sand. Sie haben Unrecht gesehen.

Amts. Zum Teufel! wollte er mir nicht die Hand küßen?

Sand. Ach!

Amt. Nun! warum seufzest du?

Sand. bester Herr! wenn sie wüßten, wie unglücklich ich bin! sie würden Mitleid mit mir haben.

Amt. Nu mein klein Kätzchen! das habe ich auch. Komm ich kann es nicht länger aushalten. Du bist das Centrum aller meiner verliebten Seufzer! mein Herz — meine Flamme — kurz ich kann dir nicht beschreiben was in mir vorgeht Komm, ich will dich so glücklich machen, als du es verdienst.

Sand.

Sand. Verzeihen sie: ich kann und darf nicht.

Amts. Wie so? Warum?

Sand. Weil für mich kein Glücke mehr grünt, und — weil ich — endlich —

Amts. Endlich und endlich — und endlich bist du ein armes Mädchen, daß ich zur gnädigen Frau machen will.

Sand. Ich bin dieser Ehre nicht werth! und — ich verlange sie auch nicht.

Amts. Unverschämte! du verlangst sie nicht? ich weiß besser, was dich zurück hält. Der Graf — aber du machst die Rechnung ohne Wirth.

Sand. Was für Rechte haben sie denn mir Vorwürfe zu machen? sie schelten mich, sie drohen mir; und sie sollten doch mit einer Unglücklichen Mitleid haben, die keinen Beschützer sonst, als sie, auf dieser Welt hat.

Es ertönt, und spricht ganz leise,
Hier im Herzen eine Stimme:
Dein Geliebter wirst du finden,
Ist ganz Großmuth, Lieb und Huld.
Scheint auch schon sein Blick voll Grimme,
O so hegt er doch Beweiße
Sanften Mitleids und Geduld.
Ach er flieht will mich nicht hören
Holde Mädchen habt erbarmen!
Und wenn euch mein Unglück rühret,
Und ihr reges Mitleid spüret,
So gewähret doch mir Armen
Euren Trost mich zu erfreuen.

Siebenter Auftritt.

Der Amtshauptmann, hernach Arminda und dann Ramiro.

Amts. Heus bardum! — ich Dummkopf! das gute Kind ist die Ehrbarkeit selbst, und ich glaube, wenn ich nicht Amtshauptmann wäre ich hätte mit ihr

C 2

8½

geweint. Das arme Täubchen! ich muß ihr nach,
und sie wieder zu besänftigen suchen.

Arm. Herr Oheim! der Graf hat sein Verbrechen
bereuet Wir sind wieder versöhnt! nun laßen sie uus unsre
Vermählung nicht länger verschieben Ich will ihm
noch diese Stunde meine Hand reichen.

Ram. (ganz eilend) Herr Amtshauptmann
eben erhalte ich aus Mayland eine Depesche von meis.
nem Vetter, in welchem dieser Verhaftsbesehl eingeschlosen
war Die Regierung besieht ihnen, denselben als
Amtshauptmann zu befolgen, und den Grafen Belfior
wegen einer Mordthat in Verhaft zu nehmen.

Amt Proh superi! den Grafen Belfiore?

Ram. Hier lesen sie selbst. (giebt ihm das
Blatt)

Arm. Ritter! sie träumen!

Ram. Es ist nur allzuwahr mein schönes Fräulein
ich bedaure sie die schönste Gelegenheit mich zu rächen.

Amts. Die Justanz behauptet, daß der Graf
der Mörder einer gewißen Gräfinn Onesti —

Arm. Glauben sie doch das nicht.

Amts. Silentium! wenn die Obrigkeit spricht (zu
Ram) aber mein Herr; wo sind die Beweiße,
wenn mann den Grafen einer Mordthhat beschuldigen
will (für sich) hic Rodus hic salta — mein Kopf
soll ihm schon heraus helfen.

Ram. Herr Amtshauptmann! sie wißen ihre Pflicht.
ich hoffe nicht, daß sie der Gerechtigkeit einen Sprung
erlauben werden. Sie befolgen den Befehl der Justanz.
(will fort)

Amtsh. Patientia! man muß —

Arm. Ey halten sie doch den Ritter nicht auf, er
mag gehen.

Ram. Das werde ich auch, Aber vergeßen sie nicht,
daß die Regierung die strengste Rechenschaft von ihnen
fodren wird.

Amt.

Amt. Gut! ich werde den Grafen vernehmen. Die
Vermählung bleibt bis Austrag der Sache verschoben.
Ich will der Gerechtigkeit keinen Sprung erlauben, und
ist der Graf der Mordthat schuldig; proh superi! so kann
ich nicht zugeben, daß ein Verbrecher, ein Mörder, der
Gemahl meiner Nichte werde. (Er geht ab).

Achter Auftritt

Arminda, Ramiro.

Ram. Liebste Arminda! hören sie mich!

Arm. Schweigen sie, schändlicher Lügner.

Ram. Ich habe die Sache nicht erdichtet. Ich bin —

Arm. Sie sind mir verhaßt.

Ram. Ist denn alles Mitleid, alle Liebe aus ihrem Her-
    zen verschwunden?

Arm. Sie verdienen weder Mitleid, noch Liebe.

Ram. Bedenken sie —

Arm. Nichts —

Ram. Hören sie nur ein Wort!

Arm. Ich bin vor Wuth außer mir! (geht ab).

Neunter Auftritt.

Ramiro.

Welch ein unerbittliches Herz! und doch giebt mir der
    Zufall wieder einige Hoffnung. Süße Hoffnung!
    hintergehe mich nicht! von dir allein hängt itzt mei-
    ne Ruhe, und meine Glückseligkeit ab.

Ach! schmeichelhafte Hoffnung!
Gefährtinn treuer Liebe!
Du stärckest meine Triebe,
Und tröstest mich allein.
Dir bin ich ganz ergeben.
Dir danke ich mein Leben.
Nur du kannst die Belohnung
Itzt, meiner Treue seyn.

Zehnter Auftritt.

Saal.

Der Amtshauptmann, Arminda, Serpetta, hernach Belfiore.

Amt. Liebe Nichte! ich bin ganz außer mir! was ist anzufangen, wenn der Graf der Mordthat schuldig ist?

Arm O lieber Herr Oheim! sie werden ihm schon herauszuhelfen wissen.

Amt. Ganz wohl! wenn aber der Ritter — es ist ein homicidium — ein delictum enorme. (**er setzt sich zum Schreiben**) ich richte mich zum Verhör. Sie meine Nichte, und du Serpetta müßt indessen abtreten, denn das Verhör muß absque testibus geschehen.

Arm. O liebster Oheim, ich bitte, ich beschwöre sie, erlauben sie 'uns zu bleiben — ich fürchte der Graf — ich möchte ihn gern unterstüzen.

Serp. Ja ich will ihm einreden troz einem Advokaten. Damit er sich in seinen Reden nicht verfange.

Amts. So? Verstehst du denn Quid juris? Ha der Graf kömmt!

Belf. Unvergleichliche Arminda —

Amts. Geduld Herr Graf! enthalten sie sich jetzt dieser verliebten Ausdrücke in Gegenwart eines strengen Richters, vor dem sie jetzt stehen, und Red und Antwort geben sollen. (er schreibt)

Belf. (**erstaunt**) Was soll das?

Amts. Silentium!

Belf. Herr Amtshauptmann! —

Amts Silentium!

Belf. (**zu Arminda**) Arminda —

Arm. So schweigen sie doch. —

Belf. Serpetta —

Serp. Silentium!

Amts (der indessen geschrieben) Herr Graf Sie werden eines grausamen Verbrechens beschuldiget!

(**Belf zittert**) Eine hochweise und hochgebietende
Regierung trägt mir auf, und befiehlt mir sie einzu-
ziehen, und darüber zu vernehmen. Ich wollte ihnen
aber vorläufig allen öffentlichen Schimpf ersparen, sonst
hätte ich sie mit bewaffneter Hand müssen hieher bringen
lassen; um das forum deprehensionis formaliter zu befolgen. Belieben sie mir also diejenige Punkten, so
ich ihnen vorlegen, und secundum jus Civile & Cri-
minale, eidlich vernehmen muß, sine mora, & absque ambagibus zu beantworten. Um in forma legali zu
procediren hab ich hier die erforderliche Fragpunkten:
Quis, quid, ubi, quibus auxiliis, cur quomodo quando? eingetheilt, und aufgesetzt. Also zur ersten Frage.
quis! wer sind sie? Wie heißen sie?

Belf. Das wissen sie ja ohne hin.

Amt. Ich muß es aus ihrem Mund hören.

Belf Ich bin Graf Belfiore, — welcher — die
Ehre haben —

Amt. Sufficit! (**schreibt**) — qnid! Sie sollen an einer gewißen Gräfinn Onesti — Ubi! zu Mayland ein Mordthat, sive homicidium voluntarium
atque violentum ausgeübt haben. Reden sie! haben
sie diese Gräfinn gekannt?

Belf. O Himmel! was soll ich sagen?

Arm. Sagen sie nein:

Belf. Nein! ich habe sie nicht gekannt.

Amt. (**schreibt**) negatur. — Lebt sie noch?

Belf. Nein mein Herr!

Serp. (**leise zu Belf**) was reden sie denn?
sagen sie ja!

Amt. Sie ist also tod?

Belf. Ja, ja!

Arm. Läugnen sie alles (**leise zu Belf**)

Amt. Man behauptet daß sie ermordet worden!
sollte das wahr seyn?

Belf. Ja! — nein!

B 4 Serp.

Serp. (leise zu Belf.) Versangen sie sich nur nicht!

Arm. Geben sie acht was sie reden. (leise zu Belf)

Amt. trepidat! (zu Belf) Sollten sie Herr Graf nicht notitiam davon haben? ihren Mörder nicht kennen?

Belf. O ja sehr gut!

Amt (schreibt) cur! Warum ist sie ermordet worden?

Belf. Die Liebe — die Eifersucht — ein Zufall.

Amt. turbatur! Seine Verwirrung verräth ihn. reus est!

Arm. Der Dummkopf.

Amt. (zu Belf) Ich sehe Graf — denken sie auf ihre Sicherheit! Memento tui! Man legt ihnen dieß Verbrechen zur Last, und es wäre ein leichtes sie zu überweisen. Ich wünschte sie wären unschuldig, und könnten sich vertheidigen.

Eilfter Auftritt.

Vorige, Sandrina die schon lange im Grund gelauret hat.

Sandrina. Er ist es — ich kann und will ihn vertheidigen

Belf. O Glücke!

Amt. O schön.

Serp. Allerliebst! mir war schon angst um sein junges Leben

Amt. Vermuthlich kann dieß Mädchen —

Serp. Einige Nachricht geben —

Amt. Und ihn retten. Er schreibt Pendente Lite, intervenit &c. (zu Sand) Was kannst du zu seiner Vertheidigung sagen?

Arm.

Arm. Rede liebes Mädchen!

Serp. Sprich Gutes Sandrinchen!

Sand. Was bürdet man dem Grafen für ein Verbrechen auf?

Amt. Eine Mordthat, die er an der Gräfinn Violante Onesti zu Mayland ausgeübt.

Sand. Das ist verläumdung. Verwundet ward die Gräfinn von ihm, aber nicht getödtet. Sie lebt, und steht hier! ich bin die Gräfinn Violante Onesti — und vergebe ihm.

Amts. Du Violante Onesti?

Belf. (außer sich) O meine Geliebte! — mein Herz sagte mir es wohl.

Arm (hönisch) Die schöne Gräfinn!

Serp. (hönisch) Die Vortreffliche Dame.

Amt Glaubst du vielleicht, daß du mit dieser Erdichtung

Sand. Sagen sie, was sie wollen: sie sollen in kurzem unwiderlealiche Beweiße haben, Daß ich Gräfinn Violante Onesti bin.

Belf. Glauben sie ihr! sie spricht Wahr! mein Herz bekräftiget ihre Worte.

Amts Casus Suspensivus! Es bedarf Bedacht, und Untersuchung — (für sich) beym Teufel! wenn ich Sandrinen verliere, so hole euch alle der Guguck. (geht ab)

Arm. Mir scheint die Sache sehr zweydeutig (für sich) aber es mag nun Sandrina oder Violante Onesti seyn, so will ich meine Maaßregeln nehmen. (sie geht ab)

Serp. Ich gehe ebenfalls! aber es mag nun kommen wie es will, so werde ich dazu lachen. (sie geht ab)

Belf. (zu Sand) Liebstes Leben! angebethete Seele! ich bin vor Freuden außer mir. Erlaube, daß ich diese schöne Hand —

C 5

Sand

Sand. (stößt ihn zurück) Zurücke ich habe mich nur für die Gräfin ausgegeben, um ihnen das Leben zu retten. Meine Aehnlichkeit, die ich, wie sie sagen mit ihr habe, soll sie auch künftig vor allem Unglücke schützen. (sie geht ab)

Belf. Wie war das? — — mir steht der Angstschweiß am ganzen Leibe. Ich verliere den Verstand. (geht ab)

Zwölfter Auftrit

Nardo, hernach Ramiro und der Amtshauptmann zu letzt Serpetta.

Nardo. O ich armer Tropf! was soll ich anfangen? ich kann meine Gebietherinn nirgends finden. Mir wird angst und bange — — wer weiß! — doch vielleicht hat sie sich dem Grafen entdeckt. — Aber nein! daß kann auch nicht seyn! weil sie mir ausdrücklich verbothen hat, mich ihm zu erkennen zu geben. Still! ich sehe Leute kommen — ich will sie behorchen, vielleicht bekomme ich leicht (er verbirgt sich im Grund)

Ram. Sie muß authentisch beweisen, daß sie Violante sey —

Amts. Das versteht sich! aber sie sprach so zuverlässig, daß ich fast wetten wollte —

Ram. Nur die Beweise! und ich bin zu frieden.

Serp. (mit verstellter Angst) O Himmel welch ein Unglück! Sandrina hat die Flucht genommen.

Amts. Proh Dolor! weh mir! was sagst du?

Nardo. (versteckt) Die Flucht?

Ram Das begreiffe ich nicht.

Amts Haud mora! ihr nachgeeilt!

Serp. Aber es fängt schon an nacht zu werden.

Amts. Quid ad rem! Nacht hin Nacht her! nehmt

Licht

Licht, nehmt Fackeln. Man muß ihr auf allen Straſ-
ſen nachſchicken. Kommen ſie Ritter! wir wollen ſelbſt
mit. Sequere me!

(beyde gehen ab)

Dreyzehenter Auftritt.
Serpetta, Nardo verſteckt.

Serp. Lauft nur, lauft nur! diesmal ſeyd ihr
gefoppt! --- das dumme Gartner Menſch! ſich für eine
Gräfinn auszugeben! Arminda hat ſie aber für dieſe
Verwegenheit, für ihren Stolz ſchon gezüchtigt. Sie
hat ſie mit Gewalt in den nächſten Wald ſtecken laſſen —
dort kann ſie unter den Wölfen die Dame ſpielen.

Nardo. Himmel! was hab ich gehört! geſchwind
zum Grafen. (er läuft geſchwind ab)

Serp. Ich möchte den Amtshauptmann zerreißen,
daß er mir das alberne Frazengſicht vorzieht, und vor Galle
berſten; Und doch darf ich mich nichts merken laſſen, ich muß
meinen Zorn in mich beiſen; ſonſt würde man mich nur
auslachen, und mit meiner Liebe gegen ihn aufziehen.
Gedult! Ein Mädchen muß zurückhaltend, fein und
ſchlau ſeyn, und wenn ſie auch Kupido bis auf das
Blut getroffen hat, ſo muß ſie es doch nicht geſtehn.

Wer will die Welt genieſſen,
Der ſchweig zu allem ſtill.
Er laß ſich nichts verdrieſſen,
Es komme wie es will.
Die Mädchen ſollen redlich,
Und gute Herzen haben.
Aufrichtig ſeyn und Ehrlich.
Doch nützen dieſe Gaben
Bey Männern nun nicht mehr.
Itzt muß man ſeyn verſchlagen.
Gleichgültig alles tragen.
Sich Dumm und Sittſam ſtellen!
Die Narren wacker prellen,

Sie foppen hin und her.
Von allen diesen Pflichten
Muß man sich unterrichten.
Und nützen jede Lehr.

Vierzehenter Auftritt.

Es ist nacht

Ein finsterer Wald mit Felsen und Höhlen
Sandrina.

Man sieht etliche Baurenkerl von ihr laufen.

Wo führt ihr mich hin? wollt ihr mich tödten? o Himmel sie entfliehen   Gott! muß ich denn so äußerst unglücklich seyn? ach! sie sind fort! und ich hier in der
finstern Nacht, in dieser schrecklichen Wildniß allein.
Vielleicht ein Raub der wilden Thieren.   Weh mir!
wer wird mir helfen und mich retten?

Ach vor Thränen, schluchzen, seufzen,
Kann ich kaum mehr Athem fassen.
Sprach und Stimme mich verlassen!
Und es schwindet alle Kraft.
Doch es hört mich hier keine Seele.
Ich bebe es wird mir bange.
Die Kräften schwinden.
O Himmel welch ein Geräusch!
Es ist als säh ich im Gebüsche
Die abscheulichste Schlange,
Die mit ihrem Gezische —
O Gott! wo verberg ich mich?
Wohin fliehe ich?
Was soll ich thun? hier! nein dort!
Ach ich betrüg mich nicht! — eine Höhle
Dies sey der Schutzort
Meiner elenden Tage
Dahinein will ich mich begeben.

Und

Und du gütiger Himmel
Schüze mein Armes Leben. (geht in die Höhle)

Fünfzehenter Auftritt.

Belfior, Nardo, nach und nach kommen
Sandrina, Arminda. der Amtshauptmann, Serpetta! und leztlich Ramiro
mit Leuten, welche Facklen tragen.

Belfior. hier in diesen Finsternissen,
  In den Felsen, ach ich bitte,
  Nardo leite meine Schritte.
  Ich weiß nicht wo aus, wo an.
Nardo. O wie schrecklich ist die Wildniß
  Nun so laßt uns sachte gehen.
  Hier ist wohl der Ort zu sehen,
  Wo man sie noch finden kann.
Sand. In der Näh dünkt mich zu hören
  Ein Geräusch, das mich erschrecket,
  Das mir Angst und Furcht erwecket
  Himmel ach! erhör mein flehen.
Arm. Hier in diesen finstern Walde
  Ist gewiß mein Graf gekommen!
  Von Verzweiflung eingenommen,
  Seiner Göttinn nach zu gehen.
Belf. Welch Geräusch will mich bethören?
Sand. Nein ich will von hier nicht weichen.
Arm Mich gedünkt hier Leut zu hören.
Nardo. Ich will näher hin mich schleichen.
Alle vier. Laßt uns sehen was hier geschieht.
Amts. Hier in diesen Finsternissen
  Muß ich Schritt vor Schritte gehen
  Und die Straße nicht versehen,
  Sonst brech ich mir Hals und Bein.
Serp. Heimlich hab ich mich beflissen
  In der stille herzuschleichen,

Wei

217

Meine Abſicht zu erreichen,
Und auf meiner Hut zu ſeyn.

Belf. Wer iſt da?

Sand. O welch ein Unglück!

Amts. Geht hier jemand?

Serp. Verdamter Zufall!

Nardo. Geht nicht weiter!

Arm. O welcher Schrecken!

Alle. (Welch Getöſe welcher Lermen
(Wär ich doch nur weit von hier.

Amts. (z: Ar:)Biſt du es mein liebes Sandrinchen?

Arm. Ja die bin ich. (für ſich) das iſt der Graf.

Belf. (zu Serp) Mein engliſche Sandrina?

Serp. Ja die bin ich. (f: ſi:) Das iſt der Amtmann.

Nardo. (z: Sa:) Sind ſie nicht meine gnädige
Gräfinn?

Sand. (für ſich) Dies iſt Nardo; ich bin ruhig!

Alle. (Welche Freude, welch entzücken!
(Was ich ſuchte, iſt nun mein.

Ram. Holla Freunde laßt euch ſehen,
Kommt geſchwind und hurtig her

(zu allen) Ich erfreue mich des Vergnügens,
So das glücke euch hat beſchert.

Belf. Du Serpetta?

Serp. Sie der Graf?

Amts. Meine Nichte!

Arm. Sie ſind der Amtmann?

Alle (O verwünſchtes Ueberraſchen!
(Alle ſtehen wir hier beſchämt.

Arm. Hier iſt ein Irrthum, dort iſt die ſchöne.

Sand. Ach wie ſie ſcherzen, ich bin nicht jene.

Serp. Ha wie ſie irren! dort iſt die Närrinn.

Amts.
Belf. (Da ſind wir alle ſchön angeloffen!

Nardo. (Was iſt zu machen? ’s iſt einmal ſo!

Arm.

Arm. (z:B:) Falscher Verräther! mich zu betrügen!
Giftige Rache sollst du fühlen

Amt (z: Sa:) Warte nichtswürdige! ich will
dich kriegen: Ja du sollst meinen Zorn empfinden.

Sand. O weh ich wanke der Kopf mir schwindelt.
Unter den Füßen die Erde weicht.

Nardo. (zu Serp) alles dein Schmeichlen ist
nur vergebens.

Serp. (z: Na:) Das soll dich Esel wenig besorgen.

Ram. (z: Ar:) Ach deine Strenge kann ich
nicht fassen.

Arm. (z: Ra:) Dich werd ich fliehen, und ewig hassen.
(Wie stürmt der Himmel, welch schwarze Wolken

Sand. (mich schaudert, ich zittere erstarre, und bebe.

Belf. Jetzt schon ergreifet mich ein toller Wahn.

Arm. (Ach der Verdruß
Ram. (
Amts. (Macht mich fast rasend.
Serp. (
Nar. (Mein Herz fängt zu schwellen an.

Sand. Hörst du nicht mein Thirsis von ferne ertönen
Die Zaubergesänge der holden Sirenen
Sie laden uns ein! zu erquikender Ruh.

Belf. Hör Kloris! die Leyer des Orpheus erklinget!
Die Felsen bewaet, und Bestien bezwinget.
Der Schiffer im Weltmeer hält still, und hört zu.

Beyde (O Sanftes Entzücken! O himmlische Lust;

Amts. (z:B:) Herr mit ihnen hab ich zu sprechen
Ich muß diese Unbild rächen
Auf Pistolen lad ich sie.

Ram. (z:B:) Nur geschwind mein Herr wir gehen
Warum bleiben sie noch stehen?
Unsre Klingen messen wir.

Arm.

Arm. wo wollt ihr hin? verbleibt doch hier!

Serp. (

Nardo.) Was soll denn dieser Lermen noch.

Ram. (Kaum kann ich mich enthalten

Amts. (Vor Wuth und Raserey.

Sand. Ich bin Medusa, kennt ihr mich?

Belsior. Ich bin Alzides, pake dich.

(Herzige Nymphen kommmet doch

Beyde. (Und flieht die Tirraney.

Arm. Ich glaube gar sie schwärmen

Amts Ja ja mich dünkt sie schwärmen.

Ram.) (Sagt doch was dies bedeute.

Nardo

Sand nur nicht so nah ihr Leute!

Belf. Holla kein solches Lärmen.

Beyde (Wollt ihr uns sehen weinen?

(Seyd doch so grausam nicht!

Serp (

Arm. (Für wahr sie sind von Sinnen,

Ram· (

Amts. (Wahnsüchtig, und ganz toll.

Nardo. (

Ram. (z: Ak:) Zu so großem Unglücke,
haft du den Grund gelegt.

Sand. (Ach ist denn Niemand? den meine Pein bewegt?

Belf. O Gott! ist niemand?

Arm. (Welch seltner Zufall!

Serp. (Welch trauriges Schicksal!

Ram. (Der Wahnwitz, die Tollheit,

Amts. (Ergreiffen sie ganz.

(O lachende Freuden!

Sand. (Man wird uns beneiden,

(Die lustigste Musik

Belf (Uns locket zum Tanz.

Ende des zweyten Aufzugs,

Dritt

Dritter Aufzug.

Erster Auftritt.

Saal.

Serpetta, Nardo.

Serp. Höre Nardo! itzt will ich einmal aufrichtig mit dir reden. Die Wahrheit zu sagen! gefallen hast du mir niemals, aber wer weiß —

Nardo. Nu mein Kind! bleibt mir einige Hoffnung?

Serp. Ja ja! hoffe nur! nützt's nichts, so schadts nichts!

Nardo. Verflucht! dieß gleichgültige Weesen, bringt mich . noch um meinen Verstand. Hast du denn kein einzigen süßen Blick, kein einzig süßes Wörtchen für mich?

Serp. Dermalen weder süß noch sauer tröste dich nur mit der Hoffnung. (geht ab)

Zweyter Auftritt.

Nardo, Belfiore, hernach Sandrina.

Nardo. (sieht ihr nach) Die stolze Bachstelze ich werde noch vor lauter Galle die Gelbsucht kriegen. (Will fort)

Belf. (Ihm begegnend) He he! wohin, wohin?

Nardo. Mit wem haben sie es denn?

Belf. Mit dir mein Abgott! mein anders Ich!

Nardo. Der ist noch närrisch!

Belf. Liebstes Leben —

Nardo. Stille, stille!

Belf. Holde Venus! hier ist dein getreuer Merkurius, gestiefelt und geflügelt.

D   Nardo.

Nardo. Verdammter Streich! könnte ich doch nur entwischen.

Belf. Ihr Götter!

Nardo. Was giebt es?

Belf. Ich habe meinen Stab im Himmel zurückgelassen.

Nardo. Warten sie ich will ihn holen.

Belf. Bleib! ich muß selbst gehen. Du findest ihn nicht. (**Er geht eiligst ab, kömmt aber gleich wieder.**)

Nardo. Wie froh bin ich, daß ich den Narren vom Hals habe. (**Er will abgehen, ihm begegnet Sandrina.**)

Sand. Wohin Geliebter meines Herzens? Sieh deine getreue Erminia.

Nardo. zum Teufel! jetzt kömmt die auch.

Sand. Komm lege dein Haupt sanft auf diesen Wasen.

Nardo. Gnädige Frau besinnen sie sich doch! sehen sie doch mit wem sie sprechen.

Sand. O ja Geliebter! ich kenne dich sehr gut! du bist Seladon, mein getreuer Schäfer —

Nardo. Warum nicht gar Spiz, ihr Pummerl!

Sand. Reiche mir deine Hand —

Nardo. Hier ist sie —

Sand. Pfuy, du hast dich nicht gewaschen.

Nardo. Zuletzt machen sie mich auch mit zum Narren. Ich muß sehen, daß ich mit guter Art loskomme. He! Herr Merkurius — Madam Erminia! sehen sie doch — da — dort — welche wunderdinge — sehen sie nicht den Mond in seinem Harnisch daherziehen? — jetzt greift er die Sonne an. sehen sie nicht, wie sie mit einander raufen — wie das Feuer davon fliegt, wie die Sternen zu hülf kommen, wie — wie — wie izt zieh ich aus (**er läuft ab**)

Sand

Sand. (den Belf betrachtend) bist du Merkur?

Belf Der bin ich! und du Erminia?

Sand. Die bin ich

Belf. So komme, laß uns in Himmel eilen — die Götter zu bitten. daß sie Sonn und Mond wieder miteinander aussöhnen.

Sand. Mit Freuden! dir folge ich überall.

Belf. Nun so laß uns die Flügel ausspannen

(Sie laufen schnell, als ob sie flögen, ab)

Dritter Auftritt

Der Amtshauptmann hernach Serpetta

Amts Ich habe die Sache in reifliche Erwegung gezogen. Ein Mann von Vernunft, ein Beschützer der Gesetze, ein Juris utriusque Doctor kann nicht anderst Ich will all den Unfug, all den Lärmen mir vom Hals schaffen; der Verrückte Graf kann mit seiner Narrheit hingehen, wo er hergekommen ist: meine Nichte kann den Ritter Ramiro nehmen, oder sich das Heyrathen vergehen lassen! und ich werde Sandrinen meine Hand reichen.

Serp. (die ihn behorcht hat) O sie haben die Rechnung ohne Wirth gemacht.

Amts. Ich mache die Rechnung wie ich will. Aber Unverschämte wer giebt dir das Recht mich zu behorchen?

Serp. Zörnen sie, schelten sie, so viel sie wollen! prügeln sie mich sogar, wenn es ihnen beliebt. Aber halten sie ihr Wort und erinnern sie sich, daß sie mir versprochen, mein Glück zu machen.

Amts. Tempora mutantur, & nos mutamur in illis.

Serp. Brauchen sie ihre lateinische Brocken in der Gerichtsstube mit mir reden sie teutsch.

D 2   Amts.

Amts. Ich habe schon ausgeredet.

Serp. Haben sie mir nicht Liebe zu geschworen?

Amts. Tempora mutantur!

Serp. Haben sie mir nicht die Ehe versprochen?

Amts. Tempora mutantur!

Serp. Hat mir nicht ein elendes Gärtnermädchen ihr Herz geraubt?

Amts. Tempora mutantur!

Serp. Verdamt sey ihr Tempora mutantur! antworten sie mir deutsch! haben sie, oder haben sie nicht?

Amts. Habeo! allein schämst du dich nicht, dich bey mir anzubettlen, mir deine Liebe aufzudringen? pfuy! ein junges Mädchen muß hübsch ehrbar seyn, und nicht so herzhungerig thun.

Serp. O wahrhaftig! das machen sie gut! warum soll ich nicht verliebt seyn? bin ich es denn allein? ist es nicht Sandrina? ist es nicht ihre Nichte? und sind es nicht viele hundert andere Mädchen auch? aber ich sehe schon: Sie haben ein wanckelmüthiges Herz, und ich darf auf ihre Treue nicht mehr zehlen. Gut, es sey! will mich der Peter nicht, so nimmt mich der Paul. Ueberbleiben werd ich doch gewiß nicht

Vierter Auftritt

Der Amtshauptmann, hernach Arminda, und Ramiro von verschiedenen Seiten.

Amts. Seht mir doch einmal die Unverschämte Plaudertasche! wie weißlich spricht Seneca in seinem Trackt t von — — —

Arm. Herr Oheim! ich warte nun nicht länger, ich muß heute noch mit dem Grafen verheurathet werden.

Amts. Gut gut!

Ram. Herr Amtshauptmann! ich verlange, daß sie mir heute noch ihre Nichte zur Gemahlinn geben.

Amts.

Amts. Noch besser.

Arm. Sehen sie doch den Kummer ihrer Nichte an.

Ram. Achten sie doch auf den Schmertz eines Freundes.

Amts. Nur gemach, gemach!

Arm. Der Ehekontrackt ist ja schon aufgesetzt.

Ram. Sie gaben mir ja ihr Wort.

Amts. Nun das wird gut werden.

Arm. Glauben sie gewiß! der Graf — —

Ram. Seyn sie sicher ihre Nichte —

Amts. O zum Teufel! gebt euch doch zu frieden.

Arm. Sie müßen den Grafen; zu seiner Pflicht
weißen.

Ram. Sie müssen ihre Nichte zwingen —

Arm. Hören sie nicht?

Ram. Laßen sie doch mit sich reden!

Arm. Hurtig!

Ram. Eine Antwort;

Amts. Das kann ich nicht aushalten.
  Nun mein Herr ich wollte sagen
  Daß die Sache, — Gedult nur sachte!
  Sie mein Fräulein ich kann nicht glauben
  O so hören sie mich an.
  Meine Nichte wollt ich fragen;
  Wenn der Graf nun Umständ machte?
  Wollten sie mir doch erlauben;
  Was zu thun in solchem Fall?
  Ach ich berste noch vor Gall!
  Nehmen sie nu wie sie schaffen,
  Sie die Nichte, sie den Grafen.
  Nur laß mann mich ungequält
  Solche Grobheit! pfuy der Schande!
  Schickt sich die für Leut vom Stande.
  Lassen sie nur mich in Ruh.

D 3   Fünf

Fünfter Auftritt.

Arminda Ramiro.

Arm. Ramiro! was warten sie? was können sie von einem Frauenzimmer hoffen, daß sie nicht liebt, daß sie verachtet

Ram. Erinnern sie sich doch meiner aufrichtigen Treue, — ihres versprechens.

Arm. Die Zeiten sind vorbey; mein Herz kann sie nicht mehr lieben. Folgen sie meinem Rath, entfernen sie sich, und lernen sie mich vergessen. (sie geht ab)

Ram. Nun wohl Grausame! ich will mich bemühen deinen Willen zu thun. Ich will dich vergessen Deine Undankbarkeit verdient Verachtung. Unwillen, Verdruß, und Wuth bestürmen mein Herz.

Sechster Auftritt.

Garten

Sandrina, und Belfiore auf verschiednen Seiten Schlafend, erwachen.

Sand. Wo bin ich wohl?
Belf. Wo mag ich wohl seyn
Sand. Es ist mir als hätt ich hier geruhet.
Belf. Mir scheint ich hab geschlaffen.
Sand. Wie komm ich doch in diesen schönen angenehmen Garten?
　　　Wie ist das möglich?
Belf. Welch angenehme Gegend!
　　　Wer hat mich doch hieher gesetzt
　　　In diesen schönen Hayn?
　　　Träum ich oder wach ich?
Sand. Ich bin ganz betäubt! welch seltsame Täuschung!

　　　　　　　　　　　　　　　　Belf.

Belf. Doch was erblick ich?

Sand. Was seh ich?

Belf. O meine beste, meine Liebste!

Sand. Zurücke

Belf. O weh!

Sand. Wen suchst du?

Belf. Ach was sagt sie?
   Bist denn du nicht Violante?

Sand. Ja! ich bin Violante, doch
   suchst du deine Schöne
   Deine reitzende Braut!
   Ich bin dieselbe nicht.

Belf. Ich betheure, beschwöre dich.

Sand. O es sey ferne, daß ich es wagte
   Mit dieser würdigen Dame,
   Um so ein treues Herz zu streiten.
   In kurzer Zeit, bin ich des Amtmans Fräu.
   Gehab dich wohl! (will fort)

Belf. Höre mich! wo willst du hin?
   Soll ich in dem süßen Augenblicke
   In der seligen Stunde, da ich dich
   finde! dich schon wieder verlieren.
   Nein das geb ich nicht zu,
   Du sollst mich nicht verlassen
   Sonst muß ich vor Schmerz, und Verzweiflung
                                    erblassen

   Du mich fliehen, hartes Geschicke
   Du der Abgott meiner Liebe,
   Kennst du nicht die zarten Triebe?
   Dieses Herz schlägt nur für dich.

Sand. Ja ich fliehe deine Blicke
   Du verdienst nicht meine Liebe
   Denn dein Herz nährt Fremde, Trieb
   Ich muß ewig fliehen dich.

Belf. Also geh ich.

Sand. Und ich eben.

                           Beyde.

Beyde. { Doch was hemmet meine Schritt
{ Warum wanket jeder Tritt

Belf. Die Ehrfurcht zu beweißen
Laß mich das Glück genießen
Die schöne Hand zu küssen.

Sand. Ach! gehen sie, sie verschwenden
Umsonst die Komplimenten.
Nichts will ich weiter wissen.

Belf. Gedult! doch wer weiß, ob wir uns wieder
sehen

Sand. Denken sie nicht daran dieses kann noch geschehen
Nur herzhaft nur entschlossen!

Beyde. { Nur fort! nur fort von hier!

(Sie gehen beyde zu verschiednen Seiten
bis an die Scene, dann bleiben sie stehen)

Belf. Wie du rufst mich? (kömmt zurück)

Sand. Nein mein Herr!
Sie gehen zurücke?

Belf. (bleibt stehen) Ich glaube nein!

Sand. (kömmt zurück) Er wird es schon näher geben

Belf. Sie kann nicht mehr wiederstreben.

Beyde. (Kaum ich mich noch halten kann:

Belf. Geh ich näher?

Sand. Ist es Anstand?

Belf. Soll ich es wagen?

Sand. Doch der Wohlstand!

Belf. Geh ich?

Sand. Bleib ich?

Beyde. Was soll ich thun?

O nicht wahr ihr holde Seelen.
Wer der Liebe macht Empfunden
Kann ihr nicht mehr wiederstehen
Welche Freude welch Entzücken!
Deine Hand wird mich b:glücken

Alle

Alle Quaalen sind verschwunden,
Stets soll man mich frölich sehn.

Siebenter Auftritt.

Der Amtshauptmann, Arminda, Ramiro hernach Nardo, Serpetta, und bald darauf Sandrina und Belflore.

Amt. Liebste Nichte! plagen sie mich nicht länger. Was wollen sie denn, daß ich bey solchen Umständen anfange?

Arm. Sie sollen mir Gerechtigkeit verschaffen.

Amts. Aber wollen sie denn einen Narren zum Manne nehmen?

Arm. Narr oder gescheid, wenn er nur mein Mann wird.

Nardo. O Glücke über Glücke! unsere Närrchen sind wieder zu Verstand kommen, und haben sich auf's neue mit einander verlobt.

Amts. Was sagst du?

Arm. Der Verräther!

Serp. Nun ist mir ein Stein vom Herzen.

Ram. Und mir scheint wieder ein Strahl von Hoffnung —

Belf. Hier sehen sie allerseits meine Braut! die Gräfinn Violante Onesti —

Amts. So sind sie es wirklich?

Sand. Ganz gewiß! so wohl der Graf, als mein Diener hier, mit dem ich Namen und Stand verändert

hatte

hatte, werden es bezeugen. ich hätte mich schon eher entdeckt, aber ich wollte mich an einem vermeintlichen Treulosen ein wenig rächen.

Arm. Gräfinn! vergeben sie mir ich strebte nach ihrem Leben.

Sand Schenken sie mir ihre Freundschaft! und empfangen sie mit diesem Kuß die Versicherung meiner Liebe.

Arm. Herr Oheim! wenn es ihnen gefällig wäre so wollte ich nun ihrem Rath folgen, und meinen getreuen Ramiro —

Serp. Auch ich Herr Amtshauptmann, will den mich so sehr liebenden Nardo, — den ich bishero nur auf die Probe gestellt —

Amts. Gut gut! ich verstehe euch. Heyrathen sie Ritter, und du nimm deinen getreuen Waffenträger — ich aber will dermalen, bis auf weitere Verordnung des Herrn Kupido, in statu quo verbleiben

Belf. So ist es recht!

Ram. (dem Arm die Hand reicht) Nun bin ich zu frieden, und alle meine Wünsche sind erfüllt.

Nardo. Trumpf aus! jetzt ist's gewonnen.

Amt. Genießet nun alle des Glückes, daß euch die Liebe gewährt. Seyd treu, beständig, und einig. Wenn ich einst wieder einmal eine Sandrina finde, So werde auch ich mich dem Joche des Ehestandes gern unterwerffen.

Sand. Sandrina wird sie stets schätzen, und verehren! und auch als Gräfinn Onesti ihrer Wohlthaten, und ihres guten Herzens stets ingedenk seyn! so wie sie bittet die aus Liebe verstellte Gärtnerinn nicht zu vergessen.

Chor

Chor
Alle

Lieb und Treue hat gesieget.
Laßt uns nun in Wonne leben!
Wir sind glücklich, und vergnüget,
Laßt uns alle frölich seyn.

ENDE
Des Singspiels.

Idomeneo
(Munich, 1781—second version)

IDOMENEO.

D R A M M A

PER

MUSICA

DA RAPPRESENTARSI

NEL TEATRO NUOVO DI

CORTE

PER COMANDO

DI S. A. S E.

CARLO TEODORO

Conte Palatino del Rheno, Duca dell'
alta, e bafsa Baviera, e del Palatinato
Superiore, etc. etc. Archidapifero,
et Elettore, etc. etc.

NEL CARNOVALE

1781.

La Poeſia è del Signor Abate Gianbattista Varesco
Capellano di Corte di S. A. R. l'Arcivescovo, e Principe di Salisburgo.
   La Musica è del Signor Maestro Wolfgango Amadeo Mozart Academico di Bologna, e di Verona, in
in attual servizio di S. A. R. l'Arcivescovo, e Principe
di Salisburgo.
   La Traduzione è del Signor Andrea Schachtner,
pure in attual servizio di S. A. R. l'Arcivescovo, e
Principe di Salisburgo.

MONACO,

Apreſſo Francesco Giuseppe Thuille.

235

ARGOMENTO.

Idomeneo Re di Creta, uno de più insigni
Eroi, che diedero à Troja famosa l'ultimo ster-
minio, ritornando fastoso per Mare al Regno
suo, fù non lungi dal Porto di Sidone sor-
preso da sì fiera tempesta, che vinto dal timore, fece voto à Nettuno di sacrificargli il
primo qualsisia Uomo, che sarà per incontrare
al suo sbarco sul lido, qualora Egli ottenga
per se, e per la sua Gente lo scampo dall'
imminente naufragio, Idamante suo Figlio al
mal fondato avviso del naufragio del caro suo
Padre, corse inconsolabile al lido sperando
forse di rilevarne colà migliori notizie, e fù
per disavventura il primo, che incontrò il Genitore, che esaudito dal Dio dè Mari se n'an-
dava solingo cercando la vittima à lui pro-
mefsa.

La lunga afsenza d'Idomeneo dalla Patria,
dove lasciò il Figlio ancor Bambino fece, che
quî l'un l'altro non riconobbe se non dopo ben
lungo ragionamento.

Era

236

Era Idamante innamorato d'Ilia Prencipefsa Figlia di Priamo Rè di Troja, la quale
Egli con provide disposizioni salvò da una
orribile burasca allorchè fù condotta Prigioniera in Creta, e da questa era teneramente
riamato.

La Prencipefsa Elettra Figlia d' Agamen-
none Ré d'Argo rifugiata in Creta per le fu-
neste rivoluzioni della sua Patria, era innamorata d'Idamante, ma da lui non corrisposta.

I diversi affertti eccitati nel Padre, e nel
Figlio dal loro scoprimento, l'amor Paterno
d'Idomeneo, il suo dovere verso Nettuno,
l'Infelice situazione d'Idamante, che ignora il
suo destino, il reciproco amore dè due Amanti
amareggiato all'eccefo poichè Idomeneo fù
costretto à svelare l'arcano, ed à sciogliere
il crudel voto, la gelosia, e la disperazione
d'Elettra, il tutto forma l'Azione del presente
Drammatico Componimento. Il rimanente si
ricava dalla Scena.

Si legga la Tragedia Francese, che il
Poeta Italiano in qualche parte imitò, ridu-
cendo il tragico à lieto fine.

La Scena è in Sidone Capitale di Creta.

MUTAZIONE DI SCENE.

Nell' Atto Primo.

Galleria nel Palazzo Reale, Corrispondente a diversi Appartamenti destinati ad Ilia.

Spiagge del Mare ancora agitato, attorniate da dirupi. Rottami di Navi sul lido.

Nell' Atto Secondo.

Appartamenti Reali.

Il Porto di Sidone con Bastimenti lungo le Spiagge.

Nell' Atto Terzo.

Giardino Reale.

Gran piazza abbellita di Statue avanti al Palazzo, di cui si vede da un lato il Frontispicio.

Veduta esterriore del Magnifico tempio di Nettuno, con vastifsimo Atrio che lo circonda, a traverso del quale si scoupre in lontano la Spiaggia del Mare.

Le Decorazioni Sono d'Invenzióne del Signor Lorenzo Quaglio, Cousigliere della Camera delle Finanze, Profefsore dell'Accademia delle belle Arti a Düfseldorf, e Architetto dè Teatri di S. A. S. E.

PER-

238

PERSONAGGI.

Idomeneo , Rè di Creta. Il Signor Raaff Virtuoso di Camera di S. A. S. E. Palatina Duca di Baviera etc. etc.

Idamante, suo Figlio. Il Signor Dal Prato.

Ilia, Prencipefsa Trojana Figlia di Priamo. La Signora Dorothea Wendling, Virtuosa di Camera di S. A. S. E. etc. etc.

Elettra, Prencipefsa Figlia d'Agamemnone Rè d'Argo. La Signora Elifabetha Wendling, Virtuosa di Camera di S. A. S. E. etc. etc.

Arbace , Confidente del Rè. Il Signor Domenico de Panzachi Virtuoso di Camera di S. A. S. E. etc. etc.

Gran Sacerdote di Nettuno. Il Signor Giovanni Valesi Virtuoso di Camera di S. A. S. E. etc. etc.

COMPARSE, e CORI

Di Sacerdoti,
Di Trojani Prigionieri,
D'Uomini, e Donne Cretesi,
Di Marinari Argivi.

Li Balli sono d'Invenzione del Signor le Grand, Direttore di balli di S. A. S. E. Palatina Duca di Baviera.

A 3   ATTO

Atto Primo.

Scena I.

Galleria nel Palazzo Reale, corrispondente a
diversi Appartamenti Dsstinati ad Ilia.

Ilia sola.

Quando avran fine omai
L'aspre sventure mie? Ilia infelice
Di tempesta crudel misero avanzo,
Del Genitor, e dè Germani priva
Del barbaro Nemico
Misto col sangue il sangue
Vittime generose,
A qual sorte più rea
Ti riserbano i Numi? . . . .
Pur vendicaste Voi
Di Priamo, e di Troja i danni, e l'onte?
Perì la Flotta Achiva, e Idomeneo
Pasto forse ssrà d'Orca vorace . . . . . .
Ma, che mi giova, ò Ciel! se al ptimo
aspetto
Di quel prode Idamante,
Che all'onde mi rapi, l'odio deposi,
E pria fù schiavo il cor, che m'accor-
gefsi
D'efsere Prigioniera.
Ah qual contrasto, oh Dio! d'opposti
affetti
Mi

Mi destate nel sen odio, ed amore!
Vendetta deggio à chi mi diè là vita,
Gratitudine à chi vita mi rende . . . .
O Ilia! ò Genitor! ò Prenee! ò Sorte!
O vita sventurata! ò dolce morte!
Ma che? m'ama Idamante? . . . . ah nò;
                           l'ingrato
Per Elettra sospira, e quella Flettra
Meschina Prencipefsa esule d'Argo,
D'Oreste alle sciagure à queste arene
Fuggitiva, ramminga, è mia Rivale.
Quanti mi siete intorno
Carnefici spietati? . . . orsù sbranate
Vendetta, gelosia, odio, ed amore,
Sbranate si quest'infelice core!

A R I A.

Padre, Germani. addio!
  Voi foste, io vi perdei.
  Grecia, cagion tu sei.
  E un Greco adorerò?
D'ingrata al sangue mio
  Sò. che la colpa avrei;
  Ma quel sembiante, oh Dei!
  Odiare ancor non sò.

Ecco, Idamante, ahimè!
Se'n vien. misero core
Tu palpiti, e paventi.
Deh cefsate per poco ò miei tormenti!

A 4   Sce-

Scena II.

Idamante, Ilia.

Seguito d'Idamante.

Idamante. (al seguito.)
Radunate i Trojani, ite, e la Corte
Sia pronta questo giorno à celebrar.
Di dolce Speme à un raggio (a Ilia.)
Scems il mio duol. Minerva della Grecia
Protettrice involò al furor dell'onde
Il Padre mio. in mar di quì non lunge
Comparser le sue Navi. indaga Arbace
Il sito, che à noi toglie.
L'augusto aspetto.

      Ilia. (con ironìa.)
Non temer: difesa
Da Minerva è la Grecia, e tutta ormai
Scoppiò sovra i Trojan l'ira dè Numi.

      Idamaete.
Del Fato dè, Trojan più dolerti.
Farà il Figlio per lor quanto farebbe
Il Genitor, e ogn'altro
Vincitor generoso. Ecco: abbian fine,
Prencipessa, i lor guai:
Rendo lor libertade, e omai frà uoi
Sol prigioniero fia, sol fia, che porte
Chi tua beltà legò care ritorte.

      Ilia.
Signor, che ascolto? non Saziaro ancora
D'implacabili Dei l'odio, lo sdegno
D'Ilio le gloriose

                 Or

Or diroccate mura, ah non più mura,
Ma vasto, e piano suol? à eterno pianto
Dannate son le nostre egre pupille?

Idamante.

Venere noi puni, di noi trionfa.
Quanto il mio Genitor, ahi rimembranza!
Soffrì dè flutti in sen? Agamemnone
Vittima in Argo al fin, à caro prezzo
Comprò què suoi trofei, e non contenta
Di tante stragi ancor la Dea nemica,
Che fè? il mio cot trafisse,
Ilia, cò tuoi bei lumi
Più possenti dè suoi,
E in me vendicu adesso i danni tuoi,

Ilia.

Che dici?

Idamante.

Si, di Citerea il Figlio
Incogniti tormenti
Stillommi in petto . A te pianto, e
                                    scompiglio
Marte portò, cercò vendetta Amore
In me dè mali tuoi. quci vaghi rai,
Què tuoi vezzi adoprò . . . . ma all'amor
                                        mio
D'ira, e rostor tu avvampi?

Ilia.

In questi accenti
Mal soffro un temerario ardir . Deh
                                    pensa,

Pensa

Pensa Idamante, oh Dio!
Il Padrə tuo qual è, qual era il mio.

Idamante.

ARIA.

Non hò colpa, e mi condanni
Idol mio, perchè t'adoro.
Colpa è vostra, ò Dei tiranni,
E di pena afflitto io moro
D'un error, che mio non è.
Se tu il brami, al tuo impero
Apririommi questo seno.
Nè tuoi lumi il leggo, è vero,
Ma me'l dica il labro almeno,
E non chiedo altra mercè.

Ilia. (vede condure i Prigionieri.)

Ecco il misero Resto dè Trojani
Dal nemico furor salvi.

Idamante.

Or quei ceppi
Io romperò, vuò consolarli adeſso.
Ahi! perchè tanto far non sò à me steſso!

(da se.)

Scena III.

Idamante, Ilia.

Trojani Prigionieri, Uomini, e Donne
Cretesi.

Idamante. (si levano à Prigionieri le catene, li queli dimostrano gratitudine.)

Scingete le catene, ed oggi il Mondo,
ò fedele Sidon suddita nostra,

Vegga

Vegga que gioriosi
Popoli in dolce nodo avvinti, e stretti
Di perfetta amistà.
Elena armò la Grecia, e l'Asia, ed ora
Disarma, e riunisce ed Asia, e Grecia
Eroina novella,
Prencipeſsa più amabile, e più bella.

CORO.

Tutti.

Godiam la pace,
 Trionfi Amore:
 Ora ogni core
 Giubilerà.

Due Cretesi.

Gracie à chi estinse
 Face di Guerra:
 Or si la Terra
 Riposo avrà.

Tutti.

Godiam la pace.
 Trionfi Amore:
 Ora ogni core
 Giubilerà.

Due Trojani.

A voi dobbiamo
 Pietosi Numi,
 E à quei bei lumi
 La libertà.

Tutti.

Godiam la pace,
 Trionfi Amore:
 Ora ogni core
 Giubilerà,

Scena

Scena IV.

Elettra, e detti.

Elettra. (agitata da gelosia.)
Prence, Signor, tutta la Grecia oltraggi;
Tu proteggi il Nemico.
Idamante.
Veder basti alla Grecia
Vinto il Nemico. opra di me più degna
A mirar s'apparecchi, ò Prencipessa:
Vegga il vinto felice. (vede venire Arbace.)

Scena V.

Arbace, e detti. (Arbace è mesto.)

Idamante.
Arbace viene.
Ma quel pianto che annunzia? (timoroso.)
Arbace.
Mio Signore,
Dè mali il più terribil . . . .
Idamante.   (ansioso.)
Più non vive
Il Genitor?
Arbace.
Non vive: quel, che Marte
Far non Potè fin or, fece Nettuno
L'inesorabil Nume,
E degl'Eroi il più degno, ora il riseppi,
Preso à straniera sponda
Affogato morì.

Ida-

Idamante.

Ilia, dè viventi
Eccoti il più meschin . Or si dal Cielo
Sodisfata sarai ... barbaro Fato ! . . . .
Corrasi al lido ... ahimè ! son disperato !
(parte.)

Ilia.

Cell'Asia i danni ancora
Troppo risento, e pur d'un grand Eroe
Al nome, al caso, il cor parmi commofso.
E negargli i sospir ah nò non pofso.
(parte sospirando.)

Scena VI.

Elettra sola.

Estinto è Idomeneo ? .. Tutto à miei danni
Tutto congiura il Ciel. Può à suo talento
Idamante disporre
D'un Impero, e del cor, e à me non resta
Ombra di fpeme ? A mio dispetto, ahi
lafsa !
Vedrò, vedrà la Grecia à suo gran scor-
no
Una Schiava Trojana di quel Soglio,
E del talamo à parte ... In vano Elettra
Ami l'ingrato ... e soffre
Una Figlia d'un Rè, che hà Rè vafsali,
Che una vil Shiava aspiri al grand aquis-
to ? . . .
Oh sdegno ! oh smanie ! oh duol ! . . .
più non resisto.

ARIA.

A R I A.

Tutte nel cor vi sento
Furie del crudo Averno
Lunge à sì gran tormento
Amor, mercé, pietà.
Chi mi rubò quel core,
Quel, che tradito hà il mio,
Provin dal mio furore
Vendetta, e crudeltà.

(parte.)

Scena VIII.

Spiagge del Mare ancora agitato attorniate da
dirupi. Rottami di Navi sul lido.

Coro di Gente vicina à naufragare.

Tutti.　(forte.)

Pierà Numi, pietà!
Ajuto ò giusti Numi !
A noi volgete i lumi . . . . .

Parte del Coro.　(fcemando.)

Pietà Numi, pieta !
Il Ciel, il Mare, il Vento
Ci opprimon di spavento . . . .

Altra Parte del Coro.　(piano.)

Pietà Numi, pietà.
In braccio à cruda morte
Ci spinge e'empia sorte . . . .

Tutti.　(Pianifsimo.)

Pietà Numi, pietà!

Scena

Scena VIII.

PANTOMIMA.

Nettuno comparisce Sul Mare. Fà cenno
à Venti di ritirarsi alle loro spelonche.
Il Mare poco à poco si calma. Idomeneo,
Vedendo il Dio del Mare, implora la sua
potenza. Nettuno riguardandolo con
occhio torvo, e minaccevole si
tuffa nell'onde, e sparisce.

Scena IX.

Idomeneo con Seguito.

Idomeneo. (al suo seguito.)
Eccoci salvi al fin. ò voi, di Marte,
E di Nettuno all'ire,
Alle vittorie, ai stenti
Fidi Seguaci miei,
Lasciatemi per poco
Quì solo respirar, e al Ciel natio
Confidar il paſsato affanno mio.

(il seguito si ritira, e Idomenco
solo s'inoltra sul lido, contemplando.)

Tranquillo è il Mar, aura soave spira
Di dolce calma, e le cerulee sponde
Il biondo Dio ìndora, ovunque io miro,
Tutto di pace in sen riposa, e gode.
Io sol, io sol sù queste aride spiagge
D'affanno, e da disagio estenuato
Quella calma, ò Nettuno, in me non
provo,
Che

Che al tuo Regno impetrai.
In mezzo à flutti, e scogli
Dall'ira tua sedotto, à Te lo scampo
Dal naufragio chiedei, e in olocausto
Il primo dè Mortali, che quì intorno
Infelice s'aggiri, all'Are tue
Pien di terror promisi. All'empio voto
Eccomi in salvo si, ma non in pace...
Ma son pur quelle, o Dio! le care mura,
Dove la prima intrafsi aura vitale? . . .
Lungi da sì gran tempo, ah con qual core
Ora vi rivedrò, se appena in seno
Da voi accolto, un misero innocente
Dovrò svenar! oh voto insano, atroce!
Giuramento crudel! ah qual dè Numi
Mi serba ancor in vita,
O qual di voi almen mi porge aita?

ARIA.

Vedrommi intorno
L'ombra dolente,
Che notte, e giorno:
Sono innocente
M'accenerà.
Nel sen trafitto,
Nel corpo esangue
Il Mio delitto,
Lo sparso sangue
M'additerà.
Qual spavento,
Qual dolore!
Di tormento
Questo core
Quante volte morirà! (vede un Uomo,
che s'avvicina.)

Cieli! che veggo? ecco, la sventurata
Vittima. ahimé! s'apprefsa... oh qual
                                    dolore
Mostra quel ciglio! mi si gela il sangue,
Fremo d'orror .... E vi fia grata, ò
                                    Numi,
Leggitima vi sembra
Ostia umana innocente? ...e queste
                                    mani
Le ministre saran? ...'mani esecrande l
Barbari, ingiusti Numi! Are nefande!

Scena X.

Idamante, Idomeneo. (in disparte.)

Idamante.

Spiagge romite, e voi scoscese rupi
Testimoni al mio duol siate, e cortesi
Di questo vostro albergo
A un agitato cor ....quanto spiegate
Di mia sorte il rigor solinghi orrori!...
Vedo frà quegl'avvanzi
Di fracafsate navi sù quel lido
Sconosciuto Guerrier... voglio ascol-
                                    tarlo,
Vuò confortarlo, e voglio
In letizia cangiar quel suo cordoglio.
                (s'apprefsa, e parla a Idomeneo.)
Sgombra ò Guerrier, qual tu ti sia, il
                                    timore;
Eccoti pronto à tuo soccorso quello,
Che in questo clima offrir te'l può

B   *Ido-*

251

Idomeneo. (da se.)

(Più il guardo,
Più mi strugge il dolor) Dè giorni miei
(à Idamante.)
Il resto à te dovrò. Tu quale avrai
Premio da me?

Idamante.

Premio al mio cor sarà
L'efser pago d'averti
Sollevato ; difeso : ahi troppo, Amico,
Dalle miserie mie instrutto io fui
A intenerirmi alle miserie altrui.

Idomeneo. (da se.)

(Qual voce, qual pietà il mio sen tra-
figge!
Misero tu? che dici? ti son conte
(à Idamante.)
Le tue sventure appien?

Idamante.

Dell'amor mio,
Cieli! il più carò oggeto,
In quelli abifsi spinto
Giace l'Eroe Idomeneo estinto.
Ma tu sospiri, e piangi?
T'è noto Idomeneo.

Idomeneo.

Uom più di questo
Deplorabil non v'è, non v'è chi plachi
Il Fato suo austero.

Idamante.

Che favelli ?
Vive egli ancor? (oh Dei! torno à sperar)
(da se.)

Ah dimmi Amico, dimmi,
Dov'è? dove quel dolce aspetto
Vita mi renderà?

Idomeneo.

Ma d'onde nasce
Questa, che per lui nutri
Tenerezza d'amor?

Idamante.

Potesi almeno
A lui stefso gl'affetti miei spiegare!

Idomeneo.

(Pur quel sembiante   (da se.)
Non m'è tutto stranier, un non sò chè
Ravviso in quel . . . .)

Idamante.   (da se.)
(Pensoso il mesto sguardo
In me egli fifsa . . e pur à quella voce,
A quel ciglio, à quel gesto Uom mi
                                    rafsembra
O in corte, ò altrove à me noto, ed
                                    amico.)

Idomeneo.

Tu mediti.

Idamante.

Tu mi contempli, e taci.

Idomeneo.

Perchè quel tuo parlar sì mi conturba?

Idamante.

E qual mi sento anch'io
Turbamento nell'alma?ah ch'io non pofso
Più il pianto ritener.   (piange.)

B 2   *Ido-*

Idomeneo.

Ma dì: qual fonte
Sgorga quel pianto? e quel sì acerbo
duol,
Che per Idomeneo tanto t'affligge . . . .

      Idamante.   (con enfasi.)

Ah, ch'egli è il Padre . . . .

      Idomeneo. (interrompen-
dolo impaziente.)

Oh Dio!
Parla: di chi è egli Padre?

      Idamante. (con voce fiacca.)

È il Padre mio.

      Idomeneo.   (da se.)

Spietatifsimi Dei!

      Idamante.

Meco compiangi
Del Padre mio il destin?

      Idomeneo.   (dolente)

Ah Figlio! . . . .

      Idamante (tutto giulivo.)

Ah Padre! . . .
Dove son io? . . . oh qual trasporto! . .
soffri,

      (vuole abbracciarlo, il Pa-
dre si ritira turbato.)

Genitor adorato, che al tuo senso . . . .
E che un amplefso . . . ahimè! perchè
ti sdegni?
Disperato mi fuggi? . . ah dove, ah
dove?

Ido-

Idomeneo.
Non mi seguir, t'l vieto :
Meglio per te saria il non avermi
Veduto or quì. paventa il rivedermi.

(parte in fretta.)

Idamante.
Oh qual gelido orror m'ingombra i sen-
si! . .
Lo vedo appena, il riconosco, e à miei
Teneri accenti in un balen s'invola.
Misero! in che l'offesi, e come mai
Quel sdegno io meritai, quelle minac-
cie? . . .
Vuò seguirlo, e veder, oh sorte dura!
Qual mi sovrasti ancor più rea sventura.

A R I A.

Il Padre adorato
  Ritrovo, e lo perdo,
  Mi fugge sdegnato
  Fremendo d'orror.
Morire credei
  Di gioja, e d'amore:
  Or, barbari Dei!
M'uccide il dolor,

(parte addolorato.)

Fine dell'Atto Primo

B 3   IN-

INTERMEZZO.

Il Mare è tutto tranquillo. Sbarcano le Truppe
Cretesi arrivate con Idomeneo. I Guerrieri
cantano il seguente Coro in onore di Nettuno.
Le Donne Cretesi accorrono ad abbracciare i
Loro felicemente arrivati, e sfogano la vicen-
devole gioja con un Ballo generale,
che termina col Coro.

MARCIA GUERRIERA
DURANTE LO SBARCO.

Coro dè Guerrieri sbarcati.

Tutti.

Nettuno s'onori,
　Quel Nome risuoni,
　Quel Nume s'adori
Sovrano del Mar.

Parte del Coro.

Da lunge ei mira
Di Giove l'ira,
E in un baleno
Và all'Eghe in seno,
Da Regal Sede
Tosto provede,
Fà i generosi
Destrier squammosi
Ratto accoppiar.

Dall'onde

Dall'onde fuore
  Suonan sonore
  Tritoni Araldi
  Robusti, e baldi
  Buccine intorno.
  Già riede il giorno.
  Che il gran Tridente
  Il Mar furente
  Seppe domar.

Tutti.

Nettuno s'onori,
  Quel Nome risuoni,
  Quel Nume s'adori
  Sovrano del Mar.

Parte del Coro.

Sù conca d'oro
  Regio decoro
  Spira Nettuno.
  Scherza Portuno
  Ancor bambino
  Col suo Delfino,
  Con Anfitrite.
  Or noi di Dite
  Fé trionfar.
Nereide amabili,
  Ninfe adorabili,
  Che alla gran Dea
  Con Galatea
  Corteggio fate,
  Deh ringraziate
  Per noi quel Numi,
  Che i nostri lumi
  Fero asciugar.

B 4   *Tutti.*

Tutti.

Nettuno s'onori,
Quel Nome risuoni,
Quel Nume s'adori
Sovrano del Mar.
Or suohin le Trombe,
Solenne Ecatombe
Andiam preparar.

Fine dell' Atto Primo, e dell' Intermezzo.

Atto Secondo.

Scena I.

Appartamenti Reali.

Idomeneo, Arbace.

Idomeneo.

Siam soli. Odimi Arbace, e il grand
arcano
In sen racchiudi; afsai
per longo uso m'é nota
Tua fedeltà.

Arbace.

Di fedelta il Vafsalo
Merto no hà: virtù non è il dover.
Ecco la vita, il sangue . . . .

Idomeneo.

Un sol consiglio
Or mi fà d'uopo. Ascolta: Tu

258

Tu sai quanto à Trojani
Fù il brando [mio fatal.

Arbace.

Tutto m'è noto.

Idomeneo.

Gonfio di tante imprese
Al varco al fin m'attese il fier Nettuno.

Arbace.

E sò, che à danni tuoi
Ad Eolo unito, e à Giove
Il suo Regno sconvolse . . . .

Idomeneo.

Sì, che m'estorse in voto
Umana vittima.

Arbace.

Di chi?

Idomeneo.

Del primo,
Che sulla spiaggia incauto à me s'appressi.

Arbace.

Or dimmi- Chi primo tu incontrasti?

Idomeneo.

Inorridisci:
Il mio Figlio . . . .

Arbace.

Idamante! . . io vengo meno . . . .
(perdendosi d'animo.)
Ti vide? . . il conoscesti?　　(raccoltosi.)

Idomeneo.

Mi vide, e à offrirmi ogni sollievo ac-
corse,

Cre-

Credendomi stranier, e il morto Padre
Piangendo. al lungo ragionar l'un l'altro
Conobbe al fin, ahi conoscenza . . . .
   Arbace.

A lui!
Il suo destin svelasti?
   Idomeneo.
Nò, che da orror confuso io m'involai,
Disperato il lasciai.
   Arbace.

Povero padre!
Idamante infelice!
   Idomeneo.
Dammi Arbace il consiglio,
Salvami per pietà, salvami il Figlio.
   Arbace. (pensa, poi risolve.)
Trovisi in altro Clima altro soggiorno.

   Idomeneo.
Dura necefsità! . . . ma dove mai,
Dove ad occhio immortal potrà celarsi?
   Arbace.

Purchè al Popol si celi.
Per altra via intanto
Nettun si placherà, qualche altro Nume
Di lui cura n'avrà.
   Idomeneo.

Ben dici, è vero . . .   (vede venire Ilia.)
Ilia s'aprefsa, ahimè! . . . (resta un poco
        pensoso e poi decide.)
In Argo ei vada, e sul Paterno soglio
Rimetta Elettra . . . or vanne à Lei, e
       al Figlio,

Fà, che sian pronti. Il tutto
Sollecito disponi.
Custodisci l'arcano. à te mi fido.
A te dovranno, ò caro, ò fido Arbace,
La vita il Figlio, e il Genitor la pace.

Arbace.

A R I A.

Se il tuo duol, se il mio disio
Se'n volafsero del pari,
A ubbidirti qual son io,
Saria il duol pronto à fuggir.
Quali al Trono sian Compagni,
Chi l'ambisce or veda, e impari:
Stia lontan, ò non si lagni
Se non trova che martir.

(parte.)

Scena II.

Idomeneo, Ilia.

Ilia.

Se mai pomposo apparse
Su l'Achivo Orizzonte il Dio di Delo,
Eccolo in questo giorno, ò Sire, in cui
L'augusta tua presenza i tuoi diletti
Sudditi torna in vita, ed lor pupille,
Che ti piansero estinto, ou rafserena.

Idomeneo.

Prencipefsa gentil, il bel sereno
Anche alle tue pupille omai ritorni.
Il lungo duol dilegua.

Ilia.

Ilia.

Io piansi, è vero.
E in vano l'are tue,
O glauca Dea bagnai:
Ecuba Genitrice, ah tu lo sai!
Piansi in veder l'antico
Priamo Genitor dell'armi sotto
Al grave incarco, al suo partir, al tristo
Avviso di sua morte, e piansi poi
Al vedere nel Tempio il ferro, il fuoco,
La Patria distrutta, e me rapita
In questa acerba età,
Frà Nemici, e tempeste, Prigioniera
Sotto un polo stranier . . . .

Idomeneo.

Assai soffristi . . .
Ma ogni trista memoria or si sbandisca.

Ilia.

Poichè il tuo amabil Figlio
Libertà mi donò; di grazie, e onori
Mi ricolmò, tutta dè tuoi la gioja
In me raccolta io sento. Eccomi, accetta
L'omaggio, ed in tributo
Il mio, non più infelice,
Ma avventurato cor
Al Figlio, al Genitor grato, e divoto.
Signor, se umile è il don, sincero è il
voto.

Idomeneo.

Idamante mio Figlio,
Allor, che libertà ti diè, non fù

Che

Che interprete felice
Del paterno voler. S'ei mi prevenne,
Quanto ei fece à tuò prò, tutto io con-
fermo,

Di me, dè miei tesòri
Ilia, disponi, e mia cura sarà
Dartene chiare prove
Dell'amicizia mi

Ilia

Son certa, e un dubio in mè colpa saria,
Propizie Stelle! qual benigno influfso
La sorte mia cangiò? dove temei
Strazio, e morte incontrar, lieta rinasco,
Colgo dove credei avverso il tutto
Delle amare mie pene il dolce frutto.

ARIA.

Se il Padre perdei,
   La Patria, il riposo,
   Tu Padre mi sei,   (à Idomeneo.)
   Soggiorno amoroso
   È Creta per me.
Or più non rammento
   Le angoscie, gl'affanni,
   Or gioja, e contento,
   Compenso à miei danni
   Il Cielo mi diè,

                           (parte.)

Scena III.

Idomeneo solo.

Qual mi conturba i sensi
Equivoca favella? . . nè suoi casi
Qual mostra à un tratto intempestiva
gioja

La Frigia Prencipeſsa ? . . e quei, ch'
esprime

Teneri sentimenti per il Prence,
Sarebber forse . . . ahimè . . .
Sentimenti d'amor, gioja di speme? . . .
Non m'inganno. Reciproco è l'amore.
Troppo, Idamante, à scior quelle ritorte
Sollecito tu fosti . . . ecco il delitto,
Che in te punisce il Ciel . . . Si, si,

à Nettuno

Il Figlio, il Padre, ed Ilia,
Tre vittime saran sù l'Ara isteſsa
Da egual dolor afflitte,
Una dal ferro, e due dal duol trafitte.

ARIA.

Fuor del Mar hò un Mare in seno,
Che del primo è più funesto,
E Nettuno ancora in questo
Mai non ceſsa minacciar.
Fiero Nume (dimmi almeno:
Se al naufragio è si vicino
Il mio cor, qual rio destinò
Or gli vieta il naufragar?

Frettelosa, e giuliva
Elettra vien . S'ascolti.

Scena IV.

Idomeneo, Elettra.

Sire, da Arbace intesi
Quanto la tua Clemenza
S'intereſsa per me. Già all'infinito
Giun-

Giunser le grazie tue , l'obbligo mio.
Or, tua mercè, verdeggia in me la speme
Di vedere ben tosto
Deprefso dè Ribelli, il folle orgoglio.
E come à tanto amore
Corrisponder potrò ?

Idomeneo.

Di tua difesa
Hà l'impegno Idamante, à lui m'en vado,
Farò, che adempia or'or l'intento mio,
Il suo dover , e appaghi il tuo disio.

parte.

Scena V.

Elettra sola.

Chi mai del mio provò piacer più dolce?
Parto, è l'unico Oggeto,
Che amo, ed adoro, oh Dei!
Meco se'n vien? ah troppo
Troppo angusto è il mio cor à tanta gioja!
Lunge dalla Rivale
Farò ben io con vezzi, e con lusinghe,
Che quel fuoco, che pria
Spegnere non potei,
A quei lumi s'estingua, e avvampi ai miei.

ARIA.

Idol mio! se ritroso
  Altra Amante à me ti rendi,
  Non m'offende
  Rigoroso,
  Più m'alletta austero Amor.
Scaccierà vicino ardore
  Dal tuo sen l'ardor lontano:
  Più la mano

Può

Può d'Amore,
S'è vicin l'amante cor.
(S'ode da lontano armoniosa Marcia.)

Odo da lunge armonioso suono,
Che all'imbarco mi chiama. orsù si vada.
(Parte infietta.)
(Si sente sempre più vicina la Marcia à misura, che
si muta la Scena.)

Scena VI.

*Porto di Sidone con Bastimenti lungo le
spiagge.*

Elettra, Truppa d'Argivi, di Cretesi,
e dè Marinari.

Elettra.

Sidonie sponde! ò voi
Per me di pianto, e duol, d'Amor ne-
mico
Crudo ricetto, or, che Astro più cle-
mente
A voi mi toglie, io vi perdono, e in pace
Al lieto partir mio
Al fin vi lascio, e dò l'estremo addio!

CORO.

Tutti.

Placido è il Mar, andiamo;
Tutto ci rafsicura.
Felice avrem ventura,
Sù sù, partiamo or'or.
Elettra.
Soavi Zeffiri
Soli spirate,

Del

Del freddo Borea
L'ira calmate.
D'aura piacevole
Cortesi siate,
Se da voi spargesi
Per tutto amor.

Tutti.

Placido è il Mar, andiamo;
Tutto ci rafsicura.
Felice avrem ventura,
Sù sù, partiamo or'or.

Scena VII.

Idomeneo, Idamante, Elettra. Seguito del Rè.

Idomeneo.

Vattene, Prence.

Idamante.

Oh Ciel!

Idomeneo.

Troppo t'arresti.
Parti, e non dubbia Fama
Di mille Eroiche imprese il tuo ritorno
Prevenga. Di regnare
Se l'arte apprender vuoi, ora incomincia
A renderti dè miseri il sostegno,
Del Padre, e di te stefso ognor più degno.

Terzetto.

Idamante.

Pria di partir, oh Dio!
Soffri, che un bacio imprima
Sù la Paterna man.

C   Elettra.

Elettra.

Soffri, che un grato addio
Sul labro il cor esprima :
Addio degno Sovran !

Idomeneo.

Vanne, sarai felice,   (à Elettra.)
Figlio ! tua sorte è questa.
(à 3.)   Seconda i voti ò Ciel !

Elettra.

Quanto sperar mi lice !

Idamante.

Vado, (e il mio cor quì resta) (da se.)
(à 3.) Addio)

Idomeneo, Idamante.(ogn'uno da se)
(à 2.) Destin crudel !

Idamante.   (da se.)

O Ilia !

Idomeneo.   (da se.)

O Figlio !

Idamante.

O Padre ! oh partenza !

Elettra.

O Dei ! che sarà ?

Tutti.

à 3. { Deh cefsi il scompiglio;
Del Ciel la Clemenza
Sua man porgerà. (vanno verso le navi.)

Mentre vanno ad imbarcarsi sorge improvifa tempesta. Il Popolo canta il seguente

CORO.

Qual nuovo terrore !
Qual rauco mugito !
De' Numi il furore

Hà

Hà il Mare infierito.
Nettuno, mercè!

Incalza la tempesta, il Mare si gonfia,
Il Cielo tuona, e lampeggia, e i frequen-
ti fulmini incendiano le navi. Un Mos-
tro formidabile s'appresenta fuori dell'
onde. Il Popolo canta il seguente

C O R O.

Qual odio, qual ira
  Nettuno ci mostra!
Se il Cielo s'adira,
  Qual colpa è la nostra?
  Il Reo qual è?

Idomeneo.

Eccoti in me, barbaro Nume! il reo,
Jo solo errai, me sol punisci, e cada
Sopra di me il tuo sdegno. la mia morte
Ti sazi al fin; ma s'altra aver pretendi
Vittima al fallo mio, una innocente
Darti io non poſso, e se pur tu la vuoi,
Ingiusto sei, pretenderla non puoi.

La Tempesta continuò. I Cretesi spaven-
tati fuggono, e nel seguente Coro col can-
to, e con Pantomime esprimono il loro
terrore, ciò che tutto forma un'Azione
analoga, e chiude l'Atto col
solito Divertimento.

C O R O.

Corriamo, fuggiamo
  Quel mostro spietato.
  Ah preda già siamo!
C 2   Chi,

Chi , perfido Fato !
Più crudo à di te ?

Fine dell' Atto secondo.

Atto Terzo.

Scena I.

Giardino Reale.

Ilia sola.

Solitudini amiche , aure amorose,
Piante fiorite, e fiori vaghi ! udite
D'una infelice Amante
I lamenti, che à voi lafsa confido.
Quanto il tacer prefso al mio Vincitore,
Quanto il finger ti costa afflitto core !

ARIA.

Zeffiretti lusinghieri,
   Deh ʌolate al mio Tesoro:
   E gli dite, ch'io l'adoro,
   Che mi serbi il cor edel.
D voi Piante, e Fior sinceri,
   Che ora inaffia il pianto amaro,
   Dite à lui, che amor più raro
   Mai vedeste sotto al Ciel.

Ei stefso vien ... oh Dei ! ... mi spie-
              go , ò tacio ?
                 Resto

Resto?... parto?... ò m'ascondo?..
Ah risolver non poſso, ah mi confondo!

Scena II.

Ilia, Idamante.

Idamante.

Prencipeſsa, à tuoi sguardi
Se offrirmi ardisco ancor, più non mi
guida
Un temerario affetto. altro or non cer-
co,
Che appagarti, e morir.

Ilia.

Morir? tu, Prence?

Idamante.

Più teco io resto, più di te m'accen-
do,
E s'aggrava mia colpa, à che il castigo
Più à lungo differir?

Ilia.

Ma qual cagione
Morte à cercar t'induce?

Idamante.

Il Genitore
Pien di smania, e furore
Torvo mi guarda, e fugge,
E il motivo mi cela.
Da tue catene avvinto, il tuo rigore
A nuovi guai m'espone. Un fiero Mo-
stro

C 3 Fà

Fà dapertutto orrida strage. Or questo
A combatter si vada,
E vincerlo si tenti,
O finisca la morte i miei tormenti.

Ilia.

Calma, o Prence, un trasporto si funesto;
Ramenta, che tu sei d'un grand Impero
L'unica speme.

Idamante.

Privo del tuo amore,
Privo, Ilia, di te, nulla mi cale.

Ilia.

Misera me! ... deh serba i giorni tuoi.

Idamante.

Il mio Fato crudel seguir degg'io.

Ilia.

Vivi. Ilia te'l chiede.

Idamante.

Oh Dei! che ascolto?
Prencipefsa adorata! ...

Ilia.

Il cor turbato
A te mal custodì
La debolezza mia;
Pur troppo amore, e tema
Indivisi hò nel sen.

Idamante.

Odo? ò sol quel, che brama
Finge l'udito, ò pure il grand ardore
M'agita i sensi, e il cor lusinga opprefso
Un dolce sogno?

Ilia.

Ilia.

Ah! perchè pria non arsi,
Che scoprir la mia fiamma? mille io
sento
Rimorsi all'alma. il sacro mio dovere,
La mia gloria, la Patria, il sangue
Dè miei ancor fumante, ah quanto al
core
Rimproverano il mio ribelle amore!..
Ma al fin, che fò? già che in periglio
estremo
'Ti vedo, ò caro, e trarti sola io pofso,
Odimi, io te'l ridico:
T'amo, t'adoro, e se morir tu vuoi,
Pria, che m'uccida il duol morir non
puoi.

Duetto.

Idamante.

S'io non moro à questi accenti,
Non è ver, che Amor uccida,
Che la gioja opprima un cor.

Ilia.

Non più duol, non più lamenti;
Jo ti son costante, e fida,
Tu sei il solo mio Tesor.

Idamante.

Tu sarai . . .

Ilia.

Qual tu mi vuoi.

Idamante.

La mia Sposa . . .

C 4 *Ilia.*

Ilia.

Il Sposo mio
Sarai tu?

Idamante, Ilia.

(à 2.)   Lo dica Amor.

à 2.   { Ah ! il gioir sorpaſsa in noi
       { Il sofferto affanno rio,
       { Tutto vince il nostro ardor !

Scena III.

Idomeneo, Elettra, e detti.

Idomeneo.   (da se.)

Cieli ! che vedo?

      Ilia.   (à Idamante.)

Ah siam scoperti, ò caro.

      Idamante.   (à Ilia.)

Non temer, Idol mio.

      Elettra.   (da se.)

Ecco l'ingrato.

      Idomeneo.   (da se.)

Io ben m'apposi al ver. Ah crudo Fato !

      Idamante.

Signor, già più non oso
Padre chiamarti, à un Suddito infelice
Deh questa almen concedi
Unica Grazia.

      Idomeneo.

Parla.

      Elettra.   (da se.)

Che dirà?

      Idamante.

In che t'offesi mai? perchè mi fuggi,
M'odi, e aborrisci?

Ilia. (da se.)

Io tremo.

Elettra. (da se.)

Io te'l direi.

Idomeneo.

Figlio, contro di me Nettuno irato
Gelommi il cor, ogni tua tenerezza
L'affanno mio raddoppia, il tuo dolore
Tutto sul cor mi piomba, e rimirarti
Senza ribrezzo, e orror non poſso.

Ilia. (da se.)

Oh Dio!

Idamante.

Forse per colpa mia Nettun sdegnoſsi;
Ma la colpa qual è?

Idomeneo.

Ah placarlo poteſsi
Senza di te!

Elettra. (da se.)

Poteſsi i torti miei
Or vendicar!

Idomeneo. (à Idamante.)

Parti, te lo comando,
Fuggi il paterno lido, e cerca altrove
Sicuro asillo.

Ilia.

Ahime! . . .
Pietosa Prencipeſsa, ah mi conforta!
(à Elettra.)

Elettra.

Ch'io ti conforti? e come? (ancor m'in-
sulta
L'indegna.) (da se.) *Ida-*

Idamante.

Dunque io me n'andrò ... ma dove? ...
O Ilia! .. ò Genitor!

Ilia. (risoluta.)

O seguirti, ò morir, mio Ben, vogl'io.

Idamante.

Deh resta, ò cara, e vivi in pace ... Addio!

QUARTETTO.

Idamante.

Andrò rammingo, e solo
  Morte cercando altrove
  Fin che la incontrerò.

Ilia.

M'avrai Compagna al duolo,
  Dove sarai, e dove
  Tu moja, io morirò.

Idamante.

Ah nò ...

Idomeneo.

Nettun spietato!
Chi per pietà m'uccide?

Elettra. (da sè.)

Quando vendetta avrò?

Idamante, Ilia. (à Idomeneo.)

à 2.   (Serena il ciglio irato.

Idomeneo, Idamante, Ilia.

à 3. (Ah il cor mi si divide!

Idomeneo, Idamante, Ilia, Elettra.

à 4. (Soffrir più non si può.

à 4.   ⎧ Peggio è di morte
       Sì gran dolore:
       Più fiera sorte,
       Pena maggiore
      ⎩ Nifsun provò.

(Idamante parte addolorato.)

Scena IV.

Arbace, Idomeneo, Ilia, Elettra.

Arbace.

Sire, alla Reggia tua immensa turba
Di Popolo affollato ad alta voce
Parlarti chiede.

Ilia.   (da se.)
A qualche nuovo affanno
Preparati mio cor.

Idomeneo.   (da se.)
Perduto è il Figlio.

Arbace.
Del Dio dè Mari il sommo Sacerdote
La guida.

Idomeneo.   (da se.)
Ahi troppo disperato è il caso! . . .
Intesi, Arbace.

Elettra.
Qual nuovo disastro!

Ilia.
Il Popol sollevato? . . . .

Idomeneo.
Or vado ad ascoltarla.   (parte confuso.)

Elettra.
Ti Seguirò.   (parte.)

Ilia.
Voglio seguirti anch'io.   (parte.)

Sce-

Scena V.

Arbace solo.

Sventurata Sidon! in te quai miro
Di morte, stragi, e orror lugubri aspetti?
Ah Sidon più non sei,
Sei la Città del Pianto, e questa Reggia
Quella del Duol!.. Dunque è per noi
                              dal Cielo
Sbandita ogni pieta?...
Chi sà? io spero ancora,
Che qualche Nume amico
Si plachi à tanto sangue; un Nume solo
Basta tutti à piegar; alla Clemenza
Il rigor cedera.... ma ancor non
                              scorgo
Qal ci miri pietoso.... Ah sordo è
                              il Cielo!
Ah Creta tutta io vedo
Finir sua gloria sotto alte rovine!
Nò, sue miserie pria non avran, fine.

ARIA.

Se là sù nè Fati è scritto,
    Creta, ò Dei, s'è rea, or cada,
    Paghi il fio del suo delitto;
    Ma salvate il Prence, il Rè.
Deh d'un sol vi plachi il sangue!
    Ecco il mio, se il mio v'aggrada,
    E il bel Regno, che già langue,
    Giusti Dei! abbia mercè.

Sce-

Scena VI.

Gran Piazza abbellita di Statue avanti
al Palazzo, di cui si vede da un lato
il Frontispicio.

Ariva Idomeneo Acompagniato d'Arbace, e del
seguito Reale; Il Re scortato d'Arbace si siede
sopra il trono destinato alle pubbliche Udienze;
Gran Sacerdote, e quantità di Popolo.

Gran Sacerdote.

Volgi intorno lo sguardo, ò Sire, e vedi
Qual strage orrenda nel tuo nobil Regno
Fà il crudo Mostro. ah mira
Allagate di sangue
Quelle pubbliche vie, ad ogni paſso
Vedrai chi geme, e l'alma
Gonfio d'atro velen dal corpo esala.
Mille, e mille in quell'ampio, e sozzo
        ventre
Pria sepolti, che morti
Perire io steſso vidi.
Sempre di sangue lorde
Son quelle fauci, e son sempre più in-
        gorde.

Da Te solo dipende
Il ripiego, da morte trar tu puoi
Il Resto del tuo Popolo, ch'esclama
Sbigottito, e da te l'ajuto implora,
E indugi ancor? .. Al Tempio Sire, al
        Tempio.
Qual è, dov'è la vittima?...àNettuno
Rendi quello, ch'è suo ....

         Ido-

Idomeneo.

Non più. Sacro Ministro,
E voi Popoli, udite:
La vittima è Idamante, e or'or vedrete,
Oh Numi! con qual ciglio?
Svenar il Genitor il proprio Figlio. (parte
turbato.)

C O R O.

Popolo.

ò voto tremendo!
Spettacolo orrendo!
Già regna la morte,
D'Abifso le porte
Spalanca crudel.

(partono tutti dolenti.)

Scena VII.

*Veduta esterriore del magnifico tempio di
Nettuno con vastifsimo atrio che le circonda, a traverso del quale si schuopre
in lontano Spiaggia di Mare.*

L'atrio e le gallerie. del tempio sono ripiene
d'unna moltitudine di Popolo, li Sacerdoti
preparono le cose appartenenti al Sagrifizio.
Ariva Idomeneo acompagniato di
numeroso e fastoso seguito.

Idomeneo.

Accogli, ò Rè del Mar, i nostri voti,
Placa lo sdegno tuo, il tuo rigor!

Sacerdoti.

Accogli, ó Rè del Mar, i nostri voti,
Placa lo sdegno tuo, il tuo rigor!

Coro.

Coro. entro le Scene.
Stupenda vittoria !
   Eterna è tua gloria.
   Trionfa ò Signor.

Idomeneo.
Qual risuona quì intorno
Applauso di vittoria?

Scena VIII.

Arbace frettoloso, e detti.

Arbace.

 Sire, il Prence,
Idamante l'Eroe, di morte in traccia
Disperato correndo
Il trionfo trovò. sù l'empio Mostro
Scagliofsi furibondo, il vinse, e uccise:
Eccoci salvi al fin.
       Idomeneo.
 Ahimè! Nettuno
Di nuovo sdegno acceso
Sarà contro di noi . . . . or'or, Arbace,
Con tuo dolor vedrai,
Che Idamante trovò quel, che cercava,
E di morte egli stefso
Il trionfo sarà.
     Arbace. (vede condurre Idamante.)
 Che vedo? oh Numi!

See-

S c e n a IX.

Idamante in veste bianca con ghirlanda di fiori in capo, circondato da Guardie, e da Sacerdoti. Moltitudine di mesto Popolo,
e suddetti.

Idamante.

Padre, mio caro Padre, ah dolce no-
me!
Eccomi à piedi tuoi. In questo estremo
Periodo fatal, sù quella destra,
Che il varco al sangue tuo nelle mie vene
Aprir dovrà, gl'ultimi baci accetta.
Ora comprendo, che il tuo turbamento
Sdegno non era già, ma amor paterno.
ò mille volte, e mille
Fortunato Idamante,
Se chi vita ti diè vita ti toglie,
E togliendola à te la rende al Cielo,
E dal Cielo la sua in cambio impetra,
Ed impetra costante à suoi la pace,
E dè Numi l'amor sacro, e verace!

Idomeneo.

ò Figlio, ò caro Figlio! . . .
Perdona: il crudo uffizio
In me scelta non è, pena è del Fato.
Barbaro, iniquo Fato! . . . ah nò, non
posso
Contro un Figlio innocente
Alzar l'aspra bipenne . . . da ogni fibra
Già se'n fuggon le forze, e gl'occhi miei
Torbida notte ingombra . . . oh Figlio! . . .
Ida-

Idamante. (Languente, poi risoluto.)

Oh Padre! . . .
Ah non t'arresti inutile pietá,
Nè vana ti lusinghi
Tenerezza d'amor. deh vibra un colpo,
Che ambi tolga d'affanno.

Idomeneo.

Ah, che natura
Me'l contrasta, e ripugna.

Idamante.

Ceda natura al suo Autor: di Giove
Questo è l'alto voler.
Rammenta il tuo dover. Se un Figlio
                      perdi,
Cento avrai Numi amici. Figli tuoi
I tuoi Popoli sono . . . . .
Ma se in mia vece brami
Chi t'ubbidisca, ed ami,
Chi ti sia accanto, e di tue cure il peso
Teco ne porti, ... Ilia ti raccomando. . .
Deh un Figlio tu esaudisci,
Che moribondo supplica, e consiglia:
S'ella Sposa non m'è, deh siati Figlia.
Ma, che più tardi? eccomi pronto,
                      adempi
Il sacrifizio, il voto.

Idomeneo.

Oh qual mi sento
In ogni vena insolito vigor? . . .
Or risoluto son . . . . l'ultimo amplesso
Ricevi . . . . ., e mori.

Idamante.

O Padre!

D   *Ido-*

Idomeneo.

Oh Figlio!

Idomeneo, e Idamante.

Oh Dio!) à 2.

Idamante. (da se.)

Oh Ilia, ahimè . . . . . (Vivi felice) à Idomeneo.)

Idomeneo, e Idamante.

Addio!) à 2.

(Nell'atto di ferire sopraviene Ilia, ed
impedisce il colpo.)

Scena X.

Ilia frettolosa, Elettra, e detti.

Ilia. (corre à ritenere il braccio d'Idomeneo.)

Ferma, ò Sire, che fai?

Idomeneo.

La vittima io sveno,
Che promisi à Nettun.

Idamante.

Ilia, t'accheta.

Gran Sacerdote. (à Ilia.)

Deh non turbar il sacrifizio.

Ilia.

In vano
Quella Scure altro petto
Tenta ferir. eccoti, Sire, il mio,
La vittima io son.

Elettra (da se.)

Oh Qual contrasto!

Ilia. (à Idomeneo.)

Idamante è innocente, è Figlio tuo,
E del Regno è la speme.
Tiranni i Dei non son. fallaci siete

Interpreti voi tutti
Del Divino voler. vuol sgombra il Cielo
Dè Nemici la Grecia, e non dè Figli.
Benchè innocente anch'io, benchè ora
Amica,
Di Priamo son Figlia, e Frigia io naqui,
Per natura nemica al Greco Nome.
Orsù mi svena . . .

(s'inginocchia avanti al Gran Sacerdote.)

Nell'atto stefso, che Ilia s'inginocchia, s'ode un gran
strepito sotterraneo. Il Simolacro di Nettuno si scuo-
te, Il Gran Sacerdote si trova avanti l'Ara in estasi.
Tutti rimangono attoniti, ed Immobili per lo spavento. Una voce profonda, pronunzia la seguente
Sentenza del Cielo.

A Idomeneo perdona
Il gran trascorso il Ciel, ... ma non
al Rè,
Lo sia Idamante, ... ed Ilia
A lui sia Sposa;
La pace renderà di Creta al Regno.
Stabilito nel Ciel nodo sì degno.

Idomeneo.

Oh Ciel pietoso!

Idamante.

Ilia . . .

Ilia.

Idamante, udisti?

Arbace.

Oh gioja! oh Amor! oh Numi!

Elettra.

Oh smania! oh Furie!
Oh disperata Elettra!
Vedrò Idamante alla Rivale in braccio,

Ah nò, il Germano· Oreste
Nè cupi abifsi io vuò seguir.
Or'or compagna
M'avrai là nell'Inferno
A sempiterni guai, al pianto eterno.

Scena ultima.

Idomeneo, Idamante, Ilia, Arbace. Seguito
d'Idomeneo, d'Idamante, e d'Ilia, Popolo.

Idomeneo.

Popoli, à voi l'ultima lege impone
Idomeneo, qual Rè. Pace v'annunzio,
Compiuto è il Sacrifizio, e sciolto il voto.
Nettuno, e tutti i Numi à questo Regno
Amici son. Resta, che al cenno loro
Idomeneo ora ubbidisca. oh quanto,
ò sommi Dei, quanto m'è grato il cenno!
Eccovi un altro Rè, un altro Me stefso.
A Idamante mio Figlio, al caro Figlio
Cedo il Soglio di Creta, e tutto insieme
Il Sovrano poter. i suoi comandi
Rispettate, eseguite ubbidienti,
Come i miei eseguiste, e rispettaste;
Onde grato io vi son: questa è la Legge.
Eccovi la Real Sposa. mirate
In questa bella Coppia un don del Cielo
Serbato à voi. Quanto or sperar vi lice!
Oh Creta fortunata; oh me felice!

Siegue l'Incoronazione d'Idamante, che s'eseguisc
in Pantomima, ed il Coro, che si canta duran
l'Incoronazione, ed il Ballo.

CORO.

Scenda Amor, fcenda Imeneo,
E Giunone ai Regi Sposi.
D'alma Pace omai li posi
La Dea pronuba nel sen.

Fine del Dramma.

Die Hochzeit des Figaro
(Vienna, 1786)

Hochzeit des Figaro.

Ein

Schauspiel in Musik,

in 4 Aufzügen

aus dem Französischen herausgezogen.

Aufgeführet

in dem k. k. Nazionalhoftheater.

Im Jahre 1786.

Wien,

bei Joseph Edlen v. Kurzbeck, k. k.
Hofbuchdrucker, Groß- und Buchhändler.

Perſonen.

Der Graf von Almaviva.
Die Gräfinn von Almaviva.
Suſana verſprochene Braut des
Figaro.
Cherubin Page des Grafen.
Marzellina.
Barthol Arzt von Sevillien.
Baſilius Singmeiſter.
Don Curzins Richter.
Barberina Tochter des
Antonius Gärtner des Grafen, und Onkel
       der Suſana.
Chor von Bauern.
Chor von Bäurinnen.
Chor ~~verſchiedner~~ Gattungen Leute.
Diener.

Die Poeſie iſt des Hrn Abbe da Ponte,
    Poet des k. k. Theaters.
Die Muſick iſt des Hrn Wolfgang Mozart,
    deutſchen Kapellmeiſters.

Vorrede.

Die für dramatische Vorstellungen von dem
Gebrauche vorgeschriebene Zeit, eine gewisse be-
stimmte, in denselben allgemein gewöhnliche Zahl
der vorstellenden Personen, und einige andere
kluge, in Rücksicht der guten Sitten, des Ortes und der Zuschauer nöthige Beobachtungen,
sind die Ursache gewesen, warum ich dieses
vortrefliche Lustspiel nicht übersetzet, sondern nach-
geahmet, oder vielmehr nur einen Auszug davon gemacht habe. Daher war ich gezwungen,
die Zahl der sechzehn agirenden Personen, aus
denen es bestehet, für deren zwo eine genug
thun kann, nur auf eilfe zurückführen, nebst
diesem einen ganzen Aufzug, manchen sehr artigen Auftritt, viele schöne anmuthige Scherze,
und witzige Gedanken, die darinn verstreuet
waren, auszulassen, und dafür Lieder, Arien,
Chöre, und andere Gedanken, und für die
Musik schikliche Wörter anzubringen: was uns
die gebundene allein, nicht aber die ungébunde-
ne Rede an die Hand giebt.

)(Un-

Ungeachtet aber, daß sowohl ich als der Kapellmeister keine Mühe geschonet, und mit allem Fleiße und Sorgfalt gesuchet haben, dieses Schauspiel so kurz als möglich zu machen; so wird es doch nicht eines der kürzesten seyn, die auf unserem Theater aufgeführet worden.

Darinn, hoffen wir, wird uns genugsam entschuldigen die Verschiedenheit der Fäden, welche die Handlung dieses Schauspiels durchweben, das Neue und die Grösse desselben, die Vielfältigkeit und Verschiedenheit der musikalischen Stüke, die man hineinbringen mußte, um nicht leider oft die Akteurs unthätig zu lassen, um den Eckel und die Einförmigkeit der langen Rezitativen zu vermeiden, um verschiedene Leidenschaften, die da vorkommen, mit verschiedenen Farben auszudrüken, besonders aber wegen der fast. neuen Art des Schauspieles, so wir diesem gnädigsten, verehrungswürdigsten Publiko zu geben wünschten.

Erster

Erster Aufzug.

Ein nicht ganz eingerichtetes Zimmer
mit einem Lehnstuhle in der Mitte.

Erster Auftritt.

Figaro mit einem Maße in der Hand, und
Susanna vor dem Spiegel, die sich ein
mit Blumen geziertes Hütchen auf-
setzt.

Figaro.

Fünf....zehen....zwanzig....dreßig....
sechs und dreßig.... drey und vierzig.
Suf. Nun bin ich wohl vergnügt, es scheint in
der That für mich gemacht zu seyn. (bey
sich

sich selbst, indem sie sich in den Spiegel
siehet) Sieh ein wenig mein lieber Figaro, sehe itzt meinen Hut an. (fährt fort,
sich in den Spiegel zu sehen.)

Fig. Ja mein Herz, itzt ist er schöner, er
scheinet in der That für dich gemacht.

Beyde. Ach! wie süß ist meinem zärtlichen
deinem
Bräutigam der zur Hochzeit herannahende
Morgen; dies schöne artige Hütchen, so
sich Susanna selbst gemacht.

Sus. Was messest mein lieber Figaro?

Fig. Ich betrachte, ob dies Bett, welches uns
der Graf bestimmet hat, sich in dem Orte gut schicken werde.

Sus. Und in dem Zimmer da?

Fig. Ja wirklich; der großmüthige Herr
überläßt es uns.

Sus. Meiner Seits überlasse ich es dir.

Fig. Und die Ursache?

Sus. Die Ursache ist hier. (sie deutet au
die Stirne)

Fig. Aber kannst denn nicht mochen, daß sie
herüber spaziere. (thut das nämliche)

Sus. Es beliebt mir nicht. Bist du nicht mein
Diener?

Fig. Allein ich verstehe es nicht, warum
das bequemlichste Zimmer des Pallastes
dir so sehr mißfalle.

Sus. Weil ich Susanna bin, und du ein
Narr.

                                     Fig.

Fig. Ich danke dir: nicht so viel Lobsprüche:
betrachte ein wenig, ob man anderer Orten besser seyn könnte.

 Wenn ungefähr die Frau dich ben
 der Nacht ruft, din din: mit zween
 Schritten bist du bey ihr. Ereig-
 nets sich aber, daß mich der Herr will,
 Don don: mit drey Sprüngen bin ich
 ihm zu Diensten.

Suf. So wenn der liebe Graf des Morgens, din din: und dich drey Meile
 von mir entfernet, don don; indessen aber ihn der Teufel an meine
 Thüre bringt, Don don, mit drey
 Sprüngen . . . . . .

Fig. Sachte, sachte Susanna.

Suf. Höre nur.

Fig. Geschwinde.

Suf. (Wenn du das übrige hören willst, ver-
 (jage jeden ungerechten Argwohn.

Fig. (Ich will alles hören, die Zweifel und
 (Argwöhne machen mich erstarren.

Suf. Nun also höre, und schweige.

Fig. Sage, was giebts neues? (unruhig)

Suf. Der Graf müde, fremden Schönheiten
nachzujagen, will auch in dem Schloße
sein Glück abermal versuchen; allein wohl-
gemerkt, er hat zu seiner Frau keine Freude.

Fig. Zu wem denn also?

Suf. Zu deiner lieben Susanne.

Fig. Zu dir? (mit Verwunderung)

A 3   Suf.

Suf. Zu mir selbst, und er hofft, daß solche
Nähe seinem Vorhaben sehr dienlich sey.

Fig Brav: gehen wir weiter.

Suf. Diese sind die Gnaden, diese ist die Sor=
ge, so er für dich, und für deine Su=
sanne hat.

Fig Sieh ein wenig, welch eigennützige Liebe!

Suf. Geduld, nun kömmt das beste. Don
Basilio, mein Singmeister und sein Kupp=
ler hält mir täglich bey der Lehrstunde dies
Lied vor.

Fig. Wer? Basilius? der Schelm!

Suf. Und glaubtest du vielleicht, daß er mir in An=
sehung deiner dies Heurathgut bestellt habe?

Fig. So schmeichelte ich mir.

Suf. Er bestimmets um gewisse halbe Stunden
von mir zu erhalten — welche ihm das
lehngütliche Recht — —

Fig. Wie! hat es der Graf in seinen Lehngü=
tern nicht abgeschaft?

Suf. Was demnach, itzt reuet es ihn, und
mir dünkt, er wolle es bey mir wieder
ausüben.

Fig. Bravo! wie gefällt mir der liebe Herr
Graf! wir wollen uns über ihn lustig ma=
chen; er kömmt gut an —Wer läutet?(man
hört läuten die Gräfinn.)

Suf. Lebe wohl, mein schöner Fi—Fi—Figaro.

Fig. Muth mein Herz.

Suf. Und du Vernunft.

Zwey=

Zweyter Auftritt.

Figaro allein.

(Geht ganz erhitzt auf und ab, sich die Hände reibend.)

Bravo mein Herr Graf! nun fange ich das Geheimniß zu entdecken an; itzt habe ich ihren ganzen Plan vor Augen. Zwar zu London — — Sie als Bothschafter, ich als Kourier, und Susanna — heimliche Abgesandtin: Nein es wird nichts daraus, ich Figaro sage es.

Will mein Herr Graf tanzen, so will ich ihm auf der Zither spielen. Will er in meine Schule eintreten, so will ich ihn Kapriolen machen lehren. Ich will — doch ganz bübsch will ich jedes andere Geheimniß durch Verstellung erfahren. Ich will künstlich zu Werke gehen. Doch mich mit der Kunst selbst beschirmen; Hier ein Stichelwort dort einen Scherz gebrauchen, und so alle seine Anschläge zu Grunde richten.

Will mein Herr Graf tanzen, so — —

(gehet ab.)

A 4   Drit-

Dritter Auftritt.

Bartolo und **Marzellina** (mit einem Vertrage in der Hand.)

Bart. Und Sie haben bis auf den Hochzeittag
gewartet, um mich davon zu sprechen?

Marz Ich verliere mein lieber Doktor den
Muth nicht, um einen noch mehr als dieser festgesetzten Heurathsschluß zu brechen,
war oft ein Vorwand hinlänglich; und er
hat nebst dem Vertrage mit mir gewisse
Verbindlichkeiten — genug, ich weis es
— man muß die Susanna abschröcken,
und mit Kunst sie dahin verleiten, daß sie
dem Grafen abschlägige Antwort gebe; er
um sich zu rächen, wird sich an meine Par-
they schlagen, und auf die Weise soll Figaro mein Gatte werden.

Bart. (nimmt den Vertrag aus den Händen der Marzellina) Gut, ich werde alles thun, entdecken sie mir alles ohne Zu-
rückhaltung. (Wie gerne wollte ich dem
meine alte Magd zur Ehe geben, der Ursache gewesen ist, daß mir einst meine Freundinn entwendet wurde.)

Die Rache, o die Rache ist ein Vergnügen den Weisen vorbehalten.

Die Beleidigungen, und Unbilden vergessen, ist immer niederträchtig.

Mit Arglist, mit Klugheit....mit
Urtheilskraft....könnte man....die
Sache

Sache ist zwar ernsthaft, aber ich ver=
sichere Sie, wird sich thun lassen.
Sollt ich den ganzen Codex umblättern,
und dessen ganzen Inhalt durchlesen,
ein zwey=oder gleichdeutendes Wort
kann leicht ein Gezänke veranlassen.
Garz Sevillien kennt, wer Bartolo
ist, Figaro soll ihr Gemahl werden.
(geht ab.)

Vierter Auftritt.

Marzellina, alsdenn Susanna.

Marz. Ich habe noch nicht alles verlohren,
es bleibt mir noch die Hoffnung übrig:
Aber Susanna tritt herbey: ich will mich
prüfen, werde mich stellen, als sähe ich
sie nicht, und der gute Tropf wollte sie
beurathen!
Sus. (bleibt zurück.) Sie redet von mir.
Marz. Allein von Figaro läßt sich nichts bes=
sers hoffen, argent fait tout.
Sus. (Was für eine Mundart! freylich, jeder
weis, wie viel es vermag.)
Marz. Das ist nicht übel! das zeigt Verstand!
mit jenen scheuigen Augen, mit jener ein=
gezogenen Miene, und dann . . . .

A 5	Sus.

Suſ. Es iſt beſſer, daß ich weggehe.

Marz. Welche liebe Braut!

(beyde wollen abgehen und kom=
men an der Thure zuſammen.)

Bedienen Sie ſich ſchimmernde Dame.

(macht eine Reverenz)

Suſ.   Ich bin nicht ſo verwegen biſſige
Dame (— ein Reverenz=)

Marz.   Ihnen gebührt ſich der Vorzug.

(wie oben.)

Suſ.   Nein Ihnen kömmt er zu. (wie oben)

a. 2.   (Ich weiß meine Schuldigkeit, bin nichs
(unhöflich. (Reverenzen)

Marz. Die neue Braut! (wie oben)

Suſ.   Die ehrwürdige Dame! (wie oben)

Marz. Die Schöne des Grafen! (wie oben)

Suſ.   Tie Geliebte Spaniens! (wie oben)

Marz. Ihr Verdienſt!

Suſ.   Ihr Titel!

Marz. Der Rang!

Suſ.   Das Alter!

(Meiner Ehre ich vergebe mich, wenn
a 2.   (ich noch länger da bleibe.

Suſ.   Die alte Hexe macht mich lachend.

(Marzellina gehet wütend ab.)

Fünf.

Fünfter Auftritt.

Susanna alsdenn Cherubin.

Suf. Geh alte Hofmeisterinn, weil du ein paar
  Bücher gelesen, und dadurch der Madame
  so viel Verdruß verursachet hast, bildest
  dir ein, eine Gelehrte zu seyn.

Cher. Susannchen, bist dus? (tritt eilfertig
                            hervor)

Suf. Ja ich bins, was willst du?

Cher. Ach mein Herz, welch ein Zufall!

Suf. Dein Herz! was ist geschehen?

Cher. Weil mich der Graf gestern allein mit
  der Barbarina angetroffen hat, gab er mir
  den Abschied, und wenn die Gräfinn,
  meine schöne Gevatterinn für mich nicht
  spricht, muß ich fortgehen, und sehe dich
  nicht mehr, meine liebe Susanna. (mit
                            Kümmerniß)

Suf. Siehest nicht mehr mich! brav! seufzet
  also dein Herz nicht mehr heimlich für die
  Gräfinn?

Cher. Ach sie flößt mir zu viel Ehrfurcht ein,
  wie glücklich bist du, weil du sie nach Be=
  lieben sehen kannst! du kleidest sie des
  Morgens an, bey der Nacht ziehst sie
  wieder aus, du legst ihr.. die Stecknadel,
  die Spitzen.... Ach wenn ich an deiner
  Stelle.... (mit Freude) Sage mir,
  was giebts da?

Suf.

Suf. Ach das schöne Band, und die Nacht-
haube einer so lieben Gevatterinn (will
ihn nachahmen.)

Cher. Ich bitte dich, gib es mir, gib es mir
zur Gnade! (nimmt der Susanna das
Band aus den Händen)

Suf. Her alsogleich mit dem Bande (Suf. will
das Band zurüknehmen, er läuft
um den Stuhl.)

Cher. O liebes, o schönes, o glückliches Band!
(küsset es zu wiederholten Malen)

Suf. Was ist diese Kühnheit? (lauft ihm wieder nach, und dann bleibt sie stehen, als ob sie müde wäre.)

Cher. Ich bitte dich, halte still, zur Vergel-
tung will ich dir dies Lied schenken.

Suf. Und was sollt ich damit thun?

Cher. Lies es deiner Frau vor; lies es du
selbst, lies es der Barberina, der Marzellina, und allen Frauenzimmern des Pallastes. (vor Freude hüpfend)

Suf. Armer Cherubin! bist du närrisch?

Cher. Ich weis nicht mehr, wer ich bin, was
ich thue, itzt bin ich wie Feuer, dann
wieder wie eine Eißgrube; jedes Frauenzimmer verursachet eine Veränderung der
Farbe, jede ein Herzklopfen in mir.

   Bloß beym Namen der Liebe, und des
Vergnügens verwirrt sich schon meine
Seele, und eine Begierde, die ich
nicht erklären kann, zwinget mich,
von Liebe zu sprechen.

                              Spre=

Spreche von Liebe wachend, spreche
von ihr ſchlafend, von ihr ſprech ich
zu Wäſſern, zu Schatten, und Bergen, zu Blumen, zu Kräutern, und
Brünnen, zum Echo, zur Luft, und
Winden, welche alle den Klang der
eitlen Töne mit ſich fortreiſſen,
und wenn ich niemanden habe, der
mich hört, ſo rede ich von Liebe mit
mit ſelbſten.

(will abgehen, weil er aber von
weiten den Grafen ſieht, kömmt er
erſchrocken zurück, und verbirgt
ſich hinter dem Stuhle.)

Sechſter Auftritt.

Cherubin, Suſanna alsdenn der Graf.

Cher. Ach ich bin verlohren,

Suſ. Welche Furcht!.... der Graf.... ich
elende! (Suſ.ſucht denCher. zu verbergen.

Graf Suſanna, du ſcheineſt mir unruhig, und
verwirret.

Suſ. (verwirrt) Mein Herr......bitte um
Vergebung.... Aber....wenn mich jemand....hier überfallen....gehen Sie
zur Gnade fort.

Graf

Graf Nur einen Augenblick, und dann geh
ich, höre mich: (sitzt nieder, und nimmt
Susanna bey der Hand, die sich mit
Gewalt los macht.)

Suf. Ich höre nichts.

Graf Zwey Worte; du weißt, daß mich der
König als Bothschafter nach London be=
stimmet hat; ich habe gedacht, den Fi=
garo mitzunehmen....

Suf. (furchtsam) Mein Herr, wenn ich
dürfte......

Graf (stehet auf) Rede, rede meine Schöne!
und mit der Macht, so du heute lebens=
lang über mich erhältst, begehre, fordere,
befehle. (mit Zärtlichkeit und will sie
wieder bey der Hand nehmen.)

Suf. Lassen Sie mich, mein Herr; ich ver=
lange,..will keine Macht, und verstehe
sie nicht.....o ich unglückliche. (mit
Verwirrung)

Graf (wie oben) Nein Susanna, ich will
dich glücklich machen, du weist recht wohl
wie sehr ich dich liebe, du wirst es von
Basilio schon vernommen haben: Nun
höre mich: wenn du mit mir beym An=
bruche des Tages auf wenige Augenblicke
in den Garten..Ach für eine solche Gefäl=
ligkeit wollte ich geben....

Bas. Er ist kurz vorher ausgegangen. (zwi=
schen den Quinten)

Graf Wessen ist diese Stimme?

Suf. O Himmel!

Graf.

Graf Gehe hinaus, und niemand soll herein-
geben.

Suf. Sollte ich Sie hier allein lassen? (sehr
unruhig.)

Baf. Er wird bey der Madame seyn, ich gehe
um nach ihm zu fragen. (zwischen den
Quinten)

Graf Ich werde mich dahinter stellen. (weiset
auf den Stuhl)

Suf. Verbergen Sie sich nicht.

Graf Still, und mache, daß er fortgehe.

> (Der Graf will sich hinter dem Stuh-
> le verbergen. Suf setzt sich zwi-
> schen dem Pagen und dem Gra-
> fen, dieser schiebt sie zärtlich wei-
> ter, sie kehrt zurück, indessen
> schlieft der Page vor dem Stuh-
> le, setzt sich darauf, und Su-
> sanna bedeckt ihn mit dem Ge-
> wande.)

Suf. Au wehe! was machen Sie?

Siebenter Auftritt.

Die Vorigen und Basilio

Baf. Grüsse Sie der Himmel Susanna: hät-
ten Sie zum Glücke den Grafen gesehen?

Baf.

Suſ. Und was ſollte der Graf bey mir thun?
weg von hier.

Baſ. Doch warten Sie, hören Sie, Figaro
ſucht ihn.

Suſ. (O Himmel.) er ſucht jenen, den er nach
Ihnen am meiſten haſſet.

Graf. (Ich will ſehen, wie er mich bedient.)

Baſ. Ich habe in der Sittenlehre niemallen ge-
leſen, daß, der die Frau liebt, den Mann
haſſe! um zu ſagen, daß Sie der Graf
liebt . . . . . .

Suſ. Fort von hier, niederträchtiger Miniſter
anderer Leidenſchaften; ich brauche weder Ihre Sittenlehre, noch den Grafen,
und weniger ſeine Liebe . . . . (zornig)

Baſ. Es iſt nichts Uibels, jeder hat ſeine eigene
Laune: ich glaubte, Sie ſollten zwiſchen
zween Liebhabern, wie alle Mädchen thun,
einen freygebigen, und klugen Herrn einem Purſchen, einem Pagen vorziehen.

Suſ. Ach Cherubin! (mit Aengſten)

Baſ. Ach Cherubin! Cherubin der Liebe, der
heute früh hier herum ſpatzierte, um ein-
zukehren.

Suſ. Böſewicht, eine Lüge iſt dieſe. (mit Nach-
drucke.]

Baſ. Jeder ſcharfſichtige iſt bey Ihnen ein Böſewicht, und dies Lied? Sagen Sie mir
im Vertrauen, ich bin, Ihrer Freund,
werde ſie nicht verrathen, denn für Sie,
für Madame . . . .

Suſ. (Welcher Teufel hat es ihm geſagt?)
(zeigt verwirrt zu ſeyn.)

Baf. Eben recht mein Kind, unterrichten Sie
ihn besser; er schauet sie bey der Tafel
so oft, und mit solcher Unvorsichtigkeit an,
daß wenn es der Graf wahrnimmt: Sie
wissen in dem Stücke ist er ein Vieh.

Suf. Und warum schütten Sie boshafter Mensch
dergleichen Lügen aus?

Baf. Ich Lügen! wie ungerecht, wie ich die
Sache kaufe, so verkaufe ich sie wieder,
und dem, was die Welt sagt, setze ich nicht
das geringste hinzu.

Graf Wie, was sagt die Welt? (tritt hervor)

Baf. Das ist allerliebst!

Suf O Himmel!

Graf. Was höre ich, gehe gleich, und ver=
jage den Verräther (zum Baf.)

Baf. Ich bin im üblen Augenblicke hier ange=
kommen. Vergeben Sie mein Herr!

Suf. O ich elende, welch ein Verderben! der
Schrecken unterdrückt mich. (fast ohn=
mächtig)

Graf.   (Ach die arme ist schon ohnmächtig,
Baf.   a 2. (Himmel! wie schlägt ihr das Herz!
      (Beyde halten sie auf dem Arm)

Baf. Ganz leise auf diesem Sitze. (nähern sich
        dem Stuhle)

Suf. Wo bin ich! (kömmt wieder zu sich)
     Welch eine Verwegenheit. (macht sich los.)

Graf (Wir sind hier um dir Hülfe zu leisten.
  a 2. (beunruhige dich nicht mein Schatz!
Baf. (Wir sind hier um Ihnen Hülfe zu leisten.
     (Ihre Ehre ist sicher!

           B   Baf.

Baſ. Ach! was ich von dem Pagen geſprochen,
war ein bloßer Argwohn. (zum Graf.)

Suſ. Es iſt eine Hinterliſt, eine Bosheit, glauben ſie dem Verläumder nicht.

Graf Fort, fort mit dem Burſchen.

Baſ.
         a. 2. Der arme Tropf!
Suſ.

Graf Armer Tropf! (ironiſch) aber auch
von mir überfallen.

Suſ. Wie!

Baſ Was!

Graf Geſtern fand ich die Thüre deiner Baſe
verſperret; ich klopfe an, Barbarina macht
mir ganz erſchrocken auf, Ihr Angeſicht
erweckte in mir einen Argwohn, ich ſchaue,
ſuche aller Orten, und als ich ganz leiſe
den Teppich vom Tiſche aufhebe, ſehe ich
den Pagen. (macht die nämliche Bewegung mit dem Gewande, und ſieht den
Pagen)

Graf (Ach was ſehe ich! (mit Erſtaunen)

Suſa.3(Grauſamer Himmel! (mit Furcht)

Baſ. (Beſſer noch! (lachend)

Graf (Ehrlichſtes Mädchen! izt verſtehe ich,
(wie es gehet,

Suſ. a. 3.(Nichts ſchlechters kann ſich zutraten,
((Gerechter Himmel! was wird daraus

Baſ. (Alle Schöne machen es ſo, dies iſt
(nichts neues.

Graf Baſilio ſuche alſogleich den Figaro auf
er ſoll ſehen . . . . (weißt auf Cherubin
der unbeweglich bleibt)
                                          Suſ.

Suf. Ja er soll hören; gehen Sie (mit Leb-
      haftigkeit.)

Graf Bleibe hier (zu Baf.) welche Vermessen eit
    und welche Entschuldigung, wenn die Schuld
    einleuchtend ist?

Suf. Wer unschuldig ist, braucht keine Ent-
    schuldigung.

Graf Aber, wann kam dieser daher?

Suf. Er war schon bey mir, als Sie ankamen,
    und bat mich, die Frau zu bereden, daß
    sie für ihn spreche: Ihre Ankunft setzte
    ihn in Verlegenheit, und alsdenn verbarg
    er sich in dem Orte.

Graf Aber ich hab ja mich selbsten dort nie-
    dergesetzt, als ich ins Zimmer trat!

Cher. Und damals verbarg ich mich von hinten.
                        (furchtsam)

Graf Und da ich mich dorthin stellte?

Cher. Dann schlich ich ganz sachte, und ver-
    barg mich allhier.

Graf Himmel! er hat also alles gehöret, was
    ich dir sagte! (zu Susannen)

Cher. Ich that alles mögliche, um es nicht
    zu hören.

Graf O welch eine Treulosigkeit!

Baf. Mässigen Sie sich, es kömmt wer an.

Graf Und du bleibe hier, kleine Schlange.
          (ziehet ihn vom Stuhle herab.)

B 2   Achter

Achter Auftritt.

Figaro mit einem weissen Gewande in der Hand: Chor der Bauern und Bäuerinnen in weissen Kleidern, welche in einem Körblein gesam= melte Blumen vor dem Grafen streuen, und folgendes singen.

Chor.

Lustige Mädchen streuet Blumen, vor unserm edlen Herrn. Sein groß müthiges Herz bleibe rein, wie die liebliche Weisse der schönsten Blume

Graf Was ist das für Comedie? (zu Figaro mit Verwunderung)

Fig. Nun sind wir auf dem Wege, folge mir mein Herz. (still zu Sus.)

Sus. Ich habe keine Hoffnung.

Fig. Mein Herr! verachten Sie nicht diesen von unserer Liebe herrührenden Tribut: nun da sie das einem zärtlichen Liebhaber so unangenehme Recht abgeschaffet haben...

Graf. Itzt bestehet dies Recht nicht mehr; was verlanget man also?

Fig. Heute wollen wir die erste Frucht ihrer Klugheit geniessen: heute ist unsere Hochzeit schon bestimmet: nun gehört es Ihnen diese, welche vermög eines Ihrigen Ge= schen=

ſchenkeß iſt rein erhalten worden, mit dieſem weißen Gewande, Merkzeichen der
Ehrbarkeit zu bedecken.

Graf Höllische Argliſtigkeit! allein man muß
ſich verſtellen Ich danke euch meine
Freunde für ſo ehrliche Geſinnungen, aber
verdiene deßhalben weder Tribute noch Lob-
ſprüche, und indem ich in meinen Lehngü-
tern ein ſo unbilliges Recht abſchaffe, ſtelle
ich der Natur ihre Rechte zurück.

Alle Er lebe, er lebe, er lebe. (hinterhaltiſch)

Suf. Welche Tugend!

Fig Was für Gerechtigkeit!

Graf Ich verſpreche euch (zu Fig. und Suf.)
die Zeremonie zu vollziehen. Ich begehre
nur kurzen Aufſchub; Ich will euch in
Gegenwart meiner Treueſten, und mit herr-
licher Pracht vollkommen glücklich machen.
(man ſchaue um Marzellina) Gehet meine
Freunde.

**Die Bauern wiederholen den
Chor, ſtreuen die übrigen
Blumen, und gehen ab.**

Fig. Er lebe.

Suf. Er lebe.

Baſ. Er lebe.

Fig. Und du ſtimmſt nicht bey ? (zu Cher.)

Suf. Der arme iſt betrübt, weil ihn der Herr
vom Schloſſe verjaget.

Fig .Ach. in einem ſo feyerlichen Tage!

Suf. Am Tage der Hochzeit!

B 3

Fig. Als Sie die ganze Welt bewundert.

Cher. Vergebung mein Herr (kniet nieder)

Graf. Du verdienst sie nicht.

Suf. Er ist noch kindisch

Graf Weniger als du meinst.

Cher. Es ist wahr , ich vergieng mich , aber
von meinem Munde endlich

Graf Gut ich vergebe dir (deutet , er soll
aufstehen) ich will noch viel mehrers
thun : in meinem Regimente ist eine Of-
fiziersstelle leer, dich erwähle ich dazu
füge dich gleich dahin — lebe wohl.
(Der Graf will abgehen , Suf. Fig. und
Cher halten ihn auf.)

Suf.
Fig.   a. 2. Nur bis auf Morgen.....

Graf Nein gleich soll er gehen.

Cher Ich bin schon bereit, Ihnen zu gehorchen
(seufzend)

Graf Doch zum letzten Mahle umarme die Suz
sanna : der Streich ist unerwartet. (Cher.
umarmet Suf. , sie bleibt verwirret.)

Fig. Ey Hauptmann mir auch die Hand (ehe
du abreisest, will ich dich sprechen) (still
zu Cher.) Lebe wohl kleiner Cherubin;
wie verändert sich in einem Augenblicke dein
Schicksal. (mit verstellter Freude.)

Wirst nicht mehr flatterhafter Liebender
Tag   und Nacht herum rren.
Wirst nicht mehr flüchtiger Schwärmer
die Ruhe der Schönen stören.

Nicht

Nicht mehr jene schöne Federbuschen
werden deinen feinen artigen Hut zieren.
Nicht mehr dies schöne lange Haar
jene heitere Mine, diese lebhafte weib=
liche Farbe.
Zwischen Kriegern potztausend! mit
langem Schnautzbart, engem Rocke,
einem Gewehr auf den Schultern,
Säbl an der Seite, gradem Halse,
freyem Angesichte; mit einem gros=
sen Casquet, oder Mütze auf dem
Kopf, viel Ehre, wenig Geld, und
statt des Tauzes ein Marsch durch
Pfütze, durch Berge, und Thä=
ler, im Schnee, und heissesten Son=
nenstrahlen, unter dem Konzert der
Trompeten, der Bomben, und Ka=
nonen, deren Kugeln allerley Töne
in den Ohren hervorbringen.

Cherubin zum Siege
zum kriegerischen Ruhme.

Ende des ersten Aufzuges.

Zwey=

Zweyter Aufzug.

Erster Auftritt.

Die Gräfinn, alsdenn Susanna und
alsdenn Figaro.

Die Gräfin.

Schenke, o Liebe! eine Erquickung meinem
Schmerzen und meinen Seufzern, entwe=
der gieb mir meinen Schatz zurück, oder
laß mich doch sterben. — Komm liebe
Susanne, vollende die Geschichte.
(Suf. tritt ein.)

Suf. Sie ist schon vollendet.

Die Gr. Er hat dich also verführen wollen?

Suf. Der Herr Graf macht mit Frauenzimmern
meines gleichen solche Komplimente nicht;
er wollte mich mit Geld überreden.

Die Gr. Ach! der Grausame liebet mich nicht
mehr!

Suf. Und wie, ist er denn eifersüchtig?

Die Gr. Wie es die itzigen Ehemänner sind;
aus Gewohnheit untreu, aus Neigung
eigen=

eigensinnig, aus Hochmuth aber alle eifers
süchtig. — Allein wenn dich Fizaro liebt,
er allein könnte — —

Fig. La, lan, la, la, lan, la, la, lar, lera.
(fängt innerhalb den Quinten zu
singen an.)

Suf. Sehen Sie ihn da: komme Freund —
Madame ungeduldig — —

Fig. Deswegen darfst du nicht in Aengsten
leben. mit fröhlicher Gleichgültigkeit)
Wovon ist endlich die Rede? dem Grafen
gefällt meine Braut, und daher wollt er
das lehengütliche Recht heimlich wieder
erlangen. Die Sache ist möglich und natürlich.

Die Gr. Möglich?

Suf. Natürlich?

Fig. Sehr natürlich, und wenn Susanne will,
höchst möglich.

Suf. Höre einmal auf:

Fig Nur das noch. Dazu hat er den Weg
ergriffen, mir die Curierstelle, und der
Susanna einer geheimen Legationsräthinn
zu ertheilen; weil sie aber mit standhafter
Hartnäckigkeit solche Ehrenstelle ausschlägt,
drohet er die Marzellina zu vertheidigen —
das ist das Ganze.

Suf. Und du kannst ein so ernsthaftes Ge-
schäft noch scherzend behandeln?

Fig. Ist es nicht genug, daß ich scherzend
darauf denke? Höre meinen Vorschlag:
Durch den Basilio will ich ihm ein Billet

B 5   zu-

zukommen laſſen, welches ihn benachrich-
tigen ſoll, daß ſie zur Ball ‑ Stunde
(zur Gräfin) einen Liebhaber beſtellet
hat. —

Die Gr. O Himmel was hör ich? einem ſo
eiferſüchtigem Manne!

Fig. Deſto beſſer: auf die Weiſe können wir
ihn leichter in Verwirrnng und in Verlegenheit bringen, und folglich ſeinen
Vorſchlag umſtürzen, in ihm einen viel-
fältigen Verdacht erregen, und ihm Gelegenheit geben zu denken, daß jenes,
was er wider mich vorhat, ihm andere
thun wollen, damit ihm ſolchermaſſeu
keine Zeit, Suſannen nachzugehen übrig
bleibe: So ganz von ungefehr, ohne
daß er um uns von unſerm Vorhaben ab-
zuhalten die geringſte Anſtalt getroffen
habe, kömmt die Stunde der Hochzeit,
und (deutet auf die Gräfinn.) in Ihrer Gegenwart wird er es nicht wagen,
meinen Wünſchen zu widerſtehen.

Suſ. Dies iſt wahr, aber anſtatt ſeiner wird
ſich Suſanna widerſetzen.

Fig. Geduld.
Mache dem Grafen gleich zu wiſſen, daß
er dich gegen Abend im Garten erwarten
ſolle: ſtatt deiner werden wir den kleinen Cherubin, welcher auf meinen Rath
noch nicht abgereiſet iſt, in weiblicher
Kleidung dorthinſchicken. Dieſer iſt der
ein=

einzige Weg, wodurch Monsieur von Ma=
dame überrascht, gezwungen sey zu thun,
was man verlangt.

Die Gr. Was meinst du?

Suf. Es ist nicht übel.

Die Gr. In unserem Falle....

Suf. Wenn er überzeuget ist.... aber wo soll
man die Zeit hernehmen? ....

Fig. Der Graf hat sich auf die Jagd begeben,
also er sich etwelche Stund aufhalten
wird, unterdessen geh ich, und schicke
gleich den Cherubin her, lasse aber euch
die Sorge selben zu kleiden über.

(Auf der Spitze des Fusses, als
ob er immer abgehen wollte.)

Die Gr. Und dann?

Fig. Und dann.

Wenn der Herr Graf tanzen will,
So will ich ihm auf der Zitter spielen.

(gehet ab.)

Zwey=

Zwenter Auftritt.

Die Gräfin, Susanna, alsdenn Cherubin.

Die Gr. Wie schmerzt es mich Susanna; daß dieser Jüngling die Schwärmereyen des Grafen gehört habe; ach du weißt es nicht.... Aber warum kam er nicht selbst zu mir? Wo ist das Lied?

Sus. Hier ist es eben; machen sie, daß er es uns singen solle: still; es kömmt wer: er ists; hervor, hervor Herr Offizier.

Cher. Ach nenne mich bey einem so verwünschten Namen nicht, er erinnert mich auf den Verlust einer so guten Gevatterinn......

Sus. Und so schönen!

Cher. Ach....ja....gewis!.... (seufzend)

Sus. Ach ja gewis Heuchler! (ihn nachahmend) Nun geschwind singe das Lied, so du mir heute früh gegeben, der Madame vor.

Die Gr. Wer ist der Verfasser?

Sus. Sehen Sie ihn, dessen Gesicht voll der Schande erröthet. (weiset auf Cher.)

Die Gr. Nimm meine Cyther, und spiele mit.

Cher. Ich zittere....aber wenn Madame will..

Sus. Ja sie will....nicht so viel Worte.

Cher.

Cher. Ihr Schönen, die da wisset, was
Liebe ist.

Sehet, ob sie in meinem Herzen ist.

Was ich fühle, will ich euch sagen,
ist für mich neu, kanns nicht be=
greifen.

Ich fühle eine Begierdvolle Gemüths=
bewegung, die bald Vergnügen, bald
Schmerzen ist.

Ich erstarre, und stets glühet wieder
meine Seele, und nach einem Au=
genblicke fange ich wieder zu erstar=
ren an.

Suche eine Glückseligkeit ausser mir,
ich weis nicht wo, weis nicht was sie ist.

Ich seufze, und klage ohne Willen,
zappele, und zittere ohne Wissen.

Ich finde keine Ruhe weder des Tags,
noch des Nachts.

Aber diese Art des Leidens ist mir doch
angenehm.

Ihr Schönen, die da wisset, was
Liebe ist,

Sehet, ob sie in meinem Herzen ist.

Die Gr. Bravo, welche schöne Stimm, ich wu=
ste nicht, daß du so gut singest.

Sus. In der That: alles, was er macht, fällt
gut aus. Geschwind schöner Soldat: hast
von dem Figaro nichts vernommen?

Cher. Ich vernahm alles.

Sus.

Suf. Laß mich sehen; es wird gut gehen ..
wir sind von gleicher Grösse .... (sie
mißt sich mit Cher.) weg mit dem
Mantel (nimmt ihm den Mantel ab.)

Die Gr. Was machst denn?

Suf. Besorgen Sie nichts.

Die Gr. Und wenn jemand hereingieng.

Suf. Was demnach, es geschieht ja nichts übels:
ich werde die Thüre zuschliessen, (sperrt
die Thüre zu; aber wie wird es mit den
Haaren seyn?

Die Gr. Hole aus meinem Kabinette eine Ha be
(Suf. gehet ins Kabinet um eine Haube)
Hurtig.
Was ist das für eine Schrift?
(Cher. nähert sich der Gräfinn und
weiset ihr das Patent, die Gräfinn
nimmt es, machts auf, und sieht,
daß das Siegel fehlt)

Cher. Das Patent.

Die Gr. Welche sorgfältige Leute!

Cher. Kurz vorher empfieng ich es vom Basilio.

Die Gr. Aus Eil haben sie das Siegel ver
gessen.

Euf. Wessen Siegels? (Suf. kömmt zurück)

Die Gr. Des Patents.

Suf. Potz tausend wie eilfertig! — Hier ist
die Haube.

Die Gr. Ganz gut; mach geschwind: wehe uns
wenn uns der Graf hier antrift.

Euf. Komm her, knie nieder, bleib hier stehen;
(nimmt den Cher. läßt ihn knieen un
weit der Gräfinn, die da sitzet.

Das Gesicht nun gegen mich: — Ey herüber mit den Augen. (sie frisirt ihn,
dann nimmt sie selben beym Kinn, und
drehet ihn nach Belieben.) Gerad schaue
mich an: Madame ist nicht hier. (indem
Sus. ihn aufputzt, betrachtet er die
Gräfinn zärtlich.)

Höher mit dem Halse.... (fährt fort,
ihn aufzuputzen, und ihm die Haube
aufzusetzen.) etwas niederer mit den Augen ....die Hände unter der Brust....
wenn du aber wirst aufgestanden seyn,
dann werden wir den Gang sehen....
Betrachten Sie den losen Buben, (still
zu der Gräf.) sehen Sie, wie er schön
ist; welche schlauen Blicke! welche Gestalt!
welcher Reitz! wenn ihn die Frauenzimmer
lieben, wissen sie gewis, warum.

Die Gr. Wie viel Narrenpossen.

Sus Aber ich bin ja selbst eifersüchtig, —
ey kleine Schlange, willst aufhören, so
schön zu seyn? (nimmt ihn beym Kinn)

Die Gr. Ende mit den Bübereyen; itzt ziehe ihm
die Ermel über den Elenbogen hinauf,
damit ihm das Kleid desto bequemer anstehe.

(Sus. thut es.)

Sus. So.

Die Gr. Besser hinten, so — Was ist dies
für ein Band? (entdeckt, daß ß Cheru-
bins Arm mit einem Bande gebunden ist)

Sus. Ist jenes, so er mir entwendet hat,

Die Gr. Und dies Blut?

Cher.

Cher. Das Blut .... ich weiß nicht wie ..
.. als ich kurz vorher ausklischte ....
rizte mir die Haut auf, und verband da:
mit die Wunde.

Suf. Laß mich sehen: es ist kein Uebel:
Pot tausend, er hat einen weissern Arm
als ich! manches Mädchen....

Die Gr. Und fährst immer fort Narrenpossen
zu treiben? geh in mein Cabinet, und
hole mir etwas englischen Taffets,
so auf dem Kasten liegt (Suf. geht
eilig) Was das Band betrift .... zwar
....(Die Gr. schauet das Band ein
wenig an; Cher. kniend betrachtet sie
mit Aufmerksamkeit.) wegen der Farb
.... reuete mich desselben zu berauben

Suf. Hier ist er: (giebt ihr den Taffet und
die Scheere.) und um ihm den Arm zu
verbinden?

Die Gr. Hole mir ein anders Band, und
nimm zugleich das Kleid mit dir. (Suf.
gehet bey der hintern Thüre hinaus
und trägt mit sich den Mantel weg)

Cher. Ach jenes hätte mich geschwinder ge
heilet!

Die Gr. Warum den? dies ist ja besser
(weiset ihm den Taffet.)

Cher. Wenn ein Band .... das schöne Haar
.... oder das zarte Fell berührte...
eines Gegenstandes ....

Die

Die Gr. Ausländisch ist er für die Wunden
        besser, nicht wahr? (unterbricht ihn.)
        Eigenschaft, die mir unbekannt war.

Cher. Madame scherzt, und ich muß unter-
        dessen abreisen.

Die Gr. Armer! welch ein Unglück!

Cher. O ich elender!

Die Gr. Itzt weinet er....

Cher. O Himmel! warum darf man nicht
        sterben! (mit rührendem Tone.) viel-
        leicht nahe am letzten Augenblicke....
        unterstund sich dieser Mund....

Die Gr. Sey gescheid; was ist das für Thor-
        heit? (troknet ihm die Augen mit ei-
        nem Tüchlein ab.) wer pocht an mei-
        ne Thüre?

Der Gr. Warum denn zugesperret? (von aussen.)

Die Gr. Mein Gemahl, o Gott! ich bin tod!
        du hier ohne Mantel! in jenem Aufzuge,
        ein empfangener Brief.... seine heftige
        Eifersucht.... (mit Nachdruck.)

Der Gr. Warum verweilest du?

Die Gr. Ich bin allein.... ja.... ganz al-
        lein.... (verwirrt.)

Der Gr. Mit wem redest du also?

Die Gr. Mit dir.... ja.... gewis mit dir...

Cher. Nebst allem jenem, was schon vorgegan-
        gen....sein heftiger Zorn.... ich weis
        keinen andern Rath. (Cher. gehet ins
        Cabinet, schliesset nach sich die Thüre
        zu; die Gr. nimmt den Schlüssel da-
        von ab, und macht dem Gr. auf.)

C   Die

Die Gr. Ach beschütze mich der Himmel in
solcher Gefahr

Dritter Auftritt.

Der Graf, und die Gräfin.

Der Gr. Welche Neuigkeit? es war sonst niemals deine Gewohnheit dich im Zimmer
einzusperren!

Die Gr. Es ist wahr, aber ich.... wollte
mich eben anziehen....

Der Gr. Was denn anziehen?

Die Gr. Gewisse Sachen.... war mit mir Susanna.... die in ihr Zimmer gegangen
ist.

Der Gr. Sey wie's wolle, du bist nicht ruhig
kennest du diesen Brief?

Die Gr. Himmel! ist der nämliche, den ihr
Figaro schrieb.

Der Gr. Was ist dies für ein Getöß? —
Im Cabinete ist was niedergefallen.

Die. Gr. Ich habe nichts gehört.

Der Gr. Du mußt in sehr wichtigen Gedanken vertiefet seyn.

Die Gr. In was für Gedanken?

Der Gr. Dort drinnen ist jemand:

Die Gr. Wer sollts denn seyn?

Der

Der Gr. Dich frag ich eben: ich komme in
dem Augenblick an.

Die Gr. Ja.... wirklich wahr.... Susan,
na ist.

Der Gr. Du sagest mir, sie sey in ihr Zim,
mer gegangen....

Die Gr. In ihr Zimmer, oder da drinnen,
habe nicht gut aufgemerkt....

Der Gr. Susanna! und woher kömmt's,
daß du so verwirrt bist?

Die Gr. Wegen meiner Kammerjungfer gewis?
(mit gezwungenem Lächeln.)

Der Gr. Dies weiß ich nicht, aber verwirrt
sonder Zweifel.

Die Gr. Ach dies Mädchen verwirrt wohl mehr
dich selbsten als mich.

Der Gr. Ja gewiß, du wirsts itzt sehen.

Der Gr. Susanna komm nun heraus, ich will
es haben. (Suf. tritt bey der nämli,
chen Thüre ein, bey welcher sie aus,
gieng, und bleibt stehen, als sie den
Graf siehet, daß er an der Thüre des
Kabinets redet.)

Die Gr. Warte.... höre mich, sie kann nicht her,
auskommen.   (mit Kümmerniß.)

Suf. Was ist dies für ein Gezänke?
wo gieng denn der Page hin.

Der Gr. Und wer trauet sich es zu verbie,
then(

Die Gr. Die Ehrbarkeit verbiets; sie probiert
ihr Brautkleid.

C 2   Der

Der Gr. (Die Sache ist ganz einleuchtend, es
(wird hier der Liebhaber seyn:

Die Gr. Die Sache siehet sehr übel aus:
(wer weiß was es seyn wird.

Suf. a 2. (Etwas begreife ich, man sehe, wie es gehet.

Der Gr. Also rede Susanna wenigstens, wenn
du hier bist.....

Die Gr. Nein nein auch nicht, ich befehle
dir zu schweigen

Suf. O Himmel ein Verderben:

a 2 (Ein Aergerniß, eine Unordnung meiden
(wir, ich bitte dich.

Suf. Hier wird gewiß eine Unordnung, ein Aergerniß entstehen

(Suf. verbirgt sich hinter der Alcowe.)

a 2 ⎰ Vernunft mein Gemahl
⎱ meine Gemahlin:

Der Gr. Du willst also nicht auffsperren?

Die Gr. Und warum soll' ich meine Zimmer
aufmachen:

Der Gr. Gut man wird ohne Schlüssel aufsperren. Ey Leute!

Die Gr. Wie? und wolltest die Ehre einer
Dame feilbieten?

Der Gr. Es ist wahr, ich irre mich, ohne
Geschrey, und Aergerniß kann ich selbst
das dazu nothwendige holen. Warte nur
hier....allein damit jeder auch gering-
ster Zweifel verschwinden solle, werde
ich eher die Thüren verschliessen. (Der
Graf schliesset die Thüren zu, welche
in die Zimmer der Dienstbothen führen.)

Die

Die Gr. Welche Unbesonnenheit! (bey sich.

Der Gr. Du wirst die Gefälligkeit haben mit
    mir zu kommen: (mit gezwungener
    Liebe.) Madame hier ist der Arm, ge=
    hen wir (mit Widerwärtigkeit.)

Die Gr. Gehen wir.

Der Gr. Susanna wird hier bleiben, bis
    wir (deutet aufs Cabinet) zurück kehren.
                                (gehen ab.)

Vierter Auftritt

Susanua, die eilfertig aus der Alcove
heraustritt, alsdenn Cherubin, der
aus dem Cabinete kömmt.

Suf. Mach' auf geschwind mach' auf, ist
    die Susanna da?
    Komm nur heraus, gehe von hier ab.
                    (Cher. kömmt heraus.)

Cher. Ach schreckliche Scene!
    Welch fürchterliches Unglück. (verwirrt
                    und ohne Athem.)

Suf. Gehe fort, versäume nicht; hier, da,
    dort. (gehen bald zu einer, bald zur
    andern Thüre, und finden alle ge=
                                sperrt.)

§ 2 (Die Thüren sind gesperret,
      (was wird nun seyn?
            C 3   § 1

(Hier darf man den Muth nicht sinken
a 2 (lassen, er schlägt mich todt, wenn
(er mich antrift.

Cher. Sehen wir ein wenig da hinaus: die=
ses Fenster siehet eben in den Garten.
(Cher. nähert sich dem Fenster, so
im Garten geht, als ob er herunter
springen wollte, Suf. hält ihn ein.)

Suf. Cherubin halt' ein, halt ein, ich bitte
dich.

Cher. Ein oder zwey Blumenstöcke . . . .
größeres Uebel wird nicht geschehen.

Suf. Zu hoch für einen Sprung: (fährt fort
ihn einzuhalten)

Cher. Laß mich, eher als ihr zu schaden,
(Cher. macht sich von Suf. loß.)
wollt ich ins Feuer gehen.
Statt ihrer umarme ich dich, lebe wohl,
so thut man. (Cher. springt hinunter.)

Suf. Gott! er gehet dem Tode entgegen, (Suf.
schreyet laut; sitzt einen Augenblick
nieder, dann geht sie kraftlos zum
Fenster.) ich bitte dich, halt' ein,

Suf. Der kleine Teufel! ich glaube, er hat
einen Polter=Geist im Leibe; wie er fliehet!
er ist schon eine Meilweges entfernt: aber
verlieren wir uns nicht unnütz, man gehe ins
Cabinet: Komme alsdenn der Schnar=
cher, ich erwarte ihn allhier.

Fünf=

Fünfter Auftritt

Die Gräfin, der Graf mit Hammer,
und Zange in der Hand; beschauet
bey seiner Ankunft alle Thüren.

Der Gr. Es ist alles, wie ich's hinterließ:
willst also freywillig aufsperren, oder sollt'
ich.... (als ob er wollte mit Gewalt
aufsperren.)

Die Gr. Ach halt' ein, höre mich ein wenig
an, und glaubst mich fähig meine Pflichten zu übertreten? .... (der Graf
wirft den Hammer und die Zange auf
einen Stuhl.)

Der Gr. Wie es dir gefällig ist, ich will sehen, wer in dem Cabinete eingesperret
ist?

Die Gr. Ja du wirst es sehen .... aber höre
mich friedsam an, (furchtsam, und zitternd.)

Der Gr. Ist also nicht Susanna? (alterirt.)

Die Gr. Nein: aber es ist ein Gegenstand,
der dir gar keinen Verdacht verursachen
kann: heute Nachts....dachte man....
einen unschuldigen Scherz zu machen....
und ich schwöre dir....daß die Ehre,
die Ehrbarkeit....

C 4   Der

Der Gr. Wer ist es also, sag es mir, ...
ich werde ihn umbringen, (mehr alterirt.)

Die Gr. Höre mich: Ach ich kann es nicht
sagen!

Der Gr. Rede.

Die Gr. Es ist ein Knabe. . . .

Der Gr. Ein Knabe!

Die Gr. Ja der Cherubin.

Der Gr. (Muß ich also diesen Purschen al=
ler Orten antreffen.) Wie? ist er noch
nicht abgereiset? o Gottlose! Nun ist
der Zweifel aufgelöset, dieser ist der Ge=
genstand des Gezänkes, das sind die Um=
schweife, wovon mir der Brief berichtet.

Sechster Auftritt

Der Graf, die Gräfin, und Susanna im Cabinete.

Der Gr. Komme nun heraus boshafter Pur=
sche geschwind, heraus: (an der Thüre
des Cabinets mit Ungestüm.)

Die Gr. Ach deine Wuth gegen ihn macht
mich zitternd. (die Gr. ziehet den Gr.
mit Gewalt von dem Cabinete weg.)

Der Gr. Willst du dich noch widersetzen?

Die Gr. Nein aber höre.

Der

Der Gr. Rede also:

Die Gr. O Gott! was für einen Verdacht
wird nicht....die Umstände, in denen du
ihn antriffst....mit offenem Halse,....
bloßer Brust.... (zitternd und erschro-
cken.)

Der Gr. Offene Brust....nur weiter.

Die Gr. Um weibliche Kleider anzuziehen....

Der Gr. ich begreife alles unwürdiges Weib
(nähert sich dem Cabinete, dann tritt
er zurück)

a 2 (Will mich alsogleich rächen.

Die Gr.Jener unüberlegte Zorn beleidiget
mich, dein Zweifeln thut mir unrecht.

Der Gr. Her da mit dem Schlüssel.

Die Gr. Er ist unschuldig du weißt.... (die
Gr. reicht dem Gr. den Schlüssel.)

Der Gr. Ich weiß nichts.
Gehe von meinem Angesichte du boshafte, du untreue, suchest mich zu ent-
ehren.

Die Gr. Ich gehe ....ja....aber....

Der Gr. Ich mag nichts hören.

Die Gr. Ich bin an nichts schuldig.

Der Gr. Ich lese es dir an der Stirne.
(Er soll sterben, ja sterben,
(und mich nicht mehr quälen. (der Gr.
macht das Cabinet auf, und Susanna
kömmt ganz ernsthaft hervor, bleibt
bey der Thürschwelle stehen.)

Die Gr. Ach die blinde Eifersucht verleitet
ihn gewiß zu welcher Uebelthat.

C 5   Sieben-

Siebenter Auftritt.

Die Vorigen und Susanna, (die aus
dem Kabinete kömmt.)

Graf   a. 2. ⎧ Susanna (mit Erstaunen)
Die Gr.   ⎩

Suf. Nun mein Herr! was zaudern sie? er=
greifen Sie das Schwerdt, bringen sie den
Pagen um, jenen boshaften Pagen, sehen
sie ihn da (ironisch)

Der Gr. (Welch ein Stück ist das nicht! mir
        ⎩ schwindelt der Kopf.

Die Gr. (Welches Wunder ist das! Susanna
a. 3.   ⎩ ist da.

Suf.   (In Verwirrung gerathen sind Sie
        ⎩ Ihrer selbst nicht bewust.

Graf Bist du allein?

Suf. Untersuchen Sie, da hinten steckt er viel=
leicht.

Graf Man sehe, er wird hier verstecket seyn.
        (Der Graf tritt ins Kabinet.)

Achter

Achter Auftritt.

Susanna, die Gräfin, alsdenn der Graf.

Die Gr. Susanna ich bin ausser mir.

Suf Mehr Muth, frischer, er ist schon sicher.
  (Suf. freudenvoll weiset der Gräfin
  auf das Fenster hin, bey dem Cher.
  hinausgesprungen.)

Graf Welch ein Irrthum!
  (Der Graf tritt verwirrt aus dem Ka=
  binete.)
  Kaum kann ich es glauben; habe ich dich
  ungerecht beleidiget, ich bitte um Ver=
  gebung: doch einen solchen Spaß zu un=
  ternehmen, ist zu grausam.

Die Gr. (Deine Thorheiten

a. 2   (Ihre........

Suf.   (verdienen keine Nachsicht.

Der Gr. Ich liebe dich.

Die Gr. Nur das nicht. (erholt sich nach und
                                          nach.)

Der Gr. Ich schwöre es.

Die Gr. Du lügest, ich bin die boshafte, die
  untreue, die dich immer hintergehet (auf=
  gebracht mit Nachdruck.)

Der Graf (Hilf mir Susana ihren Zorn zu
        (besänftigen.

a. 2

Suf.   (So strafet man jeden, der arg=
        (wöhnisch seyn kann.

                              Die Gr.

Die Gr. Die Treue einer liebenden Seele hatte
     also eine so grausame Vergeltung zu hoffen.
                         (aufgebracht)

Der Gr. O hilf mir doch Susanna jenen Zorn
     zu besänftigen.

Sus. a. 2. (Meine Frau!
                       (bittweise)
Der Gr. (Rosine!

Die Gr. Grausamer! — Ich bin nicht jene
     mehr, ich bin die elende, die du verlas-
     sen, und über deren Verzweiflung du dich
     freuest.

Der Gr. Meine Verwirrung, meine Reue stra-
     fen mich hinlänglich; habe Mitleiden mit
     mir.

Die Gr. Ich kann eine solche Unbild ungero-
     chen nicht leiden.

Der Graf Allein der eingesperrte Page?

Die Gr. War blos, um dich auf die Probe zu
     stellen.

Der Gr. Doch jene Angst, — das Herzklopfen?

Die Gr. Es war nur ein Scherz.

Der Gr. Und ein so grausamer Brief?......

Die Gr. (Den Brief schrieb Figaro,
Sus. a. 2 (den er dir durch den Basilio......

Der Gr. O ihr Lasterhaften! ich will euch....

Die Gr. (Jener verdient keine Nachsicht, der
Sus. a. 2 (nicht andern verzeihet.

Der Gr. Wohlan, wenn es dir gefällig ist,
     (zärtlich) sey der Friede allgemein; Ro-
     sine wird gegen mich doch nicht unerbitt-
     lich seyn.

                               Die

Die Gr. O welch ein weiches Herz hab ich nicht Susanna! wer wird nun mehr dem Zorn der Frauenzimmer Glauben beymessen?

Suf. Es ist schon mit den Männern nicht anders, man mag mit ihnen thun, was man will, sich wie immer stellen, es gehet doch immer so aus.

Der Graf Einen Blick! (mit Zärtlichkeit)

Die Gr. Undankbarer!

Der Gr. Ich that dir Unrecht, und es reuet mich. (er küßt der Gr. zu wiederholten malen die Hand)

    (Von nun an wirst mich

A. 3 (werde dich kennen lernen.

  (wird Sie

Neunter. Auftritt.

Die Vorigen und Figaro voll der Freude

Fig. Mein Herr draußen sind schon die Geiger hören Sie den Schall der Trompeten hören Sie die Pfeifen: Unter dem Gesange, dem Springen, und Tanzen unserer Vasallen, nun gehen wir eilends die Hochzeit zu feyern (Fig. nimmt Suf. bey der Hand, will abgehen, der Graf hält ihn auf.)

        Der

Der Gr. Langsam, langsam nicht so eilfertig.

Fig. Es erwarten mich schon alle:

Der Gr. Bevor man von hier weggehe, befreye mich eines Zweifels

Fig.   (Die Sache ist gefährlich, was

Die Gr.   4 a(wird sie doch für einen Aus-

Suf.   (gang nehmen. Man muß mit

Der Gr.   (List die Sache entdecken.

Der Gr. Kennt der Herr Figaro, wer diesen Brief geschrieben hat? (Er weiset ihm den Brief, den ihm Basilio gebracht. Figaro stellt sich, als wollte er ihn untersuchen.)

Fig. Nein, ich kenne ihn nicht....

Die Gr. Du kennst ihn nicht?

Suf. Du kennst ihn nicht?

Der Gr. Wirklich nicht?

Fig Nein sage ich, nein nein. (allen, einem nach dem andern mit Kühnheit.)

Suf.   (Hast du ihn nicht dem Basilio

Die Gr. a 3(gegeben, daß er ihn über-

Der Gr.   (bringen....

Fig. Ganz, und gar nicht.

Suf.   (Weißt du nichts von dem Stutzer, der heute Abends im Garten, du verstehest mich schon

Die Gr.(

Der Gr.(....

Fig. Nein, ich weis nichts. (nicht mehr so kühn.)

Der Gr. Umsonst suchst du eine Ausflucht, es hilft keine Entschuldigung, dein gan-

zes

zes Aussehen verräth dich, ich kenne
wohl, daß du mich belügen willst.

Fig. Mein Aussehen betrügt; ich aber lüge
nicht.

(Deine Spitzfindigkeit ist verge-
Die Gr. (bens, wir haben das Ge-
Suf. a 2 (heimniß schon entdecket, darfst
(nichts widersprechen.

Der Gr. Was sagest also?

Fig. Nichts gar nichts.

Der Gr. (

Die Gr. (Gestehest du es also ein?

Suf. a. 3 (

Fig. Nein.

Suf. a. 2. (Nun gescheid du Schelm,

Die Gr. (der Spaß muß einmal ein Ende
(nehmen.

Fig. (nimmt Suf. unter den Arm.) Um die
Sache recht lustig auszumachen, und nach
komischem Gebrauche, soll nun eine Heurath den Beschluß machen.

Suf. (Mein Herr! widersprechen Sie es nicht,

Fig. a. 2 (befriedigen Sie meine Wünsche.

Die Gr. So widersprich ihnen doch nicht, be-
friedige ihre Wünsche.

Der Gr. (bey sich) Marzellina! Marzellina!
wie lange verweilest du dich!

Zehn-

Zehnter Auftritt.

Die Vorigen, Anton Gärtner (ganz
rasend mit einem zusammengeschla-
genen Nelkenstocke.)

Ant. Ach mein Herr.... mein Herr....

Graf. Was ist denn geschehen?

Ant. Welch eine Spitzbüberey! wer hat es gethan! wer wars! (mit Angst)

Der Gr.)
Die Gr.) So saze, was ist dir? was ist ge-
Sus.) schehen?
Fig.)

Ant. Hören Sie nur. (wie oben.)

Fig. a. 2)
Der Gr.) Nun so rede doch.

Ant. Bey dem Fenster, so gegen den Garten
schauet, sehe ich täglich allerhand Sachen
hinauswerfen, und kurz vorher sah ich,
kann es ärger seyn? einen Menschen hin-
unterwerfen.

Der Gr. Von dem Fenster? (mit Lebhaftig-
keit.)

Ant. Sehen Sie die Nelken. (weiset ihm den
gebrochenen Nelkenstock.)

Der Gr. In dem Garten?

Ant. Ja.

Sus. a, 2 (Figaro mache dich gefasset. (still
Die Gr, (zu Fig.)

Der Gr. Was höre ich?

Die

Die Gr. (

Fig.   (Der Kerl störet uns.   (still)

Suf.   (

Die Gr. (

Fig. a. 3. (Was will der Besoffene da? (laut)

Suf.   (

Der Gr. Also ein Mensch ...... aber wo, wo
    ist er hingegangen? (in vollem Eifer.)

Ant. Hurtig floh er davon, uud auf einmal
    sah ich ihn nicht mehr.

Suf. Weist du, daß der Page..(still zu Fig.)

Fig. Ich weis alles, hab ihn gesehen (still zu
    Suf.) Ha, ha, ha. (lacht laut.)

Der Gr. Sey still.

Ant. Was lachst du?

Fig. a. 2 (Du taumelst im Weine schon bey

Suf.   (angehendem Morgen.

Der Gr. So sag es mir nocheinmal, ein Mensch
    aus dem Fenster....

Ant. Aus dem Fenster....

Der Gr. In den Garten....

Ant. In den Garten:

Suf. a. 3 (

Die Gr. (Aber mein Herr! es redet ja der

Fig.   (Wein durch ihn.

Der Gr. Fahre nur fort; und hast ihn im Ge-
    sichte nicht gesehen?

Ant. Nein das nicht.

Suf. a. 2 (Ey, Figaro merk auf. (still zu Fig.)
Die Gr. (

D   Fig.

Fig. Geh du Dummkopf, sey einmal still, wegen drey Kreutzer einen solchen Lärmen anzufangen! (berührt die Nelken mit Verachtung) weil die That nicht heimlich bleiben kann, ich wars, der aus dem Fenster gesprungen ist.

Der Gr. ⎫
Ant. a. 2. ⎬ Was? du? du selbst?

Die Gr. ⎫
Sus. a. 2 ⎬ Wie fein!

Fig. Was Wunder!

Der Gr. Nein, ich kann es nicht glauben:

Ant. Wie bist du denn ist so dick geworden? so warst du nach dem Sprunge nicht.

Fig. Wer springt, dem geschiehet es nicht anders.

Ant. Wer sollt es glauben?

Sus. a. 2 ⎫
Die Gr. ⎬ Er will es noch behaupten.

Der Gr. Du was meynest du?

Ant. Mich dünkte, es ware der Knabe.

Der Gr. Cherubin! (mit Eifer)

Sus. a. 2 ⎫
Die Gr. ⎬ Verfluchter Kerl! (still)

Fig. Er ist eben von Sevilien zu Pferde angekommen, von Sevilien, wo er vielleicht ist schon ist. (ironisch)

Ant. Das nicht, das nicht, kein Pferd hab ich daraus nicht springen gesehen. (mit plumper Einfältigkeit.)

Der Gr. Welch grosse Gebuld! vollende man einmal diesen Spaß.

Die Gr.

Die Gr. (Gerechter Himmel! wie wird es doch
Suf. a. 2 (ausgehen? (still)
Der Gr. Also du — (mit Eifer)
Fig. Bin huntergesprungen. (mit Gleichgül-
tigkeit.)

Der Gr. (
Die Gr. (a. 4 Und warum!
Suf. (
Ant. (
Fig. Die Furcht —
Die andern Welche Furcht?

Fig. Dort eingesperret wartete ich auf jenes
liebe Gesichtl (weiset auf die Zimmer der
Dienstmädchen) Tipp tapp ein ungewöhn-
liches Getöse —— Sie schrien ——
das geschriebene Billet — vor Schrecken
verwirret sprang ich hinunter — und habe
mir den Fuß verdrehet. (stellt sich, als
hätte er sich dadurch Uibel gethan.)

Ant. Diese verlobrne Schriften werden also vermuthlich dein seyn — (reicht einige Schriften dem Fig. der Graf nimmt sie hinweg)

Der Gr. Hola, reiche sie mir.

Fig. (Jetzt bin ich gefangen.) (still zu Suf.
und der Gräfin.)

Suf. a. 2 (
Die Gr. (Figaro zur List.

Der Gr. Sage mir nun, was ist das für eine
Schrift? (Der Gr. öfnet die Schrift
und biegt sie gleich wieder zusammen)

Fig. Gleich .. itzt gleich .. ich habe deren so
viele. (Nimmt aus dem Sacke Schrif-
E 2   ten,

ten, und stellt sich, als ob er un-
tersuchte.)

Ant. Es wird vielleicht die Rechnung der Schul
den seyn.

Fig. Nein das Verzeichniß der Wirthe.

Der Gr. Rede, und du laß ihn gehen.

Die Gr. (

Suf. a. 3 (Laß ihn gehen.

Fig.   (mich
          (Geh dich von hier.

Ant. Ich gehe ja, aber wenn ich dich wieder
ertappe. (gehet ab.)

Fig. Geh nur, ich fürchte dich nicht.

Der Gr. Also.. (zu Fig.) (der Graf öffnet
die Schrift, und biegt sie wieder zusam)

Die Gr. O Himmel! das Patent des Pagen!
(still zu Suf.)

Suf. O Gott das Patent! (still zu Fig.)

Der Gr. Nun wohlan!

Fig, O ich dummer! das ist das Patent, so
mir kurz vorher der Knabe ge en, (als ob
ihm einfiel.)

Der Gr. Wozu?

Fig. Es fehlt....(verwirret)

Der Gr. Was fehlt denn?

Die Gr. Das Insiegel. (still zu Suf.)

Suf. Das Insiegel. (still zu Fig.)

Der Gr. Antworte. (zu Fig. der sich stellt,
als ob er nachdenken wollte.)

Fig. Man pflegt.....

Der

Der Gr. Weiter! geräthst du in Verwirrung?
　　(er schauet die Schrift an, und sieht,
　　daß das Insiegel fehlt: zerreisset das
　　Papier.)
Fig. Man pflegt ein Insiegel darauf zu setzen.
Der Gr. Der Schelm macht mich wahnsinnig,
　　alles ist für mich ein Geheimniß. (in äu-
　　　　　　　　　　　　serstem Zorn.)
Die Gr. (Wenn ich unbeschadet aus diesem Stur-
Sus. 　(me komme, so fürchte ich keinen
　　　　(Schiffbruch mehr.
Fig. 　(Er schnaufet, und stampfet umsonst
　　　　(der Arme weiß weniger als ich.

Letzter Auftritt.

Die Vorigen, Marzellina, Barthol, und Basilio.

Marz. 　(Sie Gnädiger Herr, weil Sie
Bart. a.3.(gerecht sind, müssen uns itzt an
Bas. 　　(hören.
Der Gr. 　(Sie sind gekommen, mich zu rächen.
Die Gr. a.4 (Nun fühle ich ein Vergnügen.
Fig. 　　(Sie sind gekommen, mich zu stören.
Sus. 　　(Wie sollte man dem allen abhelfen?
Fig. Diese sind drey Dummköpfe, drey Narren
　　was wollen Sie denn haben?

　　　　D 3　　　　　　Der

Der Gr. Sachte, und ohne Getümmel sage
    jeder sein Begehren.

Marz. Dieser da hat sich verpflichtet, mich zu
    heurathen, und fordere, daß er den Ver-
    trag vollzuziehen angehalten werde.

Die Gr.   (
Fig. a. 3. { Wie denn! wie denn!
Suf.   (

Der Gr. Ey still: ich muß hier das Urtheil
    sprechen.

Bart. Ich von ihr erwählter Rechtsfreund
    komme her, ihre rechtmässige Forderung
    kund zu machen, und sie zu vertheidigen.

Fig   (
Die Gr. a. 3 (Ein Schelm....
Suf.   (

Der Gr. Ey still, ich muß hier das Urtheil
    sprechen.

Baf. Ich als ein der Welt bekannter Mann
    komme um Zeugenschaft für die mittelst
    geborgten Geldes versprochener Ehe ab-
    zulegen.

Alle.

Der Gr. (Welch ein schöner Streich, welch
Marz. (schöner Zufall
Baf.   (Allen ist die Nase gewachsen.
Bart. (Ein uns wohlwollender Gott hat
    { uns
    { sie   hieher geschicket.

Die

Die andern. Ich bin verwirret, bin betrübt,
    bin verzweifelt, gewiß welcher Teufel von
    der Höhle hat sie hier geschicket.
Fig.   (
Suf. a. 3. (Sie sind drey Narren.
Die Gr.   (
Der Gr. Wir werden es sehen: man wird den
    Vortrag lesen, alles muß ordentlich ab-
    gehandelt werden.

A l l e.

(wie oben.)

Ende des zweyten Aufzng

Dritter Aufzug.

Ein sehr prächtiger Saal.

Erster Auftritt

Der Graf allein, der auf und abgehet.

Welch ein Gemengsel! ein Brief ohne Unterschrift.…die Kammerjungfrau in dem Cabinette verschlossen.… Meine Frau ganz verwirrt.…ein Mensch, der aus dem Fenster in den Garten springt.… ein anderer, der da sagt, er sey es gewesen.…ich weiß nicht, was ich denken soll.…es könnte vielleicht jemand aus meinen Vasallen.… dergleichen Leuten ist die Kühnheit angebohren.… aber die Gräfinn.…ach jeder Zweifel beleidiget sie.…sie schätzt sich selbsten zu sehr, als.…und meine Ehre.… die Ehre.…auf welch eine hohe Stelle hat sie nicht der menschliche Irrthum gebracht!

Zwey-

Zweyter Auftritt.

Der Graf, die Gräfin, und Susanna.

Die Gr. Fasse einmal Muth, sage ihm, er
soll im Garten auf dich warten: (Sie:
bleiben in der Tiefe des Zimmers stehen, und werden von dem Gr. nicht
gesehen.)

Der Gr. Ich werde es erfahren, ob Cherubin in Sevilien schon angekommen ist
zu diesem Entzwecke hab ich den Basilius abgesandt....

Suf. O Gott und Figaro!

Die Gr. Du darfst ihm nichts sagen: an deiner statt will ich selber gehen.

Der Gr. Vor dem Abende müßte er schon
wieder da seyn.....

Suf. O Gott....ich habe nicht Muth genug....

Die Gr. Erwäge, daß meine Ruhe von dir
abhängt. (verbirgt sich.)

Der Gr. Und Susanna? wer weiß, ob sie
nicht etwa mein Geheimniß verrathen....
o! wenn sie etwas davon geredet hat,
so muß er mir die Alte beurathen.

Suf. (Marzellina!) ....Mein Herr....

Die Gr. Was willst du?

Suf. Ich glaube sie sind aufgebracht.

Der Gr. Willst du was haben?

D 5   Suf.

Suf. Herr....Ihre Braut hat die gewöhnlichen Ausdünstungen, sie möchte das
Geruch-Fläschen haben.

Der Gr. Da hast du es.

Suf. Gleich bring ich's Ihnen zurück.

Der Gr. Es ist nicht nöthig, du kannst es
für dich behalten.

Suf. Für mich? vergeben Sie, solche Krank-
heiten sind gemeinen Frauenzimmern nicht ei-
gen.

Der Gr. Eine liebende, die ihren geliebten
Bräutigam verlieret, eben da sie ihn erhalten solle....

Suf. Wenn ich aber die Marzellina bezahle
mit dem Heurathgute, so Sie mir verspra-
chen....

Der Gr. Was? ich hab es dir versprochen?
wann?

Suf. Ich glaubte es so verstanden zu haben.

Der Gr. Kann seyn, wenn du mich hättest
verstehen wollen.

Suf. Es ist meine Schuldigkeit, und der Wille
Euer Excellenz ist auch der meinige.

Der Gr. Grausame! warum hast du mich bis
itzt so schmachten lassen?!

Suf. Mein Herr, die Frauenzimmer kommen
noch immer früh genug um ja zu sagen.

Der Gr. Wirst du also in den Garten kommen?

Suf. Wenn es ihnen gefällig ist, so werde
ich kommen.

Der Gr. Wirst du aber Wort halten?

Suf. Ja gewiß, ich werde es halten.

Der

Der Gr.   (Voll Zufriedenheit hüpft mir
        a { das Herz vor Freude. Ver=
Suf.   { gebt mir, wenn ich lüge, Ihr
           (die ihr Liebe kennet

Der Gr. Und warum begegnetest mir heute
    früh so trozig?

Suf. Mit dem Pagen, der da war....

Der Gr. Und dem Basilio, der mit dir für
    mich sprach....

Suf. Was haben wir denn vonuöthen, daß
    ein Basilius....

Der Gr. Wahr ist es, du hast recht; ver=
    sprichst mir aber....o! wenn du das Ver=
    sprechen nicht hältst, du mein Engel....
    aber die Gräfin wird auf das Fläschen
    warten.

Suf. Es war nur ein Vorwand, ich hätte
    sonst mit ihnen nicht gesprochen.

Der Gr. Allerliebste! (er will sie bey der
        Hand nehmen, sie aber zihet sich zu=
                                    rück.)

Suf. Es kömmt jemand.

Der Gr. Sie ist gewiß mein. (für sich aber
        Suf. bleibt rückwärts stehen, und
                            hört ihn zu.)

Suf. Wischen sie sich den Mund ab, listiger
    Herr

Drit=

Dritter Auftritt.

Figaro, Susanna, und gleich darauf
der Graf.

Fig. Wohin? Susanna, wohin?

Sus. Still: du hast ohne Advocaten den Pro-
zeß gewonnen (gehet ab.)

Fig. Was ist geschehen? (folgt ihr nach)

Der Gr. Du hast den Proceß schon gewonnen! was hör ich? in was für ein
Netz wäre ich gefallen? boshafte! ich
will euch nach Verdienste strafen....der
Ausspruch soll nach meinem Gutdünken
ausfallen....aber wenn er die alte be-
zahlte? Sie bezahlen? und wie....wenn
auch, so will Anton ohnehin dem Figaro
als einem unbekannten seine Nichte zur
Ehe nicht geben. Ich will dem Hoch-
muthe dieses blödsinnigen willfahren,
und....alles kann zu einem Aufschube
beytragen....die Anstalt ist getroffen.

Ich sollte meinen Diener glücklich werden lassen, um selbst noch mehr zu
seufzen? Er soll den Besitz eines
Guts erlangen, wornach ich mich
schon lange schmachtend sehne? Soll
ich

ich es ertragen, daß jene, die in
mir die Liebes Flammen rege machte,
die sie dann für mich nicht hat, so
einem niederträchtigen von der Hand der
Liebe selbst ugegeben werde? Nein du
sollst dies Vergnügen in Ruhe
nicht genießen; du bist nicht der,
der mir eine Pein zu verursachen
vermag, und noch meines Unglücks
spotten könnte.

Schon tröstet die bloße Hofnung
der Rache meine bedrängte Seele,
und machet mich freudenvoll.

Vierter Auftritt.

Der Graf, die Marzellina, D. Curzio
Figaro, Bartholo.

D. Cur. Der Handel ist entschieden, entweder bezahlen, oder sie heurathen, un
verstummet Ihr.

Marz. Ich erhohle mich!

Fig. Und ich sterbe.

Marz. (Endlich werde ich doch die Braut
desjenigen seyn, den ich anbete.)

Fig. Euer Excellenz, ich provozire — — —

Der

Der Gr. Der Ausspruch ist gerecht. Entwe=
      der zahlen oder sie heurathen; so ist
      recht. Don Curz!

D. Cur. Blosse Güte, Euer Excellenz.

Barth. Vortreflicher Ausspruch!

Fig. Warum vortreflich?

Barth. Wir sind dadurch alle gerächet.

Fig. Ich heurathe sie nicht.

Barth. Du wirst sie gewiß heurathen!

D. Cur. Entweder zahlen oder heurathen!

Marz. Ich habe dir 2000 Dukaten geliehen.

Fig. Ich bin ein Edelmann, und ohne Ein=
      willigung meiner adelichen H. Aeltern

— — — —

Der Gr. Wo sind sie? wer sind sie? (in ei=
      nem hämischen Ton.)

Fig. Erlauben Sie mir selben nachzusuchen.
      In zehen Jahren hoffe ich sie zu finden.

Bart. Etwa ein Findelkind! (höhnisch.)

Fig. Nein, Doctor, ein verlohrnes, wohl gar
      ein geraubtes!

Der Gr. Wie?

Marz. Was?

Bart. Ein Beweis.

D. Cur. Ein Zeuge.

Fig. Das Gold, die Edelgesteine, der reich=
      gestickte Zeug, so die Seeräuber in mei=
      nen Kindesjahren an mir gefunden ha=
      ben, beweisen genugsam, daß ich von
      adelicher Herkunft sey; vor allen andern
      aber ein in meinen Arm eingeprägtes
      hieroglyphisches Zeichen......
                              Marz

Marz. Ein in dem rechten Arm eingeprägter
    Apothecker - Spatel......

Fig. Und wer hat es dir gesagt?

Marz. O Gott.....er ist....

Fig. Ja ich bin's:

D. Cur.   (

Der Gr. a 3 (Wer?

Bart.   (

Marz. Rafael.

Bart Und die Diebe haben dich geraubet?....

Fig. Nahe an einem Schlosse.

Bart. Sieh deine Mutter.

Fig. Meine Säugamme! ....

Bart. Nein deine Mutter.

D. Cur. (
Der Gr.) Seine Mutter.

Fig. Was hör ich!

Marz. Sieh dieser ist dein Vater.

Marz. Erkenne deine Mutter bey dieser Um=
    armung geliebter Sohn. (Marz. läuft
        zu Fig. und umarmet ihn.)

Fig. Lieber Vater thu das nämliche, laß
    mich nicht erröthen.

Bart. Das Gewissen kann deinem Verlangen
    nicht widerstehen. (Bart. umarmt Fig.
    und sie bleiben so, bis zum Worte:
                laß mich.)

            (Er sein Vater, sie seine Mut=
D. Cur.   (ter, die Heurath kann nicht
      a 2 (erfolgen. Ich bin verwirret,
Der Gr. (bin betrogen, besser ist es von
         (da weg zu gehen.

                        Der

353

(Der Graf will abgehen, Suf hält
ihn auf.)

Suf. Halt! Halt! Herr Graf! hier sind die
2000 Dukaten ich bezahle für den Figaro,
damit er in Freyheit gestellet werde.

Der Gr.   (Wir wissen nicht, wie es sich
         a 2 (mit der Sache verhalte. Wen=
D. Cur.   (de einen Blick ein wenig hin=

Suf. Er hat schon eingewilliget sie zu heu=
rathen! Gerechter Himmel welch eine Un=
treue. Laß mich gehen treuloser.

Fig. O bleibe doch, höre meine Liebe!

Suf. Höre dieses. (will sie aufhalten: Suf.
macht sich los und giebt ihm eine
Ohrfeige.)

                (Es kömmt aus gutem Herzen,
Bart.   (was sie thut, das thut sie aus
Fig.   (Liebe.
Marz.   (Ich zittre, ich tobe vor Wuth
Der Gr. a 6(Er zittert, er tobet vor Wuth
D. Cur.   (Das Schicksal hat mich getroffen
Suf.   (hat ihn.
                (Ich zittre, ich tobe vor Wuth
                (eine Alte hat über mich gesieget...

Marz. Stille deinen Zorn meine liebe Tochter;
umarme seine Mutter, die bald die deine
wird.

Suf. Seine Mutter.

Alle. Seine Mutter.

Fig. Und der ist mein Vater, der es dir sa=
gen wird.

Suf. Sein Vater?

                                    Alle

Alle. Sein Vater.

Fig. Und jene meine Mutter, die es dir sagen
   wird. (alle laufen zusammen, und
       umarmen sich.)

Suf.   (Ach welch' eine süsse Freude
Fig.   (durchströmt itzt mein Herz.–
Bart. a б (Dem Zorne, der Mißgunst, so
Marz. (meinem Herze itzt brennet, kann
Der Gr. (meine Seele nicht mehr wi=
D. Curz. (derstehen.
   (der Gr. und D. Curz. gehen ab.)

Fünfter Auftritt.

Marzellina. Barthol. Figaro. Susanna.

Marz. Sieh da, lieber Freund, die zärtliche
   Frucht unserer alten Liebe — — —

Bart. Nun ist es nicht Zeit von so entlegenen
   Begebenheiten zu reden; er ist mein Sohn
   und du meine Ehefrau; die Hochzeit
   soll geschehen, wann Ihr es wollet.

Marz. Heute, Heute! und es soll eine zwey=
   fache Hochzeit geschehen. Da hast du den
   Schuldschein des Geldes, so du mir schul=
   dig bist, das soll deine Mitgabe seyn.

E   Suf.

Suf. Nimm auch diesen Beutel. (wirft ihm
einen Beutel zu.)

Bart. Und auch diesen. (Bart. thut das
nämliche.)

Fig. Das ist wohl gut; noch mehr, ich nehme
alle an.

Suf. Nun gehen wir eilends, diesen Vorfall
unserer Frau und unserem Vetter zu be-
nachrichtigen.

O! wer ist wohl vergnügter als ich! — —

Die übrigen zu 3. Ich

Alle zu 4. Und der Graf soll zu meinem größten Vergnügen aufplatzen. (gehen alle
umarmt fort.)

Sechster Auftritt.

Barberina und Cherubin.

Barb. Nun so gehen wir schöner Page; bey
mir zu Hause wirst du alle die schönsten
Mädchen des Schlosses antreffen; doch
wirst du gewiß unter allen der schönste
seyn.

Cher. Ach wenn mich der Graf antrift! O!
weh mir; du weißt, er glaubet, ich sey
schon nach Sevilien abgereiset

Barb.

Barb. Und wenn er dich auch antrift....was
ist es demnach? es ist ja nichts neues
....höre mich....wir wollen dir solche
Kleider anlegen, wie die unsrigen sind:
dann wollen wir alle zusammen zu Madame gehen, nud ihr Blumen bringen.
Verlasse dich nur auf mich Cherubin.

Cher. Weil du es so haben willst, so komme
ich mit dir; ich weiß du liebest mich;
ich will mich auf dich verlassen.

Cher. Wenn ich nur meine Schöne wie er sehen
kann, (bey sich) so fürchte ich keine Gefahr.

Achter Auftritt.

Die Gräfin ganz allein.

Die Gr. Susanna kommt noch nicht? Ich bin
begierig zu wissen, wie der Graf
den Antrag aufgenommen; unser
Vorschlag kömmt mir zwar etwas
verwegen vor: und mit einem wa-
ckern, so eifersüchtigen Manne ——
Doch! es ist doch nicht so übel,
wenn ich die Kleider der Susanna!
und sie die meinigen anleget — —
die Nacht begünstiget uns auch —
G 2

O Gott! in welch' einen niederträch=
tigen Zustand sehe ich mich durch
meinen grausamen Mann versetzet,
der, nachdem er mich unter einer
immerwährenden Abwechslung von
Untreue, Eifersucht, und andern
Verdrüßlichkeiten zuerst geliebet,
dann beleidiget, und endlich gar
verlassen, es dahin gebracht hat:
daß ich einen meiner Dienstbothen
um Beystand ersuchen muß.
O! wo seyd ihr hin verschwunden
ihr lieblichen Augenblicke, voll der
Süßigkeit und des Vergnügens
und ihr, ihr feyerlichen Eidschwü=
re, die jener treulose Mund abge=
legt? Wenn sich für mich alles in
Weinen und Klagen verkehret hat:
o! so wäre doch auch das Anden=
ken jener glücklichen Tage aus mei=
nem Gedächtniße verschwunden! Woll=
te Gott! daß mir doch wenigstens
meine Standhaftigkeit, da ich mit=
ten im Elende immer fort liebe,
eine Hofnung zubrächte, das un=
dankbare Herz noch umändern zu
können. (gehet ab.)

Achter

Achter Auftritt.

Anton, der Graf.

Ant. Ja ich versichere sie, Cherubin ist noch
im Schlosse; Sehen sie einen Beweis; da
ist sein Hut.
Der. Gr. Aber wie? um diese Zeit müßte er
ja schon in Sevilien seyn.
Ant. Vergeben Sie; mein Haus ist heute Se=
vilien; in meinem Hause hat er Wei=
ber = Kleider angezogen, und alldort seine
anderen Kleider gelassen.
Der Gr. O! ihr treu'ofn!
Ant. Nun gehen wir, sie werden es mit eige=
nen Augen sehen. (gehen ab.)

Neunter Auftritt.

Susanna, die Gräfin.

Die Gr. Was du mir doch erzählest! und
was hat der Graf gesagt?
Suf. Man erkannte in ihm Mißgunst und
Zorn.
Die Gr. Warte nur; wir wollen ihn noch
besser fangen. Wo hast du ihn hin be=
stellet?

E 3   Sus.

Suf. In Garten.

Die Gr. Wir wollen ihm den Ort bestim-
men.   Schreibe.

Suf. Ich soll schreiben? — — aber meine
Frau!

Die Gr. Schreibe sag' ich, ich nehme die ganze Sache auf mich.

    (Suf. sitzt nieder und schreibt)
Ein Lied im Tone.

———

Welch angenehme Zephyre

           (Die Gräffinn diktirt.)
Werden auf dem Abende wehen

— — —

Suf.   Auf dem Abende wehen

— — —

unter den Fichten im Busche

— — —

das übrige wird er ohnehin verstehen.
    (Suf: wiederholt die Worte
    der Gräf. mit hämischem Tone
    singend.

Suf. O ja! er wirds verstehen. — — —
Der Brief ist zusammengeleget — — —
und wie werden wir ihn versiegeln?
    (Anfangs die Gräf. allein, als-
    den beide zusammen)
    (Legt den Brief zusammen)

Die Gr. Gieb mir nur eine Nadel: diese
wird zum Siegel dienen;   warte —
— — —   schreibe   auswendig.
                auf

auf dem Briefe: Schicken Sie mir das
Insigel wieder zurück.

(Sie nimmt eine Nadel und gibt
sie ihr.)

Suf. Das ist noch wunderlicher als jenes des
Patents.

Die Gr. Geschwind, verstecke ihn, es kömmt
jemand. (Susanne verstecket den Brief
in den Busen)

Zehnter Auftritt.

Cherubin gekleidet, wie ein Bauernmädchen, Berberina, einige andere Land-
mädchen auf die nämliche Art angeleget,
mit Blumenbüschen.

Der Chor.

Nehmen Sie, Liebe Frau, diese Rosen,
diese Blumen hin, die wir heute
gesammelt haben, um Ihnen unsere
Liebe zu bezeugen.

Wir sind alle Bauernmädchen, und
sind alle arm.

Es ist wenig, was wir Ihnen darbiethem,
doch wir geben es ihnen mit gutem
Herzen.

E 4   Barb.

Barb. Meine Frau, diese Mädchen sind von diesem Orte; sie sind gekommen, Ihnen das wenige so sie haben anzutragen: Vergeben sie ihrer Kühnheit.

Die Gr. Das ist brav, ich dank' euch.

Suf. Wie voll Reitze sind sie!

Die Dr. Sagt mir, wer ist jenes liebenswürdige Mädchen dort, so ganz Eingezogenheit?

Barb. Sie ist meine Base, sie ist gestern abends der Hochzeit halber hieher gekommen.

Die Gr. Laßt uns jene schöne Fremde beehren! komm her gib mir deine Blumen. Sie erröthet — — Susanna— — — sieht sie nicht jemanden gleich?

Suf. Ganz gleich!

Eilfter Auftritt.

Die Vorigen. Der Graf Anton.

Ant. hat den Hut des Cher. tritt ganz leise herein, nimmt ihm die Haube ab, und setzet ihm seinen Hut auf.)

Ant. Sehen Sie da zum Geyer! dieser ist der Offizier.

Die Gr. O Gott!

Suf. (Der Schelm)

Der Dr. Also Madame!

Die

Die Gr. Was soll ich sagen? ich erstaune nicht weniger als du selbst.

Der Gr. Aber —heute Morgens?

Die Gr. Heute Morgens — — — wir wollten ihn für die heutige Feyer eben so kleiden, wie sie ihn itzt gekleidet haben.

Der Gr. Und du? warum bist du nicht fortgereiset.

Cher. Herr — — — —

Der Gr. Ich will deinen Ungehorsam nach Verdienste strafen.

Barb. Aber Excellenz; Sie sagen mir, so oft Sie mich umarmen und küssen: Barberina, wenn du mich liebest, sollst du von mir alles haben was du verlangest!

Der Gr. Ich habe das gesagt?

Barb. Sie, ja, Sie: nun lassen Sie mich den Cherubin heurathen; ich werde Sie lieben, wie ich mein Kätzchen liebe.

Ant. Liebes Kleinod! du bist bei einem guten Meister in der Lehre.

Der Gr. Ich weiß nicht, ist er ein Mensch, ein Teufel, oder ein Gott, der so alles wider mich anordnet.

E 5   Zwölf=

Zwölfter Auftritt.

Die Vorigen. Figaro.

Fig. Mein Herr, wenn sie alle diese Mädchen
bey sich behalten, so wird es mit dem
Tanze übel aussehen.

Der Gr. Und du mit dem verdrehetem Fuße,
wolltest tanzen?

Fig. Ich empfinde schon keine Schmerzen
mehr: Gehen wir meine Schönen.

(Ruft alle Mädchen, will abgehen, der
Graf zieht ihn mit Gewalt in die
Mitte)

Der Gr. Wie wird er sich nun aus einer sol=
chen Verlegenheit bringen?

(zu Sus.)

Sus. Es fehlet ihm nicht an Rath.

Die Gr. Zum guten Glücke waren die Stöcke
von Gyps!

Sus. Ja wohl.

Fig. Nun so gehen wir.

(wie oben: Ant. ruft ihn wieder)

Ant. Indessen gieng der Page zu Pferde und in
Galopp nach Sevilien.

Fig. In Galopp oder im Trotte — — —
Glückliche Reise, kommt schöne Mädchen.

(Wie oben der Graf. ruft ihn

wieder,

Die Gr.

Der Gr. Und dir blieb sein Patent im Sacke!
    (Der Graf führet ihn wieder
    in die Mitte)

Fig. Freylich was für Fragen (erstaunend)

Ant. Winke ihm nur nicht mehr; er versteht
    dich nicht mehr (Zu Suf. die dem Fig.
    winkt) Nun wer behauptet, daß mein
    Herr Vetter ein Lügner sey ?

Fig. Cherubin ?

Ant. Nun hab' ich dich. (Ant nimmt dem
    Cher. bei der Hand, und führt
    ihn vor den Fig.)

Fig Was Teufel blauscht er?   (zum Graf)

Der Gr. Er blauscht nicht, allein er sagt,
    daß er heute Morgens hinausgesprungen
    ist auf die Nelkenstöcke — — —

Fig. Er sagt es — — — kann seyn —
    — — ich bin gesprungen, er kann es
    ebenfalls gethan haben.

Der Gr Auch er ?

Fig. Warum nicht?
    Ich läugne nie das, wovon ich nicht weiß.
    Hören Sie nur den Marsch; gehen wir Je-
    de zu ihrem Platze meine Schöne! Su-
    sanna henk dich ein.
    (Fig. nimmt den Ant. bei einem
    Arm, beim andern die Suf.
    und gehen alle ab, ausgenommen
    der Gr. und die Gräf.)

Suf. Hier bin ich.

Der Gr. Die Verwegenen !

Die Gr. Ich bin betäubt !

                 Drey-

Dreyzehnter Auftritt.

Der Graf. Die Gräfinn.

Der Marsch nimmt nach und nach
auf)

Der Gr. Gräfinn. — —
Die Gr. Lassen wir das bey Seite — —
da sind sie die zwey Verlobnisse; wir
müssen ihnen willfahren. Man handelt
ja von einer, die unter deinem Schutze
steht: Setzen wir uns nieder;
Der Gr. Setzen wir uns, um über die Art
der Sache sich zu besinnen.

Vierzehnter. Auftritt

Jäger mit Flinten auf der Schulter, viele
Leute von der Gegend, Bauern;
zwey Mädchen, welche jungfräuliche
Hüte; zwey andere, welche einen weisen Schleyer, und noch zwey, welche
die Handschuh und den Blumenbuschen
tragen.

Figaro mit Marzellina.

Zwey andere Mädchen, welche einen ähn-
lichen Hut für die Susanna tragen.

Bar=

Bartholo mit der Susanna.

Nun beginnt folgende Strophe, welche von
zwey Mädchen angefangen , und von
allen geschlossen wird.

Bartholo führet die Susanna zu dem Gra‐
fen, sie knict vor ihm nieder, und
empfängt von ihm den Hut und den
Blumenbuschen.

Figaro führt die Marzellina zu der Grä‐
finn, die das nämliche thut.

Besinget ihr Lieblinge!
Ihr standhafte Anhänger der Ehre,
das Lob eines so vernünftigen Herrn,
der sich seines alten Rechts entsetzet
hat, welches so unbillig und schäd‐
lich war; Um euch als reine Jung‐
frauen euern Liebhabern zukommen
zu lassen.

A ll e.

Laßt uns besingen.
Laßt uns loben,
Einen so vernünftigen Herrn.

Bey den letzten zween Versen der Strophe
ziehet Susanna, die vor dem Grafen
noch knieet, ihn bey dem Rock zeiget
ihm das Billet, dann fährt sie von
der Seite der Zuseher mit der Hand
zu dem Kopfe, allwo es scheinet, als
wollte ihr der Graf an dem Hut etwas
richten, sie giebt ihm das Billet. Der
Graf

Graf verstecket es heimlicher Weise
in den Busen. Susanna stehet auf,
und machet vor dem Grafen eine tiefe
Verbeugung. Marzellina steht etwas
später auf.

Figaro kömmt um von der Hand des Gra=
fen die Susanna zu empfangen, und
ziehet sich zurück. Bartholo nähert
sich der Gräfinn, um die Marzellina
von ihrer Hand zu erhalten

Der Graf gehet auf die Seite, nimmt das
Billet heraus, und thut das, was ein
Mensch thut, der sich an den Finger
gestochen hat; beutlet ihn, drücket,
sauget, und indem er sieht, daß das
Billet mit einer Nadel versiegelt ist,
sagt er, (nachdem er die Nadel weg=
geworfen.

Der Gr. Es ist schon der Gebrauch, die
Frauenzimmer bringen überall die Na=
deln an.

Fig. (der alles gesehen hat.) No! No!
Ich versteh das Gespiel. Ein Liebes=
Billet: eine Schöne hat ihms im Vor=
beygehen gegeben! es war mit einer Na=
del verschlossen, er hat sich in den Fin=
ger gestochen.

Jetzt suchet er sie, der schöne Ganimed,
o welch ein Unsinniger!

Der Gr.

Der Gr. Gehet nun meine Freunde! Für heute Abends soll alles zur Hochzeit angeord- net seyn. Mit der reichesten Pracht soll dieser Tag gefeyert werden, mit Gesängen, mit Feuerwerke, ein herrliches Nachtmahl, ein prächtiger Ball. Es erfahre jeder- mann, wie gut ich jene Leute bewirthe, die ich liebe. (wirft einen Blick auf Suf.(

Man wiederholt von neuem den Chor, oder Marsch, und alle gehen ab.

Ende des dritten Aufzuges.

———

Vier=

Vierter Aufzug.

Erster Auftritt.

Barberina allein, denn Figaro und
Marzellina.

Barberina.

Hin ist sie — ach ich armselige! wer weis,
wo sie izt ist? Ich finde sie nicht: und
meine Base — und der Herr, was wird
er wohl sagen? (sie suchet etwas auf der
Erden.)

Fig. Was hast du Barberina?

Barb. Ich habe sie verlohren, Vetter!

Fig. Was?

Marz. Was?

Barb. Die Nadel, so mir der Graf gegeben,
um der Susanna zu überreichen.

Fig. Der Susanna? die Nadel? So jung ken=
nest du dieses Handwerk schon — alles
was

was du thust, so gut zu thun? (läßt
auf einmal von seinem Zorne nach.)

Barb. Wie? du wirst wider mich aufgebracht.

Fig. Siehst dann nicht, daß ich scherze?
sieh — (er suchet auf der Erde, nimmt
ganz unbemerkt eine Nadel aus der
Haube oder aus dem Kleide der Marz.
und giebt sie der Barb.) hier ist die
Nadel, die du von dem Grafen empfangen, um sie der Susanna zu geben, mit
der ein Billet verschlossen war; siehst ob
mir nicht alles bekannt ist.

Barb. Warum frazest denn mich davon, wenn
du schon alles weißt.

Fig. Ich hatte ein Vergnügen zu wissen, wie
dir der Graf den Auftrag gegeben?

Barb. Das ist nichts besonderes: Nimm Mädchen, gieb der schönen Susanna diese Nadel, und sage ihr, dies ist das Insiegel
der Fichten; —

Fig. Ha! ha! der Fichten!

Barb. Nebst diesem sagte er mir: hab Acht,
daß dich niemand sehe; du, hoffe ich,
wirst es ohnehin verschweigen.

Fig. Freylich wohl;

Barb. Dich gehet das ohnehin nichts an;

Fig. O nein, gar nicht.

Barb. Lebe wohl mein schöner Vetter, ich gehe
zu der Susanna, und dann zu dem Cherubin; (gehet hüpfend ab.)

Zwey=

Zweyter Auftritt.

Marzellina und Figaro.

Fig. Mutter!

Marz. Mein Sohn.

Fig. Ich bin tod.

Marz. Beruhige dich, lieber Sohn.

Fig. Ich bin tod, sprech ich.

Marz. Sey gelassen, habe Geduld, die Sache
ist ernsthaft, man muß sie überlegen:
doch erwäge ein wenig, daß du noch nicht
weißt, wen sie zum Besten habe.

Fig. Ach jene Nadel, Mutter! sie ist die nämliche, die er kurz vorher aufgehoben hat.

Marz. Es ist wahr; doch dadurch bist du nur
berechtiget auf guter Hut, und argwöh-
nisch zu seyn, du weißt aber nicht, ob
wirklich — —

Fig. Wohlan: ich weiß den zur Zusammenkunft
bestimmten Ort.

Marz. Wo gehest du hin, mein Sohn?

Fig. Um Rache für alle Ehemänner: Lebe
wohl. (gehet wütend ab.

Drit-

Dritter Auftritt.

Marzellina allein.

Man ermahne alsogleich die Susanna
ich glaube sie ist unschuldig: selbes
Angesicht, jene sanfte Miene voll der
Eingezogenheit, und wenn sie es auch
nicht wäre! — —

Ach wenn unser Herz nicht vom Eigen-
nuße geleitet wird, so hat jedes Frauenzimmer einen Trieb, ihr armes Geschlecht zu vertheidigen, welches von
den Mannsbildern ungerechter Weise
unterdrücket wird.

Der Bock und die Ziege sind immer gute Freunde.

Die Lämmlein zerkriegen sich niemalen
untereinander.

Die wildesten Thiere lassen die anderen
ihres Gleichen ruhig, und frey in den
Wäldern und auf den Gefilden herum-
wandern: Aber mit uns armen Frauenzimmern, die wir die Männer zu sehr
lieben, verfahren die treulosen immer
so grausam.

F 2   Vier-

Vierter Auftritt.

Barberina allein.

Zur linken in dem Gezelte: so sagte er:
und dieser .... und dieser .... und
dann, wenn er nicht käme. Welche
gute Leute! mit harter Mühe geben sie
mir einen Pomeranzen, eine Birn, eine
Bretzel. Für wen Mademoiselle? meine Herrn für jemanden; das wissen wir
schon: ganz gut. Der Herr hasset ihn,
und ich hab ihn lieb. Doch es hat
mir einen Kuß gekostet, und was demnach? vielleicht giebt mir jemand wieder einen .... ich sterbe.

Fünfter Auftritt

Ein dichter Garten mit zween gangba-
ren — — Figaro allein, dann Bartholo, Basilio, und ein Haufen Ar-
beiter.

Fig. Ist die Barberina.....wer kömmt da?
Bas. Es sind jene, die du eingeladen hast.
Bart. Welch eine garstige Schnautze! du stehest
einem Aufwiegler gleich: was bedeutet
denn diese traurige Zubereitung.

Fig.

Fig. Du wirst es bald sehen, in eben diesem Orte werden wir das Fest meiner ehrlichen Braut, und des Lehnherrn feyern.

Baf. Gut, gut, izt verstehe ich, wie sich die Sache verhält; (Sie haben es untereinander ohne mich ausgemacht.)

Fig. Indessen entfernet euch nicht von dieser Gegend, ich gehe, gewisse Befehle auszutheilen, gleich werde ich wieder da seyn a f einen Pfif laufet alle herzu.

(Gehen alle ab. Bart. Baf. bleiben.)

Sechster Auftritt.

Basilio und Bartolo.

Baf Er hat den Teufel im Leib.

Bart. Was ist denn geschehen?

Baf. Nichts; die Susanna gefällt dem Grafen, sie hat ihn wohin bestellt, das gefällt dem Figaro nicht.

Bart. Wie? sollt ers also ruhig ertragen?

Baf. Warum sollt ers denn nicht? da es doch so viele andere ertragen, und dann sage mir, was kann er dadurch gewinnen? Freund! mit den Grossen zu truzen ists immer gefährlich; sie geben für hundert nur neunzig, und siegen doch immer.

F 3   In

In jenen Jahren, in welchen die Vernunft mit weniger Erfahrung begabet ist, glimmte auch in meinem Busen das nämliche Feuer, und begieng Thorheiten, die nun ferne von mir sind.

Mit der Zeit, und nach vielen Gefahren besuchte mich Madame Gelassenheit, und trieb mir allen Eigensinn aus dem Kopfe.

Sie führte mich einst nahe an einer kleinen Hütte, und als sie von der Mauer dieses einsamen Aufenthaltes eine Eselshaut herunter nahm, nimm lieber Sohn, sprach sie, dann verschwand sie, und verlies mich.

Als ich mit Aufmerksamkeit dieses Geschenk betrachtete, umnebelte sich der Himmel, es donnerte, brach ein häufiger Regen und krachender Schauer aus.

Sieh, ich muß mir gelegen seyn lassen, die Glieder mit der Eselshaut, die sie mir geschenket hat, bedecken zu können.

Das Ungewitter läßt nach, ich gieng zween Schritte, als sich ein schreckliches wildes Thier mir näherte, es ist schon bald mit dem gierigen Rachen neben mir, ich habe keine Hofnung mehr, mich wehren zu können; allein als es den schlechten

Geruch

Geruch meiner Kleidung bemerkte,
vergieng ihm der Appetit solchermas-
sen, daß, nachdem es einen verächt-
lichen Blick auf mich warf, sich wieder in den Wald begab.

Auf diese Weise hat mich das Schicksaal gelehret, daß man den Unbilden, der Schande, den Gefahren,
und dem Tode selbst mit einer Eselshaut ausweichen kann.

Siebenter Auftritt.

Figaro allein.

Alles ist bereit, die Stunde kann nicht
weit seyn; ich höre Leute....sie ist es..
nein es ist niemand..die Nacht ist finster.
Undankbare! und in dem Augenblicke meiner Cerimonie. — Lesend lachte er, und
als ich ihn sah, lachte ich bey mir selbst,
ohne es zu wissen. O Susanna! Susanna
wie viel Kummer verursachst du mir nicht!
mit jener aufrichtigen Miene, ... mit jenen
eingezogenen Augen . . . wer hätte es jemals geglaubet! Ach einem Frauenzimmer
trauen, ist immer eine Thorheit.

Machet

Machet doch ein wenig die Augen auf,
ihr unvorsichtige thörichte Männer!
sehet die Weiber, sehet, was sie sind.
Sie, die von den getäuschten Sinnen vergöttert werden, denen sich die
schwache Vernunft solche anbetend
unterwirft, sind Hexen, die uns
verblenden, um uns zu quälen,
Sirenen, welche singen, um uns in
des Meeres Abgrund zu versenken.
Nachteule, die uns locken, um uns
die Federn auszurupfen.
Cometen, die da schimmern, um uns
das Licht zu benehmen.
Sie sind dörnichte Rosen, reizende Füch-
se, gutherzige Bären, arglistige Tau-
ben, im Betrügen wohl erfahren,
sie freuet das Schmachten anderer,
sie verstellen sich, sie lügen; kurz sie
fühlen keine Liebe, und kein Mit-
leiden, das übrige zu geschweigen,
so jedermann ohnehin weis.

Ach-

Achter Auftritt.

Susanna, die Gr Marzellina. Figaro.

Suf. Sie saaten Madame, es würde auch Figaro hieherkommen,

Marz. Er ist wohl schon da; rede in einem
  niederen Tone.

Suf. Einer höret uns also zu; und der andere
  muß kommen, um mich aufzusuchen; Fangen wir an.

Marz. Ich will mich dahinten verstecken.

Neunter Auftritt

Die Vorigen, dann Figaro.

Suf. Madame Sie zittern; ist es Ihnen vielleicht kalt?

Die Gr. Die Nacht kömmt mir ganz feucht vor;
  ich gehe zurück.

Fig. Nun sind wir an dem wichtigen Entschei-
  dungspunkt!

Suf. Wenn Sie Madame erlauben, werde ich
  unter diesen Lauben eine halbe Stunde frische Luft schöpfen.

Fig. Frische Luft! frische Luft!

Die Gr. Bleibe meinetwegen.

Suf

Suf. Der Schelm steht auf der Wache!

Ich will mich ein wenig unterhalten
und ihn für seine Zweifel belohnen
Endlich habe ich den Augenblick errei-
chet, in welchem ich sorglos in den
Armen meines Abgottes die grosse
Freude geniessen werde; Entfernet
euch von meinem Busen ihr feige
Sorgen! lasset mich ungestört in
meinem Vergnügen! O wie begünstiget alles die Liebesflamme! die
Annehmlichkeit des Ortes, die Erde
und der Himmel! wie scheinet die
Nacht meinem Vorhaben zu entspre-
chen!

O! so komme doch, komme, verweile
nicht, du schönstes Kleinod! eile her,
wo dich zu Süssigkeiten die Liebe
einladet, so lang das nächtliche Ge-
stirn nicht leuchtet, so lange die
Luft mit Finsterniß umgeben ist,
und Stille unter den Menschen her-
schet. Hier murmelt der Bach,
hier lispeln Zephyre, erquicken das
Herz mit süssem Geräusche; hier
lächeln uns die Blumen, und die
Kühle des Grases zu. Hier reizet
uns alles zu den Freuden der Liebe;
Komm mein Schatz, unter diesem
verwickelten Gesträuche will ich mir
einem Kranze von Blumen dein
Haupt umwinden.

Zehn-

Zehnter Auftritt.

Die Vorigen dann Cherubin.

Fig. Treulose! auf diese Weise, könntest du
　　mir vorlügen? Ich weis nicht, ob ich
　　wache, oder schlaffe.

Cher. La, la, la, la, la, la, la, la, lera!
　　Ihr Weiber, die ihr wisset, was die Liebe ist.
　　Sehet, ob sie nicht in meinem Herze ist.

Die Gr. Der kleine Page!

Cher. Ich höre Leute: ich will da hineingehen,
　　wo die Barberina ist. O! das ist ja ein
　　Frauenzimmer!

Die Gr. Ach! weh mir!

Cher. Wenn ich mich nicht trüge, der Hut,
　　den ich sehe, scheinet mir der Susanna
　　zu seyn.

Die Gr. Und wenn itzt der Graf kommt.
　　Grausames Schicksaal!

Eilf-

Eilfter Auftritt.

Die Gräfin, Susanna, der Graf
Cherubin, Figaro

Cher. Ganz leise will ich mich ihr nähern,
die Zeit wird nicht verlohren seyn.
Die Gr. Ach wenn nur der Graf kömmt!
es wird gewiß ein Gezänke abgeben.
Cher. Susanchen — -- — sie antwortet
nicht — — — verdecket das Gesicht
mit der Hand — — — Itzt will ich
ihr einen Possen spielen. (er nimmt sie
bey der Hand, sträuchelt sie, die Gräfin will sich von ihm loß machen)
Die Gr. Wie keck! du ausgelassener; mache
dich gleich von hier weg.(sie verändert die Stimme.)
Cher. zu zwey. Wie verstellt! du boshafte!
ich weiß schon, was du da thuest!
Der Gr. Da ist sie meine Susanna. (in der
Stellung, wenn man von weitem
etwas bemerket.)
Fig. (Da ist der Vogelfänger! (Fig und
a 2(Suf. die weit von einander ent-
Suf. (fernt sind.)
Cher. Sey mit mir nicht so grausam,
Suf. (Ach mir pochet das Herz ge-
Fig. zu 3(waltsam in meinen Busen!
Der

Der Gr. (ist jemand anderer mit ihr.

Die. Gr. Gehe alsogleich, sonst lasse ich Leu=
te kommen.

Cher. Gieb mir einen Kuß sonst ist alles
vergebens. (er hält sie fest bey der
Hand.)

Fig. (
Suf. zu 3 (Der Stimme nach ist es der Page.
Der (

Die Gr. Einen Kuß! was für eine Keckheit!

Cher. Und warum sollte ich das nicht thun
dürfen, was nun bald der Graf thun
wird?

Fig. (
Suf. (
Der Gr. zu 4 (Verwegener! (jeder für sich.)
Die Gr. (

Cher. Oh! was für Grimassen! Erinnerst du
dich, wie ich hinter dem Sopha steckte?

Fig. (Wenn der Henker noch länger
Suf. (da bleibt, so wird er das
Der Gr. zu 4 (ganze Werk verderben! (wie
Die Gr. (oben.)

Cher. Da hast du indessen — — — (der
Page will der Gräfin einen Kuß ge=
ben, der Graf kömmt dazwischen, und
bekömmt selbst den Kuß.)

Die Gr. zu 2 (O Gott! der Graf! (der Page
Cher. (gehet zu der Barberina hinein.)

Fig. Ich will sehen was sie da thun. (der
Graf will dem Cher. eine Ohrfeige ge=
ben

383

ben, Figaro kömmt eben dazu und bekömmt sie selbst.)

Der Gr. Damit du es nicht wiederholest, so
nimm diese da!

Fig. zu 3 O! welch' einen schönen Vortheil
habe ich mit meinem Vorwitze gemacht.
(Susanna die es sieht, lacht.

Suf. Er hat einen schönen Nutzen;

Die Gr. Mit seinem Vorwitze.

Der Gr. Mit seiner Verwegenheit davon getra-
gen

Zwölfter Auftritt.

Der Graf, Susanna, Figaro, die Gräfin.

Der Gr. Endlich ist er fort der Bösewicht,
Komm herbey mein Schatz. (zu der
Gräfin.)

Die Gr. Weil es Ihnen so gefällig ist, hier
bin ich.

Fig. Welch ein nachgiebiges Frauenzimmer!
welch' eine gutherzige Braut!

Der Gr. Reiche mir deine Hand.

Die Gr. Hier ist sie.

Der Gr. zu 2 { Liebenswürdige!
Fig.

Der

Der Gr. O wie zart sind diese Finger! wie
    fein diese Fell Haut! Ich fühle einen Trieb,
    so die Liebesflammen in mir rege macht!

Suf.   (Das blinde Vorurtheil

Die Gr. zu 3(spottet der Vernunft, täu-

Fig.   (schet die Sinne!

Der Gr. Nebst dem Heurathgute, nimm o
    Schöne diesen Ring, so dir ein Liebhaber
    zum Zeugen seiner Liebe gibt. (er giebt
             ihr einen Ring.)

Die Gr. Susanna nimmt von ihren Gut-
    thäter alles an.

Die Gr. (Es gehet alles nach Wünschen!

Fig. zu 3 (doch es muß noch etwas bes-

Suf.   (seres folgen.

Die Gr. Mein Herr ich sehe das Licht bren-
    nender Fackeln.

Der Gr. Gehen wir meine schöne Göttin
    wir wollen uns verstecken!

Fig.   (Kommt ihr dummen Ehemänner,

Suf.   (lernet;

Die Gr. Dort in das finstere Gebüsch mein
    Herr?

Der Gr. Das will ich eben; du weist ja,
    daß ich nicht zum lesen hingehe.

Fig. Die treulose folget ihm auf dem Fuße.

Zu 3 Alles zweifeln ist vergebens!

Suf. Die arglistigen sind gefangen!

Die Gr. Die Sache geht nach Wunsche!

Der Gr. Wer gehet da? (Fig. geht vorbey;
    der Graf in einem gebieterischen Tone.)

Fig. Leute gehen. (zornig.)

                  De

Der Gr. (Figaro ist da, ich gehe,
           (Gehe ich komme nach ; (der Gr.
zu 2   (verlieret sich durch das Ge=
          (büsch aus dem Angesichte der
Der Gr. (Zuschauer ; die Gr. gehet
                rechts hinein)

Dreyzehnder Auftritt.

Figaro. Susanna.

Fig. Alles ist ruhig und einsam: die schön
Venus ist hineingegangen. Ich als ein
anderer Vulkan dieses Jahrhunderts wer=
de sie mit dem Reiz = vollen Krieges=
Gotte überfallen können.

Sus. Ey! Figaro schweige. (in einem erhabe=
nen Tone.)

Fig. Oh! diese ist die Gräfin — — — sie
kommen zu recht hieher; dort werden
sie es selbst sehen; der Graf und mei=
ne Braut — — — mit eigener Hand
sollen sie die Sache betasten.

Sus. Rede in einem niederen Tone; ich gehe
von dieser Stelle nicht weg; aber ich will
mich rächen. (Susanna vergißt die
Stimme zu verändern.)

Fig. (Susanna) rächen?

Sus. Ja

                         Fig

Fig Wie konnte dieses geschehen? (der Fuchs
will mich überraschen!) Ich will ihre Reden stützen.

Suf. Ich will den boshaften überfallen; dann
weiß ich was zu thun ist.

Fig. Ach wenn Madame es wollte! (komisch
gezwungen.)

Suf. Ganz gut geschwinde um!

Fig. Hier bin ich zu Ihren Füssen. (wie oben.)
Die Liebesflamme steiget in meinem Herzen empor! überlegen sie den Platz; denken sie an den Verräther! Ich kann
die Hand schon kaum zurückhalten.

Suf. (Ach welchen Trieb fühl ich in meinen
zu 2 (Händen, welche Unruhe, welchen Wuth!

Fig. (Welche Wallung fühl ich in meinem
(Geblüte, welche Unruhe, welches
(Feuer.

Suf. Und ohne der geringsten Neigung? — —
(verändert etwas die Stimme.)

Fig. Die Rache sey Ihnen ein genugsamer Antrieb; lassen wir die Gelegenheit nicht
ungenutzt vorbeygehen; reichen sie mir
die Hand — — — —

Suf. Bedienen Sie sich mein Herr! (sie giebt
ihm eine Ohrfeige, indem sie in ihrer
gewöhnlichen Stimme redet.)

Fig. Welch eine Ohrfeige!

Suf. Und diese, und noch eine, und wieder
eine.

Fig. Höre doch einmal auf!

Suf. Noch diese mein listiger Herr, und diese noch.　　　G　　　　Fig.

Fig. (O! was für artige Ohrfeigen!
zu 2 (O! wie glücklich ist meine Liebe!
Suf. (Lerne o treuloser, lerne, was Verfüh‐
ren ist.

Vierzehnter Auftritt.

Die Vorigen, der Graf.

Fig. Friede, Friede! mein zärtlicher Schatz!
(fällt auf die Knie.) Ich erkannte die
Stimme deren, die ich anbete, und die
mir stets vor Augen schwebet.

Suf. Meine Stimme! (lachend mit Verwun‐
derung.) Die Stimme die ich anbete.

Fig.   (Friede, Friede mein geliebter Schatz;
Suf. zu 2 (Friede, meine zärtliche Liebe:

Der Gr. Ich finde sie nicht; ich bin den
ganzen Wald durchgangen:

Suf.   (Dieser ist der Graf; ich kenne ihn
Fig. zu 2 (an der Stimme.

Der Gr. Ehi! Susanna — — — bist du
taub — — — bist stumm? (er redet
dem Gelage zu, wo Madame hinein‐
gegangen, der er selbst aufmacht.)

Suf. Hübsch! Hübsch! er hat sie nicht gekannt.

Fig. Wen?

Suf. Madame.

Fig.

Fig. Madame?

Suf. Ja Madame.

Fig.   (Enden wir, mein Herz! dieses Lust-
    zu 2 (spiel! Trösten wir den sonder=

Suf.   (baren Liebhaber.

Fig. Ja Madame, Sie sind meine einzige Freu=
    de; (fällt vor Susanna auf die Knie.)

Suf. Ach! meine Frau — — — itzt muß
    ich eben ohne Waffen seyn!

Fig. Gestatten sie meinem Herze eine Erhoh=
    lung.

Suf. Hier bin ich, ich thue was du willst.

Der Gr. Ach ihr gottlosen!

Suf.   (Eilen wir mein Schatz, das Ver-
    zu 2 (gnügen soll unsere Pein ersetzen.

Fig.   (sie gehen dem Gelager zu, so
                    links ist.)

Der Gr. Kommt Leute, eilet — — — zu
    den Waffen, zu den Waffen!

Fig. Der Herr. Ach wie wird es mir gehen?
(Suf. geht in das Gelager; Fig. stellt sich
                äußerst erschrocken.)

Der Gr. Hilfe Leute! Hilfe!

G 2   Fünf-

Fünfzehnter Auftritt.

Die Vorigen, Anton, Basilio, Chor
mit brennenden Fackeln.

Ant. (
Baf. (Was ist geschehen?
Chor.(

Der Gr. Der Lasterhafte! er hat mich betrogen, er hat mich entehret, und mit wem,
das werdet ihr sehen.

Ant. Der Arme! er ist völlig ausser sich.

Baf. Das scheinet mir nicht wahr zu seyn.

Chor. Der Arme ist völlig ausser sich.

Fig. Welch ein unterhaltliches Ereigniß.

Der Gr. Vergebens widerstehest du, hervor
Madame, du sollst den Lohn für deine
Ehrbarkeit empfangen.

(Der Gr. reißt den Cher. bey dem
Arme, der ihm widerstehen will, und
nur halb gesehen wird.)

Der Gr. Der Page! (Nach dem Pagen
kommen Barb. Marz. und Suf. in den
Kleidern der Gräfin hervor, letztere
verdecket sich mit dem Schnupftuche
das Gesicht, und fällt vor dem Grafen auf die Knie)

Ant. Meine Tochter!

Fig. Meine Mutter!

Alle. Madame!

Der

Der Gr. Die Verwicklung ist aufgelöset: hier ist die Treulose.

Suf. Vergebung, Vergebung; (alle knien nieder, einer nach dem andern.)

Der Gr. Nein, hoffe sie nicht;

Fig. Vergebung, Vergebung!

Der Gr. Nein, Nein, du sollst sie nicht erhalten.

Alle. Vergebung, Vergebung!

Der Gr. Nein! nein, gar nicht, nein! (mit Nachdruck.)

Die Gr. Vielleicht werde ich wenigstens Vergebung für sie erhalten, (sie tritt aus dem Gelager heraus, und will niederknieen, der Graf läßt es nicht zu.)

Der Gr. O Himmel! was sehe ich! ich werde unsinnig! ich verzweifle! kaum kann ich es glauben. O Gräfin verzeihe! (Bittweise)

Die Gr. Ich bin viel nachgiebiger, und verzeihe dir gleich.

Alle. Ach so werden wir alle vergnügt seyn Diesen Tag der Angst, des Eigensinnes und der Thorheit, kann die Liebe allein in ungestörter Freude endigen.

  Brautleute, Freunde, zum Tanze, zum Spiele; zündet die Feuerwerke an; eilen wir unter dem Schalle eines anmuthigen Marsches, das Fest zu feuern.

Ende des Schauspiels.

Il dissoluto punito,
o sia Il D. Giovanni
(Vienna, 1788)

IL
DISSOLUTO
PUNITO.
O SIA
IL D. GIOVANNI.

DRAMMA GIOCOSO
IN DUE ATTI.

DA RAPPRESENTARSI
NEL TEATRO DI CORTE
L' ANNO 1788.

IN VIENNA,
NELLA IMPER. STAMPERIA DEI SORDI e
MUTI.

PERSONAGGI.

D. Giovanni.	Giovane Cavaliere estremamente licenziofo.
D. Anna.	Dama promeſſa ſpoſa di
D· Ottavio.	
Commendatore.	
D. Elvira,	Dama di Burgos abbandonata da D. Gio.
Leporello,	Servo di D. G.
Maſetto,	amante di
Zerlina	Contadina.
Coro di contadini,	
E di contadine.	
Suonatori.	

La Scena ſi finge in una città della Spagna.
La Poeſia è dell' Ab. da Ponte Poeta de' Teatri Imperiali
La muſica è del Sig. Wolfgango Mozzart, Maeſtro di Cap. all' attual servizio della Corte Imperiale.

ATTO PRIMO.

SCENA. I.

Giardino. Notte.

LEPORELLO *con ferrajuolo, che paſseggia davanti la caſa di* D'ANNA, *poi* D. GIOVANNI *e* D. ANNA; *indi il* COMMENDATORE.

LEP. Notte e giorno faticar
    Per chi nulla ſa gradir;
    Piova e vento ſopportar,
    Mangiar male e mal dormir...
    Voglio far il gentiluomo,
    E non voglio più ſervir.
  Oh che caro galantuomo!
    Voi ſtar dentro colla Bella,
    Ed io far la ſentinella! —

Ma mi par che venga gente;
Non mi voglio far fentir. *s'afconde.*

D. An. Non fperar fe non m'uccidi

D. An. tenendo forte pel braccio D.
Gio. ed egli cercando fempre di celarsi.

Ch'io ti lafci fuggir mai.

D. Gio. Donna folie! indarno gridi.
Chi fon io tu non faprai.

Lep. Che tumulto! oh ciel, che gridi!
Il padron in nuòvi guai:

D. An. Gente! fervi! al traditore! —

D. Gio. Taci e trema al mio furore;

D. An. Scellerato!

D. Gio. Sconfigliata!

a 3 Quefta furia difperata
Mi vuol far precipitar.

D. An. Come furia difperata
Ti faprò perfeguitar.

Lep. Sta a veder che il malandrino

D. An. fentendo il Com. lafcia D.
Gio. ed entra in cafa.

Mi farà precipitar.

Il Com. Lafciala, indegno,
Battiti meco:

D. Gio. Va, non mi degno
Di pugnar teco.

Il Com. Cofi pretendi
Da me fuggir?

Lep. Poteffi almeno
Di quà partir!

D.

D. Gio. Mifero attendi
    Se vuoi morir. *D. Gio. ferifce mor-*
                  talm. il Com.

a 3

Il Com. Ah foccorfo — fon tradito —
    L'affaffino — m'ha ferito —
    E dal feno palpitante —
    Sento — l'anima — partir —
              Qui il Com. more.
D. Gio. Ah gia cadde il fciagurato :
    Affannofa e agonizzante (*a parte*)
    Gia dal feno palpitante
    Veggo l'anima partir.
Lep. Qual misfatto! qual eccelfo!
    Entro il fen dallo fpavento
    Palpitar il cor mi fento,
    Io non fo che far, che dir.

S C E N A II.

D. GIOVANNI, LEPORELLO.

D. Gio. Leporello ove fei? (*Sotto voce*
                    fempre.)
Lep. Son qui per mia disgrazia, e voi?
D. Gio. Son qui.
Lep. Chi è morto voi, o il vecchio?
      A 3   D.

D. Gio. Che domanda da beftia? il vecchio.

Lep. Bravo!

    Due imprefe leggiadre!

    Sfozar la figlia ed ammazzar il Padre.

D. Gio. L'ha voluto, fuo danno.

Lep. Ma donn' Anna

    Cofa ha voluto?

D. Gio. Taci;

    Non mi feccar, vien meco, fe non vuoi

                (*in atto di butterlo.*)

    Qualche cofa ancor tu.

Lep. Non vo nulla, Signor, non parlò più.

                  (*Partono.*)

SCENA III.

D. OTTAVIO, D. ANNA *con fervi.*

Che portano diverfi lumi.

D. An. **A**h del Padre in periglio. *Con rifo-*

                         lutezza

In foccorfo voliam.

D. Ot. Tutto il mio fangue   (*Con ferro*

                  ignudo in mano.)

    Verferò fe bifogna:

    Ma dov è il fcellerato?

                  D. An.

D. An. In queſto loco....
>Ma qual mai ſoffre, oh Dei
>Spettacolo funeſto agli occhi miei!
>>(vede il cadavere.)
>Il padre....Padre mio....mio caro
>Padre....

D. Or. Signore.... ●

D. An. Ah l'aſſaſſino
>Mel trucidò; quel ſangue....
>Quella piaga....quel volto....
>Tinto e coperto dei color di morte....
>Ei non reſpira più....fredde ha le
>membra....
>Padre mio.... Padre amato.... io
>manco.... io moro....

D. Or. Ah ſoccorrete, amici, il mio teſoro.
>Cercatemi, recatemi....
>Qualche odor,.... qualche ſpirto....
>ah non tardate....
>Donn' Anna.... ſpoſa.... amica....il
>duolo eſtremo
>La meſchinella uccide....

D. An. Ahi....

D. Or. Già rinviene....
>Datele nuovi ajuti....

D. An. Padre mio....

D. Or. Celate, allontanate agli occhi ſuoi
>Quell' oggetto d'orrore.
>Anima mia, conſolati.... fa core....

>>>>D. An.

D. An. Fuggi, crudele, fuggi:
Lascia che mora anch'io,
Ora ch' è morto, oddio!
Chi a me la vita diè.

D. Ott. Senti cor mio, deh senti,
Guardami un solo istante,
Ti parla il caro amante,
Che vive sol per te.

D. An. Tu sei — perdon — mio bene
L'affanno mio, le pene —
Ah il Padre mio dov'è?

D. Ott. Il Padre — lascia o cara
La rimembranza amara:
Hai sposo e Padre in me.

a 2

D. An. Ah vendicar, se il puoi.
Giura quel sangue ognor.

D. Ott. Lo giuro agli occhi tuoi,
Lo giuro al nostro amor.

a 2 Che giuramento oh Dei!
Che barbaro momento!
Tra cento affetti e cento
Vammi ondeggiando il cor.

(*Partono.*)

SCE-

S C E N A IV.

(Strada. Alba chiara.)

D. GIOVANNI , LEPORELLO ·poi D. ELVIRA, *in abito da viaggio.*

D. Gio. Orsu fpicciati prefto .... cofa vuoi?

Lep. L'affar di cui fi tratta
   E' importante.

D. Gio. Lo credo.

Lep. E' importantiffimo.

D. Gio. Meglio ancora: finiscila.

Lep. Giurate
   Di non andar in collera.

D. Gio. Lo giuro ful mio onore,
   Purchè non parli del Commendatore.

Lep. Siamo foli ?

D. Gio. Lo vedo.

Lep. Neffun ci fente.

D. Gio. Via.

Lep. Vi poffo dire
   Tutto liberamente.

D. Gio. Si.

Lep. Dunque quand' è cofi,
   Caro fignor padrone
   La vita che menate è da briccone.

D. Gio. Temerario! in tal guifa....

Lep. E il giuramento....
                              D. Gio.

D. Gɪo. Noɔ ſo di giuramento.... taci....
  o ch'io....

Lep. Non parlo più, non fiato, o padron mio.

D. Gɪo. Coſì faremo amici; or odi un poco,
  Sai tu perchè ſon qui?

Lep. Non ne ſo nulla:
  Ma eſſendo l' alba chiara, non ſarebbe
  Qualche nuova conquiſta?
  Io lo devo ſaper per porla in liſta.

D. Gɪo. Va là che ſei il grand'uom: ſappi ch'
  io ſono
  Innamorato d'una bella Dama,
  E ſon certo che m'ama.
  La vidi, le parlai.... meco al caſino
  Queſta notte verrà.... zitto: mi pare
  Sentir odor di femmina....

Lep. Coſpetto!
  Che odorato perfetto!

D. Gɪo. All'aria mi par bella;

Lep. (E che occhio, dico!)

D. Gɪo. Ritiriamoci un poco,
  E ſcopriamo terren:

Lep. Già preſe foco.

S C E N A V.

I ſuddetti in diſparte, D. ELVIRA.

D. Elv. Ah chi mi dice mai
  Quel barbaro dov'è,

      Che

Che per mio fcorno amai
Che mi mancò di fè?
Ah fe ritrovo l'empio
E a me non torna ancor,
Vo farne orrendo fcempio,
Gli vo cavar il cor.

D. Gio. Udifti: qualche bella
Dal vago abbandonata? poverina!
Cerchiam di confolare il fuo tormento.

Lep. Cosi ne confolò mille e ottocento.

D. Gio. Signorina!

D. Elv. Chi è là.

D. Gio. Stelle! che vedo!

Lep. O bella! D. Elvira!

D. Elv. D. Giovanni!
Sei qui moftro, fellon, nido d'inganni.

Lep. Che titoli crufcanti! manco male
Che lo conofce bene.

D. Gio. Via cara D. Elvira
Calmate quella collera ....fentite....
Lafciatemi parlar....

D. Elv. Cofa puoi dire
Dopo azion fi nera? in cafa mia
Entri furtivamente, a forza d'arte
Di giuramenti e di lufinghe, arrivi
A fedurre il cor mio;
M'innamori o crudele,
Mi dichiari tua fpofa, è poi mancando
Della terra, e del cielo al fanto dritto
Con enorme delitto
Dopo

Dopo tre dì da Burgos t'allontani,
M'abbandoni, mi fuggi e lasci in preda
Al rimorso, ed al pianto,
Per pena forse che t'amai cotanto.

LEP. (Pare un libro stampato.)

D. GIO. Oh in quanto a questo
Ebbi le mie ragioni: è vero? *a Lep.*

LEP. È vero.
E che ragioni forti?

D. ELV. E quali sono,
Se non la tua perfidia,
La leggerezza tua: ma il giusto Cielo
Volle ch' io ti trovassi
Per far le sue, le mie vendette.

D. GIO. Eh via
Siate più ragionevole: (mi pone
A cimento costei) Se non credete
Al labbro mio, credete
A questo galantuomo.

LEP. (Salvo il vero.)

D. GIO. Via .dille un poco .... *(forte)*

LEP. E cosa devo dirle? *(piano)*

D. GIO. Sì sì dille pur tutto. *(forte partendo
-.   senza esser visto.)*

D. ELV. Ebben fa presto.... *(a Lep.)*

LEP. Madama.... veramente.... in questo
mondo
Conciossia cosa quando fosse che
Il quadro non è tondo....

D.

D. Elv. Sciagurato !

    Cofi del mio dolor gioco ti prendi?

    Ah voi....ftelle! l' iniquo (*verfo D.*

        Giov. che non crede partito.)

    Fuggì !. mifera **me** ! dove ? in qual

        parte....

Lep. Eh lafciate che vada ; egli non merita

    Che di lui ci penfiate....

D. Elv. Il fcellerato

    M' ingannó, mi tradì....

Lep. Eh confolatevi:

    Non fiete voi,

    Non fofte, e non farete

    Nè la prima, né l' ultima, guardate

    Quefto non picciol libro; è tutto pieno

    De' nomi di fue belle; ogni città

    Ogni villa, ogni borgo, ogni paefe.

    E teftimon di fue donnefche imprefe.

Madamina il catalogo è quefto

    Delle belle, che amò il padron mio,

    Un catalogo egli è che ho fatto io,

    Offervate, leggete con me.

In Italia feicento, e quaranta

    In Lamagna duecento, e trentuna,

    Cento in Francia, in Turchia no-

        vantuna,

    Ma in Ifpagna fon già mille e tre.

V'han fra quefte contadine,

    Cameriere, cittadine,

    V'han conteffe, baroneffe,

              Mar-

Marchefane, Principeffe,
E v'han donne d'ogni grado.
D'ogni forma, d'ogni eta ?
Nella bionda egli ha l'ufanza
Di lodar la gentilezza,
Nella bruna la coftanza,
Nella bianca la dolcezza.
Vuol d'inverno la graffotta.
Vuol d'eftate la magrotta,
E' la grande maeftofa,
La piccina è ognor vezzofa,
Delle vecchie fa conquifta
Pel piacer di porle in lifta.
Ma paffion predominante
E la giovin principiante;
Non fi picca fe fia ricca,
Se fia brutta fe fia bella,
Purchè porti la gonnella
Voi fapete quel che fa. *(Parte.)*

S C E N A VI.

D. ELVIRA *fola.*

D. ELV. In quefta forma dunque
Mi tradì il fcellerato ? è quefto il premio
Che quel barbaro rende all' amor mio ?
Ah vendicar voglio io
L'ingannato mio cor : pria ch' ei mi
    fugga ....
               Si

Si ricorra ... fi vada ... io fento in petto
Sol vendetta parlar, rabbia, e difpetto.
(*Parte.*)

S C E N A VII.

MASETTO, ZERLINA *e coro di con-*
tadini e contadine che fuonano,
ballano, e cantano.

ZERL. Giovinette che fate all' amore
Non lafciate che paffi l età:
Se nel feno vi bulica il core
Il rimedio vedetelo quà.
La la la la la la la la lera.
Che piacer, che piacer che farà.
 Coro di contadine
La la etc.
Che piacer etc.
MAS. Giovinotti leggeri di tefta
Non andate girando quà, e là,
Poco dura de' matti la fefta,
Ma per me cominiciato non ha.
La la la la etc.
 I contadini la la la etc.
MAS. Vieni vieni carina godiamo
a 2 E cantiamo, e balliamo e fuoniamo
La la la etc.
 Tutti
La la la la la etc.
     SCE.

S C E N A VIII.

L ſud : D. GIOVANNI, *e* LEPORELLO
da parte.

D. Gio. **M**anco male è partita : oh guarda
guarda
Che bella gioventù ! che belle donne
Lep. Tra tante per mia fè
Vi farà qualche coſa anche per me.
D. Gio. Cari amici, buon giorno : ſeguitate
A ſtare allegramente,
Seguitate a ſuonar, o buona gente.
C' è qualche ſpoſalizio ?
Lep. Si ſignore,
E la ſpoſa ſon io.
D. Gio. Me ne conſolo :
Lo ſpoſo ?
Mas. Io ; per ſervirla :
D. Gio. Oh bravo ! per ſervirmi : queſto è vero
Parlar da galantuomo !
Lep. Baſta che ſia marito !
Zerl. Oh il mio Maſetto
E' un uom d' ottimo core :
D. Gio. Anch' io vedete !
Voglio che ſiamo amici : il voſtro nome ?
Zerl. Zerlina.
D. Gio. E il tuo ?

Mas.

MAS. Mafetto.

D. GIO. O caro il mio Mafetto!
Cara la mia Zerlina! t'efibifco
La mia protezione.... Leporello....
Cofa fai lì birbone?   (a Lep. che fa
dei fcherzi alle altre contadine.)

LEP. Anch' io caro padrone,
Efibifco la mia protezione.

D. GIO. Prefto va con coftor : nel mio pa-
lazzo
Conducili ful fatto : ordina ch' abbiano
Cioccolatte, caffè, vini, profciutti ;
Cerca divertir tutti,
Moftra loro il giardino,
La galeria, le camere, in effetto
Ʌa che refti contento il mio Mafetto,
Hai capito ?

LEP. Ho capito : andiam :

MAS. Signore :

D. GIO. Cofa c'è ?

MAS. La Zerlina
Senza me non può ftar.

LEP. In voftro loco
Ci farà fua eccellenza : e faprà bene
Fare le voftre parti :

D. GIO. Oh la Zerlina
È' in man d'un Cavalier : va pur, fra poco
Ella meco verrà.

ZERL. Va, non temere :
Nelle mani fon io d'un Cavaliere :
B   MAS.

Mas. E per quefto?

Zerl. E per quefto
  Non c'è da dubitar.

Mas. Ed io cofpetto....

D. Gio. Olà, finiam le difpute, fe fubito
  Senza altro replicar non te ne vai,
            (moftrandogli la fpada.)
  Mafetto, guarda ben, ti pentirai.

Mas. Ho capito fignor fì,
  Chino il capo, e me ne vo,
  Già che piace a voi cofì,
  Altre repliche non fo.
  Cavalier voi fiete già,
  Dubitar non poffo affè:
  Me lo dice la bontà,
  Che volete aver per me.
  Bricconaccia, malandrina, *(da parte*
  Fofti ognor la mia ruina; *a Zerl.)*

A Lep. Vengo, vengo: refta refta *(a Zer.)*
che lo E'una cofa molto onefta:
vuol con- Faccia il noftro cavaliere
dur feco Cavaliera ancora te. *Via*

S C E N A. IX.

D. GIOVANNI E ZERLINA.

D. Gio. Alfin fiam liberati
  Zerlinetta gentil, da quel fcioccone.
                    Che

Che ne dite, mio ben, fo far pulito?

ZERL. Signore è mio marito....

D. GIO. Chi? colui?

    Vi par che un onest' uomo

    Un nobil cavalier, come io mi vanto,

    Possa soffrir, che quel visetto d'oro,

    Quel viso inzuccherato

    Da un bifolcaccio vil sia strapazzato?

ZERL. Ma signore io gli diedi

    Parola di sposarlo.

D. GIO. Tal parola

    Non vale un zero: voi non siete fatta

    Per esser paesana: un' altra sorte

    Vi procuran quegli occhi bricconcelli,

    Quei labbretti sì belli,

    Quelle dituccie candide e odorose;

    Parmi toccar giuncata, e fiutar rose.

ZERL. Ah non vorrei....

L. GIO. Che non vorreste?

ZERL. Al fine

    Ingannata restar? io so che rado

    Colle donne voi altri cavalieri

    Siete onesti, e sinceri.

D. GIG. Eh un' impostura

    Della gente plebea! la nobiltà

    Ha dipinta negli occhi l'onestà.

    Orsù non perdiam tempo; in questo istante

    Io vi voglio sposar.

ZERL. Voi?

D. Gio. Certo, io:
    Quel cafinetto è mio: foli faremo,
    E là giojello mio, ci fpoferemo.
    Là ci darem la mano,
    Là mi dirai di fi,
    Vedi non è lontano,
    Partiam ben mio di qui:
Zerl. Vorrei, e non vorrei,
    Mi trema un poco il cor ;
    Felice è ver farei,
    Ma può burlarmi ancor.
D. Gio. Vieni mio bel diletto:
Zerl. Mi fa pietà Mafetto;
D. Gio. Io cangerò tua forte.
Zerl. Prefto non fon più forte;

a 2

    Andiam andiam mio bene
    A riftorar le pene
    D'un innocente amor. (*Vanno*
      verfo il cafino di D. Gio. ab-
      bracciati etc.)

S C E N A X.

I fud: e D. ELVIRA *che ferma con
atti difperatiffimi* D. GIOVANNI &c.

D. Elv. Fermati fcellerato: il ci l mi fece
    Udir le tue perfidie; io fono a tempo
Di

Di falvar quefta miferà innocente
Dal tuo barbaro artiglio.

ZERL. Mefchina cofa fento !

D. GIO. Amor config'io!
 Idol mio non vedete, (*a D. Elv. piano*)
 Ch' io vog'io divertirmi....

D. ELV. Divertirti ,
 E vero ! divertirti ? io fo , crudele ,
 Come tu ti diverti :   (*forte*)

ZERL. Ma fignor cavaliere.
 E' ver quel ch'ella dice ?

D. GIO. La povera infelice
 E' di me innamorata, e per pietà
 Deggio fingere amore ;
 Ch' io fon per mia disgrazia uom di buon
    core.   (*Piano a Zerl.*)

D. ELV. Ah fuggi il traditor
 No lo lafciar più dir:
 Il labbro è mentitor,
 Fallace il ciglio.
 Da miei tormenti impara
 A creder a quel cor,
 E nafca il tuo timor
 Dal mio periglio.   (*Parte conducen-
           do feco Zerl.*)

B 3   SCE-

S C E N A XI.

D. GIOVANNI *folo poi* D. OTTAVIO
e D. ANNA.

D. Gio. Mi par ch' oggi il demonio fi di-
verta
D'opporfi a miei piacevoli progreffi ;
Vanno mal tutti quanti.
D. Ot. Ah ch'ora, idolo mio, fon vani i pianti.
Di vendetta fi parli: oh D. Giovanni !
D. Gio. Mancava quefto inver !
D. An. Signor, a tempo
Vi ritroviam: avete core , avete
Anima generofa !
D. Gio. (Sta a vedere
Che il diavolo gli ha detto qualche
cofa.)
Che domanda! perchè ?
D. Ott. Bifogno abbiamo
Della voftra amicizia:
D. Gio. Mi torna il fiato in corpo) comandate :
I congiunti, i parenti,
Quefta man, quefto ferro, i beni, il fangue
(con molto foco)
Spenderò per fervirvi:
Ma voi bella Donn' Anna,
Perchè cofi piangete ?

Il

Il crudele chi fu, che oſò la calma
Turbar del viver voſtro....

S C E N A XII.

I. ſud · D. ELVIRA.

D. Elv. Ah ti ritrovo ancor perfido moſtro?
Non ti fidar o milera
Di quel ribaldo cor :
Me già tradì quel barbaro
Te vuol tradir ancor.
D. Ott. Cieli che aſpetto nobile !
L. An. Che dolce maeſtà !
Il ſuo dolor, le lagrime
M'empiono di pietà.
D. Gio. La povera ragazza (a parte D. 'Elv.
E pazza amici miei :   aſcolta)
Laſciatemi con lei,
Forſe ſi calmerà !
D. Elv. Ah non credete al perfido !
Reſtate oh Dei! reſtate:
D. Gio. E pazza, non badate.
D. An. ⎫
D. Ott. ⎬ A chi ſi crederà !
D. Ott. Certo moto d'ignoto tormento
D. An. Dentro l'alma girare mi ſento
Che mi dice per quella infelice
                        Cen-

Cento cofe che intender non fa.

D.Gi.Sdegno, rabbia, difpetto, tormento
pavento

D.Elv. Dentro l'alma girare mi fento

Che mi dice per quel traditore.
quella infelice

Cento cofe che intender non fa.

D. Ott. Io di qua non vado via
Se non fo com'è l'affar.

D. An. Non ha l'aria di pazzia
Il fuo volto, il tuo parlar.

D. Gio. Se men vado, fi potria
Qualche cofa fofpettar.

D.Elv. Da quel ce fo fi dovria
La ner' alma giudicar.

D.Ott. Dunque quella...   (a D. Giov.)

D. Gio. E' pazzarella:

D. An. Dunque que li ...   (a D. Elv.)

D. Elv. E' un traditore:

D. Gio. Infelice!

D. Elv. Mentitore!

D. Ann.)

a 2) Incomincio a dubitar.

D.Ott.)

D. Gio. ⌈Zitto zitto che la gente
|Si radana a noi d'intorno,
|S ate un poco più prudente,
| Vi farete criticar.
| (piano a D. Elv.)

D.

D. Elv. | Non fperarlo o fcellerato, *(forte*
a D. Giov.)
Ho perduta la prudenza;
Le tue colpe, ed il mio ftato
Voglio a tutti palefar.

D. Ott. | Quegli accenti fi fommeffi, *(a*
a 2 | *parte guardando D. Gio.)*
D. An. | Quel cangiarli di colore,
Son indizi troppo efpreffi
Che mi fan determinar. *(Parte*
D. Elv.)

D. Gio. Povera fventurata! i paffi fuoi
Voglio feguir : non voglio
Che faccia un precipizio : perdonate,
Belliffima Donn' Anna;
Se fervir vi poff io
In mia cafa v' afpetto : amici addio.

S C E N A XIII.

D. OTTAVIO, e D. ANNA.

D. An. Don Ottavio, fon morta!
D. Ott. Cofa è ftato?
D. An. Per pietà foccorretemi :

D.

D. Ott. Mio bene....
Fate coraggio !

D. An. Oh Dei !
Quegli è il carnefice
Del Padre mio.

D. Ott. Che dite ?

D. An. Non dubitate più : gli ultimi accenti,
Che l'empio proferì, tutta la voce
Richiamar nel cor mio di quell' in-
degno
Che nel mio appartamento....

D. Ott. Oh ciel! poffibile
Che fotto il facro manto d'amicizia,..
Ma come fu, narratemi
Lo ftrano avvenimento.

D. An. Era già alquanto
Avanzata la notte,
Quando nelle mie ftanze, ove foletta
Mi trovai per fventura, entrar io vidi
In un mantello avvolto
Un uom che al primo iftante
Avea prefo per voi :
Ma riconobbi poi
Che un inganno era il mio :

D. Ott. Stelle! feguite :   *(con affanno)*

D. An. Tacito a me s' appreffa
E mi vuole abbracciar : fciogliermi cerco,
Ei più mi ftringe : grido :
Non viene alcun : con una mano cerca
D'impedire la voce,

E

E coll' altra m'afferra
Stretta così, che già mi credo vinta.

D. Ott. Perfido! e alfin ?

D. An. Al fine il duol, l'orrore
Dell' infame attentato
Accrebbe sì la lena mia , che a forza
Di torcermi, ritorcermi , e piegarmi
Da lui mi sciolsi,

D. Ott. Ohimè respiro.

D. An. Allora
Rinforzo i stridi miei, chiamo soccorso,
Fugge il fellon, arditamente il seguo
Fin nella strada per fermarlo , e sono
Assalitrice d'assalita: il Padre
V'accorre, vuol conoscerlo, e l'iniquo
Che del povero vecchio era più forte,
Compiè il misfatto suo col dargli morte.
Or sai chi l'onore
Rapire a me volse,
Chi fu il traditore
Che il padre mi tolse:
Vendetta ti chieggio,
La chiede il tuo cor.
Rammenta la piaga
Del misero seno,
Rimira di sangue
Coperto il terreno,
Se l'ira in te langue,
D'un giusto furor.   (Parte.)

SCE-

S C E N A XIV

D. OTTAVIO *folo,*

Come mai creder deggio
Di fi nero delitto
Capace un cavaliero!
Ah di fcoprire il vero
Ogni mezzo fi cerchi: io fento in petto
E di fpofo e d'amico
Il dover, che mi parla:
Difingannar la voglio, o vendicarla.

    Dalla fua pace
     La mia dipende,
     Quel, che a lei piace
     Vita mi rende,
     Quel che l'increfce
     Morte mi dà.
   S'ella fofpira,
     Sofpiro anch'io,
     E mia quell' ira,
     Quel pianto è mio,
     E non ho bene,
     S'ella non l' ha,

SCE-

SCENA XV.

LEPORELLO *folo poi* D. GIOVANNI.

Lep. Io deggio ad ogni patto
  Per fempre abbandonar quefto bel matto!
  Eccolo qui: guardate
  Con qual indifferenza fe ne viene?
D. Gio. Oh Leporello mio, va tutto bene!
Lep. Don Giovannino mio, va tutto male!
D. Gio. Come va tutto male?
  Lep. Vado a cafa,
  Come voi m' ordinafte,
  Con tutta quella gente:
D. Gio. Bravo!
Lep. A forza
  Di chiacchiere, di vezzi, e di bugie,
  Ch' ho imparatto fi bene a ftar con voi,
  Cerco d' intra tenerli,....
D. Gio. Bravo!
Lep. Dico
  Mille cofe a Mafetto, per placarlo,
  Per trargli dal penfier la gelofia,
D. Gio. Bravo in cofcienza mia:
Lep. Faccio che bevano
  E gli uomini, e le donne:
  Son già mezzo ubbriachi,
  Altri canta, altri fcherza,

        Altri

           Altri feguita a ber ; in ful più belle
           Chi credete che capiti ?

D. GIO. Zerlina!

LEP. Bravo! e con lei chi venne ?

D. GIO. Donna Elvira.

LEP. Bravo ! e diffe di voi...

D. GIO. Tutto quel mal che in bocca le venia :

LEP. Bravo in cofcienza mia !

D. GIO. E tu cofa facefti ?

LEP. Tacqui.

D. GIO. Ed ella ?

LEP. Seguì a gridar.

D. GIO. E tu ?

LEP. Quando mi parve
        Che già foffe sfogata, dolcemente
        Fuor dell'orto la traffi, e con bell' arte
        Chiufa la porta a chiave,
        Io di là mi cavai,
        E fulla via foletta la lafciai.

D. GIO. Bravo, bravo, arcibravo:
        L'affar non può andar meglio : incomin-
           ciafti,
        Io faprò terminar : troppo mi premono
        Quefte contadinotte:
        Le voglio divertir fin che vien notte.

    Fin ch' han dal vino
      Calda la tefta
      Una gran fefta
      Fa preparar.

                    Sc

Se trovi in piazza
  Qualche ragazza,
  Teco ancor quella
  Cerca menar.
Senza alcun ordine
  La danza fia,
  Chi 'l minuetto,
  Chi la follia,
  Chi l' alemanna
  Farai ballar.
Ed io fra tanto
  Dall' altro canto
  Con quefta, e quella
  Vo amoreggiar.
Ah la mia lifta
  Doman mattina
  D'una decina
  Devi aumentar.   (*Partono.*)

S C E N A XVI.

*Giardino con due porte chiufe a chiave
per di fuori* MASETTO *e* ZERLINA
*coro di contadini , e di contadine
fparfe quà e là che dormono e fedono
fopra fofà d'erbe. Due nicchie.*

ZERL. Mafetto: fenti un po: Mafetto dico:
MAS. Non mi toccar:
               ZERL.

ZERL. Perchè?

MAS. Perchè mi chiedi?
    Perfida! il tatto fopportar dovrei
    D' una man infedele?

ZERL. Ah no: taci crudele:
    Io non merto da te tal trattamento!

MAS. Come? ed hai l' ardimento di fcu-
    farti?
    Star fola con un uom: abbandonarmi
    Il dì delle mie nozze! porre in fronte
    A un villano d'onore
    Quefta marca d' infamia! ah fe non
    foffe,
    Se non foffe lo fcandalo! vorrei....

ZERL. Ma fe colpa io non ho! ma fe da lui
    Ingannata rimafi: e poi che temi?
    Tranquillati, mia vita:
    Non mi toccò la punta delle dita.
    Non me lo credi? ingrato!
    Vien qui; sfogati; ammazzami, fa tutto
    Di me quel che ti piace;
    Ma poi, Mafetto mio, ma poi fa pace.
    Batti batti, o bel Mafetto,
      La tua povera Zerlina:
      Starò qui come Agnellina
      Le tue botte ad afpettar.
    Lafcierò ftraziarmi il crine,
      Lafcierò cavarmi gli occhi,
      E le care tue manine
      Lieta poi faprò baciar

                 Ah

Ah lo vedo non hai core:
    Pace pace o vita mia,
    In contenti, ed allegria
    Notte e dì vogliam paſſar. (*Parte.*)

MAS. Guarda un pò come ſeppe
    Queſta ſtrega ſedurmi! ſiamo pure
    I deboli di teſta!

D. GIO. Sia preparato tutto a una gran feſta.
                        (*di dentro.*)

ZERL. Ah Maſetto Maſetto! edi la vóce
    Del monſù cavaliero!

MAS. Ebben che c'è?

ZERL. Verrà!

MAS. Laſcia che venga.

ZERL. Ah ſe vi foſſe
    Un buco da fuggir!

MAS. Di coſa temi?
    Perchè diventi pallida? ah capiſco!
    Capiſco, bricconcella,
    Hai timor, ch'io comprenda
    Com'è tra voi paſſata la faccenda.

Finale.

Preſto preſto pria ch'ei venga
Por mi vò da qualche lato:
C'è una nicchia... qui celato
Cheto cheto mi vò ſtar.

ZERL. Senti... ſenti dove vai!
    Non t'aſconder, o Maſetto,

        C   Se

Se ti trova poveretto,
Tu non fai quel che può far.
MAS. Faccia dica quel che vuole :
ZERL. Ah non giovan le parole!
MAS. Parla forte, e qui t arretta.
ZERL. Che capriccio ha nella testa!
MAS. (Capirò se m'è fedele,
a 2 (E in qual modo andò l'affar.
ZERL. (Quell' ingrato, quel crudele
           (*entra nella nicchia.*)
(Oggi vuol precipitar:

S C E N A   XVII.

ZERLINA, D. GIOVANNI *con quattro servi nobilm. vestiti.*

D. GIO. Su fvegliatevi da bravi
           Su coraggio, o buona gente,
           Vogliam stare allegramente,
           Vogliam rider, e scherzar.
   *Coro di servi: Su fvegliatevi da bravi su
   coraggio etc.*
D. GIO. Alla stanza della danza (*a servi.*)
           Conducete tutti quanti,
           Ed a tutti in abbondanza
           Gran rifreschi tate dar.
           Su fvegliatevi etc.   (*Partono i servi
                               ei contadini.*)
                                       SCE-

S C E E A XVIII.

D. GIOVANNI, ZERLINA, MASET-
TO *nella nicchia.*

ZERL. Tra queſt' arbori celata (*vuol
naſconderſi.*)
Si può dar che non mi veda.
D. GIO. Zerlinetta mia garbata,
T'ho già viſto, non ſcappar. (*La
prende*)
ZERL. Ah laſciatemi andar via...
D. GIO. No no reſta gioja mia:
ZERL. Se pietade avete in core...
D. GIO. Sì ben mio, ſon tutto amore.
a 2 (Vieni un poco in queſto loco
(Fortunata io ti vo far.
ZER. (Ah ſei vede il ſpoſo mio
(So ben io quel che può far.

> (*D. Gio. nell aprir la nic-
> chia e vedendo Majetto
> fa un moto di ſtupore.*)

D. GIO. Maſetto!
MAS. Si Maietto:
D. GIO. E chiuſo là perchè? (*un poco
conjuſo*)
La bella tua Zerlina
Non può la poverina (*riprende ardire*)
Piu ſtar ſenza di te.

C 2 Mas.

Mas. Capifco fi fignore: (*un poco ironico*)
D. Gio. Adeffo fate core! (*a Zerl.*)
 I fuonatori udite
 Venite omai con mè.
Mas. (Si fi facciamo core:
Zer. (Ed a ballar cogli altrì
 (Andiamo tutti tre. (*Partono.*)

S·C E N A XIX.

D. OTTAVIO, D. ANNA *e* D. ELVI-
RA *in mafchera poi* LEPORELLO
e D. GIOVANNI *alla fineftra.*

D. Elv. Bifogna aver coraggio,
 O cari amici miei,
 E i fuoi misfatti rei
 Scoprir potremo allor.
D. Ott. L'amica dice bene:
 Coraggio aver conviene
 Difcaccia o vita mia
 L'affanno ed il timor.
D. An. Il paffo è periglioso
 Può nafcer qualche imbroglio:
 Temo pel caro fpofo
 E per noi temo ancor.

       Lep.

Lep. Signor guardate un poc● (*dalle*
                            fineftre)

Che mafchere galanti:

D. Gio. Falle paffar avanti
     Dì che ci fanno onor.

D. An.)Al volto ed alla voce
  a 3)

D.Ott.)Si fcopre il traditor:) (*piano*)
D. Elv.)

Lep. Zi zi fignore mafchere :
     Zi zi...

D. An.)
  a 2)Via rifpondete: (*a D. Ot. piano.*)
D. Elv.)

Lep. Zi zi...

D. Ott. Cofa chiedete ?

Lep. Al ballo fe vi piace
     V'invita il mio fignore.

D. Ott. Grazie di tanto onore,
     Andiam compagne belle :

Lep. L' amico anche fu quelle
     Prova farà d'amor. (*entra e chiud*)

D. An.)Protegga il giufto cielo
D. Ot.)Il zelo del mio cor.
D. Elv.)Vendichi il giufto cielo
    ·Il mio tradito amor.

C 3   SCE-

S C E N A XX.

(Sala illuminata , e preparata per una gran festa di ballo.)

D. GIOVANNI, MASETTO, ZERLI-
NA, LEPORELLO *Contadini, e con-*
tadine, poi D. ANNA D. ELVIRA,
e D. OTTAVIO *in Maschera etc.*
serv. con rinfreschi etc.

D. Gio. R̲iposate vezzose ragazze, (D.
  Gio. fa feder le ragazze, e Lep. i
  ragazzi che faranno in atto di
  aver finito un ballo)
Lep. Rinfrescatevi bei giovinotti,
D Gio. ⎤Tornerete a far presto le pazze,
  a 2 ⎮
Lepor. ⎦Tornerete a scherzar, e ballar.
D. Gio. Ehi Caffè! (si portano i rinfreschi)
Lep Cioccolatte!
D. Gio. Sorbetti!
Mas. Ah Zerlina giudizio!
Lep. Confetti!
Zerl ⎤Troppo dolce comincia la scena,
  a 2 ⎮
Mas. ⎦In amaro potria terminar. (a parte
D. Gio. Sei pur vaga brillante Zerlina!
Zerl. Sua bontà!   (D. Giovanni fa
                carezze a Zerl.)
                      Mas.

Mas. (La briccona fa fefta.) (*Mas. guarda*
e freme)

Lep. Sei pur cara, Giannotta, Sandrina,
(*Lep. imita il padrone colle al-*
tre ragazze.)

Mas. Tocca pur, che ti cada la tefta,

Zerl. Quel Mafetto mi par ftralunato,
Brutto brutto fi fa queft' affar.
(*a parte.*)

D. Gio.)Quel Mafetto mi par ftralunato

Lepor.)Qui bifogna cervello adoprar,

Lep. Venite pur avanti (*entrano D. Ott.*
D. A. D. Elv. mafcnerate)

Vezzofe mafcherette ;

D. Gio. È aperto a tutti quanti,
Viva la libertà !

D. An.)
D. Elv.) *a* 3 Siam grati a tanti fegni
D. Ott.) Di generofità !

D. Gio. Ricominciate il fuono,
(*si fuona come prima.*)

Tu accoppia i ballerini , (*a Lep. che*
porrà in ordine etc.)

Il tuo Compagno io fono (*fi mette*
a ballar con Zerl.)

Zerlina vien pur quà.

Lep. Da bravi via ballate : (*qui ballano.*)

D. Elv. (Quella è la concadina.) (*a D. An.*)

D. An. Io moro !

D. Ott. Simulate :

Lep.

Lep.)
Mas.) *a* 3) Va bene in verità! (*Mas.*
D.Gio.)   *dirà quefto verfo in*
               tuono ironico.

L. Gio. A bada tien Mafetto ;
Dep. Non balli poveretto.
     Vien quà Mafetro caro,
     Facciam quel che altri fa,
Mas. No no , ballar non voglio;
          (*Fa ballar per forza Mas.*)
Lep. Eh balla amico mio :
D. An. (Refifter non poss'io: (*a D. Elv.*)
D. Elv.)
   a 2) (Fingete per pietà.)
D. Ott.)
D. Gio. Vieni con me mia vita... (*Bal-*
        lando conduce Zerlina preffo una
        porta e la fa entra quafi per
        forza.
Zerl. Oh Numi! fon tradita !
Mas. Lafciami! ah no! Zerlina ! ....
       (*fi cava delle mani di* Lep. *e fe-*
       guita la Zerl.)
Lep. Qui nafce una ruina (*forte in fretta.*)
D. Elv.)
D. Ott.) L'iniquo da fa fteffo
D. An.) Nel laccio fe ne va.
Zerl. Gente ajuto, ajuto gente: (*Di den-*
        tro ad alta voce ftrepito di piedi
        a deftra.)

                  D.

D. An.)

Dꝗ Lv.) *a* 3) Soccorriamo l'innocente:

D. Ott.)   (*i fuonatori, e gli altri*
                    partono confuſi.)

Mas. Ah Zerlina !...   (*Di dentro.*)

Zirl. Scellerato!

D. An.)

D. Elv.) Ora grida da quel lato:

   a 3)   (*ſi ſente il grido e lo ſtrepito*
)   *dalla parte oppoſta.*

D. Ott) Ah gittiamo giù la porta: (*get-*
         tano giù la porta!)

Zerl. Soccorretemi, o ſon morta (*La*
         Zerlina eſce da un' altra parte.)

D. An.)
D. Elv.)

   a 4) Siam qui noi per tua difeſa.

D. Ott.)
Mas.)

D. Gio. Ecco il birbo che t'ha offeſa.

         (*eſce con ſpada in mano. Con-*
         duce ſeco per un braccio Lepo-
         rello, e finge di voler ferirlo
         ma la ſpada non eſce dal fodero)

Ma da me la pena avrà!
Mori iniquo!

Let. Ah coſa fate!
D. Gio. Mori dico!

                        D.

D.Ott) Nol fperate! *(cava una piftolla*

D.Elv.) L'empio crede non tal frode

   a 4)   *(si cavano la mafchera)*

D. An.) Di nafconder l'empietà.

Mas.).

D. Gio. Donna Elvira!

D. Elv. Sì malvagio!

D. Gio. D. Ottavio!

D. Ott. Si Signóre!

D. Gio. Ah credete!   *(a D. An.)*

D. An.)

Zerl.)*a 3*) Traditore!

Maset.)

   Tutti falvo D. Gio. e Leporello.

Zerli.)   Tutto tutto già fi fa.

D. An.) Trema trema fcellerato.

D.Elv.) Saprà tofto il mondo intero

D.Ott) Il misfatto orrendo, e nero,

Mase.) La tua fiera crudeltà.

   Odi il tuon de la vendetta,

   Che ti fifchia intorno intorno;

   Sul tuo capo in quefto giorno

   Il fuo fulmine cadrà!

D. Gio.   E' confufa la $\begin{smallmatrix}mia\\sua\end{smallmatrix}$ tefta

Lep. Non $\begin{smallmatrix}fo\\fa\end{smallmatrix}$ più quel ch' $\begin{smallmatrix}io\ mi\\ei\ si\end{smallmatrix}$ faccia,

   E un' orribile tempefta

             Mi-

Minacciando oddio $\frac{mi}{lo}$ va.

Ma non manca in $\frac{me}{lui}$ coraggio

Non $\frac{mi\ perdo}{si\ perde}$ o $\frac{mi\ confondo}{si\ confonde}$,

Se cadeſſe ancora il mondo

Nulla mai temer $\frac{mi}{lo}$ fa.

━━━━━

ATTO

ATTO SECONDO.

SCENA. I.

Strada D. GIOVANNI, LEPORELLO.

D. GIO· Eh via buffone,
  Non mi feccar,
LEP. No no padrone
  Non vo reftar?
D. GIO. Sentimi amico:
LEP. Vo andar vi dico.
D. GIO. Ma che ti ho fatto,
  Che vuoi lafciarmi?
LEP. Oh niente affatto!
  Quafi ammazzarmi!
D. GIO.)Va che fei matto:
  a 2)Fù per burlar.
LEPOR.)Ed io non burlo,
)Ma voglio andar. *(Va per par-*
    tire D. Gio. lo richiama.)
              D. GIO.

D. Gio. Leporello.

Lep. Signore.

D. Gio. Vien qui, facciamo pace : prendi.

Lep. Cosa? *(gli dà del danaro.)*

D. Gio. Quattro doppie.

Lep. Oh sentite
Per questa volta ancora
La cerimonia accetto :
Ma non vi si avvezzaste ; non credeste
Di sedurre i miei pari,
Come le donne, a forza di danari.

D. Gio. Non parliam piu di cio ! ti basta
l'animo
Di far quel ch' io ti dico?

Lep. Purchè lasciam le donne,

D. Gio. Lasciar le donne ! pazzo,
Lasciar le donne ? sai ch'elle per me
Son necessarie più del pan che mangio,
Più dell'aria che spiro !

Lep. E avete core
D'ingannarle poi tutte?

D. Gio. E' tutto amore.
Chi a una sola è fedele
Verso l' altre è crudele ; io che in me
sento
Si esteso sentimento,
Vo bene a tutte quante:
Le donne poi che calcolar non sanno
Il mio buon natural chiamano inganno.

Lep.

LEP. Non ho veduto mai
Naturale più vaſto, e più benigno.
Orſù coſa vorreſte?

D. GIO. Odi, vedeſti tu la cameriera
Di D. Elvira?

LEP. Io no.

D. GIO. Non hai vedu'o
Qualche coſa di bello,
Caro il mio Leporello : ora io con lei
Vo tentar la mia ſorte; ed ho penſato
Già che ſiam verſo ſera,
Per aguzzarle meglio l'appe'ito
Di preſentarmi a lei col tuo veſtito.

LEP. E perchè non potreſte
Preſentarvi col voſtro?

D. GIO. Han poco credito
Con gente di tal rango
Gli abiti ſignorili. (ſi cava il proprio
   abito, e ſi mette quello di Lep.)
Sbrigati via.

LEP. Signor....per più ragioni.... (Con
   collera : Lep. ſi mette l'abito di D. Gio.)

D. GIO. Finiſcila, non ſoffro oppoſizioni.

SCE-

440

S C E N A II.

Si fa notte a poco a poco.

D. GIOVANNI, LEPORELLO, D. EL-
VIRA *alla fineſtra.*

D. Eɪ.v. Ah taci ing:uſto core
    Non palpitarmi in ſeno;
    E' un empio, è un traditore,
    E' colpa aver pietà.
Lep. Zitto; di D Elvira
    Signor, la voce io ſento:
D. Gɪo. Cogliere io vo il momento,
    Tu fermati un po là!   (*D. Gɪo. ſi*
        mette dietro Lep. e parla a D.Elv.)
    Elvira, idolo mio....
D. Eʟv. Non è coſtui l'ingrato?
L. Gɪo. Sì vita mia, ſon io,
    E chieggo carità.
D. Eʟv.)Numi che ſtrano affetto,
  a 2)Mi ſi riſveglia in petto!
Lɛpor.)State a veder la pazza,
)Che ancor gli crederà.
D. Gɪo. Diſcendi, o gioja bella:
    Vedrai che tu ſei quella,
    Che adora l'alma miá,
    Pentita io ſono già

                D.

D Elv. No non ti credo o barbaro!

D. Gio. Ah credimi, o m'uccido! (con
                 affettato dolore.)

Lei. Se feguitate io rido.

D. Gio. Idolo mio, vien quà

D. Elv.)Dei! che cimento è questo?
              ognuno a parte.)

)Non fo s'io vado, o refto?

)Ah proteggete voi   .

)La mia credulità. *D. Elv. parte dal_*
              la finestra.)

a 3 Lep.) Già quel mendacc labbro

    Torna a fedur coftei:

)Deh proteggete o Dei

)La fua credulità!

C. Gi.)Spero che cada prefto!

)Che bel colpetto è quefto!

)Più fertile talento

)Del mio no non fi dà.

D. Gi.) Amico. che ti par? (*allegriffimo.*)

Lep. Mi par che abbiate

    Un' anima di bronzo.

D. Gio. Va là che fe' il gran gonzo! afcol-
    ta bene

    Quanto coftei quì viene

    Tu corri ad abbracciarla.

    Falle quattro carezze

    Fingi la voce mia: poi con bell'arte

    Cerca teco condurla in altra parte....

                             Lep.

Lep. Ma fignor....

D. Gio. Non più repliche.

Lep. E fe poi mi conofce?   (mette preffo
          il nafo una piftolla a Leporello.)

D. Gio. Non ti conofcerà, fe tu non vuoi.
          Zitto: ell' apre, ehi giudizio.
                              (D. Gio. In difpar.)

S C E N A   III.

I. fud. D. ELVIRA.

D. Elv. Eccomi a voi.

D. Gio. Veggiamo che farà.

Lep. (Che bell'imbroglio!)

D. Elv. Dunque creder potrò che i pianti
          miei
          Abbian vinto quel cor? Dunque pen-
     ! tito
          L'amato D. Giovanni al fuo dovere
          E all'amor mio ritorna?....

Lep. Si carina!

D. Elv. Crudele! fe fapefte.
          Quante lagrime, e quanti
          Solpir voi mi coftate!

Lep.   Io vita mia?

D. Elv. Voi.

Lep.   Poverina! quanto mi difpiace!

D. Elv. Mi fuggire più?
                    D   Lep.

Lep. No mufo belle.

D. Elv. Sarete fempre mio?

Lep. Sempre.

D. Elv. Cariffimo!

Lep. Cariffima! (la burla mi dà gufto)

D. Elv. Mio teforo!

Lep. Mia Venere!

D. Elv. Son per voi tutta foco.

Lep. Io tutto cenere.

D. Gio. (Il birbo fi rifcalda.)

D. Elv. E non m'ingannerete?

Lep. No ficuro.

D. Elv. Giuratemi.

Lep. Lo giuro a quefta mano
Che bacio con trafporto, a quei bei
lumi

D. Gio. Ih eh ih eh ah ih: fei morto:

D. Elv. Oh Numi! *(fugge con Lep.)*
D. Gio. *finge di uccider qualche-
duno colla fpada alla mano &c.*

D. Gio. Ih eh ih eh ah ih! par che la forte
Mi fecondi: veggiamo:
Le fineftre fon quefte: ora cantiamo.
Deh vieni alla fineftra o mio teforo
Deh vieni a confolar il pianto mio:
Se neghi a me di dar qualche riftoro,
Davanti agli occhi tuoi morir vogl'io.
Tu ch' hai la bocca dolce più che il
mele,

Tu

Tu che il zucchero porti in mezzo
    il core ,
Non effer, gioja mia, con me crudele
Lafc'ati almen veder , mio bell'
    amore.
Vè cente alla fineftra : foife è deffa:
Zi Zi.

S C E N A IV.

D. GIOVANNI , MASETTO *con con-*
tadini armati di fpade e di fu-
cili &c.

MAS. Non ci ftanchiamo: il cor mi dice
    Che trovarlo dobbiam;
D. GIO. (Qualcuno parla.)
MAS.   Fermatevi: mi pare
    Che alcuno qui fi muova.
D. GIO. (Se non fallo è Mafetto)   *(Piano)*
MAS.   Chi va là !   *(Forte)*
    Non rifponde.
    Animo fchioppo al mufo.   *(Più forte)*
    Chi va là,
D. GIO. (Non è fola
    Ci vuol giudizio:) amici....   *(Cerca*
                imitar la voce di lep.)
    (Non mi voglio fcoprir.) Sei tu, Ma-
    fetto ?   *(com s.)*
        D 2   MAS.

MAS.   Appunto quello : e tu ? (*in collera*)

D. GIO. Non mi conoici? il fervo
         Son io di D. Giovanni.

MAS.   Leporello!
         Servo di quell' indegno Cavaliere!

D. GIO. Certo di quel briccone,

MAS.   Di quell' uom fenza onore : ah dimmi
         un poco
         Dove poffiam trovarlo :
         Lo cerco con coftor per trucidarlo.

D. GIO. (Bagatelle!) braviffimo Mafetto,
         Anch' io con voi m'unifco
         Per fargliela a quel birbo di padrone :
         Ma udite un pò qual è la mia inten_
         zione.
         Metà di voi quà vadano, (*accen. a deftra*)
         E gli altri vadan là (*accen. a finiftra*.)
         E pian pianin lo cerchino,
         Lontan non fia di quà.
         Se un uom, e una ragazza,
         Paffeggian per la piazza,
         Se fotto a una fineftra
         Fare all' amor fentite;
         Ferite pur ferite
         Il mio padron farà.
         In tefta egli ha un cappello
         Con candidi pennacchi,
         Addoffo un gran mantello,
         E fpada al fianco egli ha;

                              An-

Andate, fate presto — — (*I contad.*
                              partono.
Tu solo vien con me;   (*a Mas.*)
Bisogna far il resto,
Ed or vedrai cos'è.   (*Pren. Mas-*
     •   *setto, e parte.*)

S C E N A V.

D. GIOVANNI, MASETTO.

D. Gio. Zitto: lascia ch' io senta : ottima-
          mente :
          (*ritorna in scena D. G. conducendo
               seco per la mano Mas.*)
          Dunque dobbiam ucciderlo.
Mas.   Sicuro.
D. Gio. E non ti basteria rompergli l'ossa,
          Fracassargli le spalle....
Mas.   No no voglio ammazzarlo,
          Vo farlo in cento brani.
D. Gio. Hai buone arme ?
Mas.   Cospetto !
          Ho pria questo moschetto....
          E poi questa pistolla....   (*dà il mos-*
               chetto e la pist. a D. Gio.)
D. Gio. E poi ?
Mas.   Non basta?

          D 5   D. Gio.

D. GIO. Eh baſta certo: or prendi,
 Queſta per la piſtolla....
 Queſta per il moſchetto.... (batte col
    roueſcio della ſpada Mas.)

MAS. Ahi ahi

D. GIO. Taci o t'uccido; (minacciandolo
    colle armi alla mano.)
 Queſta per l'ammazzarlo,
 Queſta per farlo in brani,
 Villano, maſcalzon, ceffo da cani.
      (Parte.)

S C E N A. VI.

MASETTO poi ZERLINA.

MAS. Ahi ahi la teſta mia
 Ahi ahi le ſpalle, e il petto....

ZERL. Mi parve di ſentire
 La voce di Maſetto.

MAS. Oddio! Zerlina...
 Zerlina mia ſoccorſo!

ZERL. Coſa è ſtato?

MAS. L'iniquo, il ſcellerato
 Mi ruppe l'oſſa, e i nervi:

ZERL. Oh poveretta me! chi?

MAS. Leporello!
 O qualche diavol cte ſomiglia a lui.

       ZERL.

ZERL. Crudel! non tel diſſio
  Che con quella tua pazza geloſia
  Ti ridurreſti a qualche brutto paſſo,
  Dove ti duole?
MAS. Qui....
ZERL. E poi
MAS. Qui....e ancora qui....
ZERL. E poi non ti duol altro?
MAS. Duolmi un poco
  Queſto piè, queſto braccio, e queſta
    mano.
ZERL. Via via non è gran mal, ſe il reſto
    è ſano.
  Vientene meco a caſa,
  Purchè tu mi prometta,
  D'eſſere men geloſo
  Io io ti guarirò, caro il mio ſpoſo.
Vedrai carino,
  Se ſei buonino,
  Che bel rimedio
  Ti voglio dar.
E naturale,
  Non dà diſguſto,
  E lo ſpeciale
  Non lo ſa far.
E certo balſamo
  Che porto addoſſo,
  Dare tel poſſo
  Se il vuoi provar.

Sa-

Saper vorrefti
Dove mi ftà?
Sentilo battere
Toccami quà!   (Partono.)

SCENA VII.

LEPORELLO, ELVIRA *poi* D. ANNA,
D. OTTAVIO *con fervi e lumi; Ca-*
mera terrena ofcura in cafa di D.
Anna.   ⁓

LEP. Di molte faci il lume
  S'avvicina, o mio ben; ftiamo qui un
    poco
  Fin che da noi fi fcofta....
D. ELV. Ma che temi
  Adorato mio fpofo:
LEP. Nulla....nulla
  Certi riguardi, io vo veder fe il lume
  E già lontano: (ah come)
  Da coftei liberarmi!)
  Rimanti, anima bella.   (*s'allontana*)
D. ELV. Ah non lafciarmi!
  Sola fola in bujo loco
  Palpitar il cor mi fento
  E m'affale un tal fpavento
  Che mi fembra di morir.
LEP. Più che cerco, men ritrovo
            (*andando a tentone etc.*)
                    Que-

Quefta porta fciagurata:
Piano piano l'ho trovata,
Ecco il tempo di fuggir   (*sbaglia*
                              la porta)

D. Ott. Tergi il ciglio o vita mia
                    (*entrano vefliti a lutto*)
E dà calma al tuo dolore,
L'ombra omai del genitore
Più non vuole il tuo martir.

D. An. Lafcia almen alla mia pena
Quefto picciolo rifloro,
Sol la morte, o mio teforo,
Il mio pianto può finir.

D. Elv. Ah dov' è lo fpofo mio! (*fenza*
                              effer vifla.)

Lep. Se mi trovan fon perduto: (*dalla*
                    porta fenza effer vifto)

a 2 (Una porta là vegg'io
        Cheto cheto io vo partir. (*Nel for-*
        tire s'incontrano in Zerl. e Mas.)

S C E N A   VIII.

I fudd. ZERLINA, MASETTO.

Zerl.)
a 2) Ferma, briccone,
Mas.)
) Dove ten vai! (*Lep. s'afconde la*
) Ecco il felbne.   *faccia*)
                              Zerl.

D.An.)Come era quà!
 a 2)
D.Ot.)Ah mora il perfido
)Che m'ha tradito
D.Elv.)E mio marito
)Pietà pietà.
D.Ot.)
Zerl.)E' Donna Elvira
 a 4)Quella ch'io vedo?
Mas.)   ciderlo.)
D.An.)Appena il credo; (in atto di uc-
D.Ott. No no, morrà!
Lep. Perdon perdono.   (Lep. fi fcopre e fi
          mette in ginocchio davanti gli altri)
      Signori miei,
      Quello io non fono,
      Sbaglia coftei;
      Viver lafciatemi
      Per carità!
Tutti.
      Dei! Leporello!
      Che iguanno è qnefto;
      Stupido refto,
      Che mai farà!
      Mille torbidi penfieri
      Mi s'aggiran per la tefta:
      Che giornata o cielo è queftà!
      Che impenfata novità!
Lep. Mille torbidi penfieri
      Mi fi aggiran per la tefta;

                                        Se

Se mi falvo in tal tempefta,
'un prodigio in verità! (*D. Anna*
                       Parte coi fervi.)

S C E N A IX.

ZERLINA, MASETTO, D. ELVIRA, D. OTTAVIO, LEPORELLO.

ZERL. Dunque quello fei tu che il mio
    Mafetto.

    Poco fa crudelmente maltrattafti!

D ELV. Dunque tu m' ingannafti , o fcelle-
    raro,

    Spacciandoti con me da D. Giovanni?

D. OTT. Dunque tu in quefti panni

    Venifti qui per qualche tradimento?

ELV. A me tocca punirti:

D. OTT. Anzi a me:

ZERL. No no a me :

MAS. Accoppatelo meco tutti tre.

LEP. Ah pietà....compaffion....mifericordia.

D. OTT. Non la fperar.

LEP. Udite.... in quefto loco....

    Era aperta la porta... D. Giovanni.

    Pofe a me quefti panni, ed io con lei....

    Scufate , io non ci'ho colpa.... in quel
    momento

    Capitafte coi fervi.... il lume fuggo....

                           Sba-

Sbaglio le ftanze....giro....giro....giro....
Mi fchermifco... m intoppo.... in altri in-
contre...
Di là mi volgo,
Mi caccio quà,
Ma s'io fapeva,
Fuggia per là.   (fug. Lep.)

S C E N A X.

D. ELVIRA , ZERLINA , D. OT-
TAVIO·

D. ELV. Ferma perfido, ferma....
MAS.   Il birbo ha l'ali ai piedi....
ZERL. Con qual arte
Si fottraffe l'iniquo....
Mafetto, vieni meco.   (parte)
D. OTT. Donna Elvira,
Dopo eccelli sì enormi
Dubitar non poffiam, che D. Giovanni
Non fia l'empio uccifore
Del padre di Donn' Anna : in quefta
cafa
Per poche ore fermatevi, un ricorfo
Vo far a chi fi deve, e in pochi iftanti
Vendicarvi promette;
Cofi vuole dover, pietade, affetto.

SCE-

SCENA X.

ZERLINA, e LEPORELLO.

ZERL. Reſtate quà. (*Zerlina con coltello
alla mano conduce fuori
Leporello per li capelli.*

LEP. Per carità Zerlina.

ZERL. Eh non c'è carità pei pari tuoi!

LEP. Dunque cavar mi vuoi...

ZER. I capelli, la teſta, il core, e gli occhi.

LEP. Senti, carina mia... (*Vuol farle al-
cune ſmorfie. Zerl. in atto
minaccioſo lo reſpinge.*

ZERL. Guai ſe mi tocchi!

Vedrai, ſchiuma de' birbi

Qual premio n'ba chi le ragazze inginria.

LEP. (Liberatemi, o Dei, da queſta furia.)

ZERL. Maſetto... o là Maſetto! (*Zerl.
ſi ſtraſcina dietro per tutta la
ſcena Leporello entra un Cont.*

Dove diavolo è ito... ſervi... gente...

Neſſun vien... neſſun ſente...

LEP. Fa piano per pietà... non ſtraſcinarmi.

A coda di cavallo: ·

ZERL. Vedrai, vedrai come finiſce il ballo.

Preſto quà quella ſedia.

LEP. Eccola.

ZERL. Siedi.

LEP.

LEP. Stanco non fon :

ZERL. Siedi o con quefte mani
    Ti ftrappo il cor, e poi lo getto a cani.

LEP. Siedo: ma tu di grazia   (fiede.)
    Metti giù quel rafojo.
    Mi vuoi forfe fbarbar?

TER. Sì mafcalzone!
    fo fbarbare ti vo' fenza fapone.

LEP. Eterni Dei!

TERT. Dammi la man :

LEP. La mano.

TERT. L' altra.

LEP. Ma che vuoi farmi

TERT. Voglio far , voglio far quello che
        parmi.   (Zerl. lega le mani a Lep.
            col fazzoletto. Il cont. l'ajuta.

LEP. Per quefte tue manine
    Candide e tenerelle;
    Per quefta frefca pelle
    Abbi pietà di me !

ZER. Non v'è pietà briccone,
    Son una tigre irata,
    Un afpide, un leone,
    No no pietà non v'è.

LEP. Ah di fuggir fi provi !

ZER. Sei morto fe ti movi.

LEP. Barbari ingiufti Dei!
    In mano di Coftei
    Chi capitar mi fe!

                    ZER.

ZER. Barbaro traditore,
Del tuo padrone il core
Aveli qui con te. (*Lo lega fulla fedia*)
LEP. Deh non mi ftinger tanto!
L'anima mia fen va.
ZER. Sen vada, o refti, in tanto
Non partirai di qua.
LEP. Che ftret... te ... oh Dei... che ...
bot... te...
E gior... no ... ov... vero ... è
not... te...
Che fcos... fe di..tre..muo..to..,
Che.. buja...ofcu. ri..tà.
ZPR. Di gioja. e di diletto
Sento brillarmi il petto;
● Cofi cofi cogli uomini,
O donne mie fi fa.

S C E N A XII.

LEPORELLO *e un Contadino.*

Amico per pietà
Un poco d'acqua frefca, o ch'io mi moro.
Guarda un po come ftretto (*Parte il con.*)
Mi legò l'affaffina! fe poteffi
Liberarmi coi denti.... oh venga il dia-
volo
A disfar quefti gruppi!..., io vovedere
Di rompere la corda... come è forte....
Paura

Paura della morte ,
E tu Mercurio protettor de' ladri
Proteggi un galantuom.... coraggio....
    bravo!
Ciel che veggio.... non ferve
Pria che coftei ritorni
Bifogna dar di fprone alla calcagna
E ftrafcinar fe occorre una montagna.
      (*tira forte , cade la fineftra ove*
      fta legato il capo della corda:
      Leporello fugge ftrafcinado feco
      fedia , e porta.)

SCENA XIII.

ZERLINA , D. ELVIRA *poi Mafetto*
con due Condatini.

ZERL. Andiam andiam Signore.
    Vedrete in qual maniera
    Ho concio il fcellerato.
D. ELV. Ah fopra lui
    Si sfoghi il mio furor,
ZERL. Stelle! in qual modo
    Si falvò quel briccone ?
MAS. No non fi trova
    Un' anima più nera
ZER. Ah Mafetto, Mafetto
    Dove fofti finor?

                MAS.

Mas. Un' infelice
 Volle il ciel ch'io falvaſſi.
 Era io fol pochi paſſi
 Lontan da te, quando gridare io ſento
 Nell' oppoſto ſentiero:
 Con lor v'accorro, veggio
 Una donna che piange,
 Ed un uomo che fugge: vo inſeguirlo
 Mi ſpariſce dagli occhi,
 Ma da quel che mi diſſe la fanciulla,
 Ai tratti, alle ſembianze, alle maniere
 Lo credo quel briccon del Cavaliere.
Ter. E' deſſo ſenza fallo : anche di queſto
 Informiam Don Ottavio: a lui ſi aſpetta
 Far per noi tutti o domandar vendetta.
       (Partono.)

S C E N A. XIV.

D. ELVIRA ſola.

In quali ecceſſi, o Numi, in quai misfatti
 Orribili tremendi
  E' avvolto il ſciagurato !.., ah no non
   puote
 Tardar l' ira del cielo !..
 La giuſtizia tardar !.. ſentir già parmi
 La fatale ſaetta
  Che gli piomba ful capo !.. aperto veggio
    E   Il

Il baratro mortal...., Mifera Elvira,
Che contrafto d'affetti in fen ti nafce!
Per chi quefti fofpiri, e quefte ambafce?
Mi tradì quell' alma ingrata
Infelice oddio mi fa;
Ma tradita, e abbandonata
Provo ancor per lui pietà.
Quando fento il mio tormento,
Di vendetta il cor favella:
Ma fe guardo il fuo cimento,
Palpitando ancor mi va.

SCENA XV.

Loco chiufo.

In forma di Sepolcreto &c. diverfe Sta-
tue equeftri: Statua del Commen-
datore.

D. GIOVANNI *entra pel Muretto*
indi LEPORELLO.

D. Gio. Ah ah ah quefta è buona,
Or lafciala cercar: che bella notte!
E più chiara del giorno; fembra fatta
Per gir a zonzo a caccia di ragazze.
E tardi? Oh ancor non fono
           (guarda full orol.(

               Den

Due della notte; avrei
Voglia un po di faper come è finito
L'affar tra Leporello, e D. Elvi a:
S' gli ha avuto giudizio....

LEP. Alfin vuole ch'io faccia un precipizio.

D. GIO. È deffo; Leporello.

LEP. Chi mi chiama?   (dal muretto)

D. GIO. Non conofci il padrone?

LEP. Cofi nol conofcefti!

D. GIO. Come? birbo?

LEP. Ah fiete voi. fcufate;   (entra)

D. GIO. Cofa è ftato?

LEP. Per cagion voftra io fon in quefto ftato.

D. GIO. Cos' è tal bizzarria? fei matto?

LEP. Matto?
    Io credo, perdonate,
    Che il matto fiate voi.

D. GIO. Ehi Leporello:

LEP. Mancheria che mi defte
    Una mancia di pugni:

D. GIO. Non mi far di que' grugni, e dim-
    mi un poco,
    Come fu quefta fcena?

LEP. In quefto loco?
    Sortiam di qui, datemi i miei veftiti
    Poi tutto vi dirò!

D. GIO. Quefti veftiti (fi cangiano d'abito)
    Meritan, Leporello, una penfione
    Di t nte iftorielle
    Che accadute mi fon per loro merto,
    Una fol ten vo dir.

Lep. Dounefca al certo.

D. Gio C' è dubbio! una fanciulla
Bella giovin galante
Per la ftrada incontrai, le vado appreffo
La prendo per la man, fuggir mi vuole
Dico poche parole, ella mi piglia
Sai per chi?

Lep. Non lo fo.

D. Gio. Per Leporello.

Lep. Per me?

D. Gio. Per te.

Lep. Va bene.

D. Gio. Per la mano
Effa allora me prende:

Lep. Ancora meglio.

D. Gio. M'accarezza, mi abbraccia...
Caro il mio Leporello....
Leporello mio caro....allor m' accorfi,
Ch'era qualche tua bella.

Lep. Oh maledetto!

D. Gio. Dell' inganno approfitto: non fo
come
Mi riconofce: grida; fento gente;
A fuggire mi metto; e pronto pronto
Per quel muretto in quefto loco io monto.

Lep. E mi dite la cofa
Con tale indifferenza!

D. Gio. Perchè no?

Lep. Ma fe foffe
Coftei ftata mia moglie!

                      D. Gio.

D. Gio. Meglio ancora! (*ride molto forte*)

Il Com. Di rider finirai pria dell' aurora.

D. Gio. Chi ha parlato!

Lep. Ah qualche anima (*Con atti di Paura.*)
Sarà dell' altro mondo!
Che vi conosce a fondo.

D. Gio. Taci sciocco!
Chi va là! chi va là! (*Mette ma-no alla spada cerca quá e là pel sepolcreto dando diverse percosse alle statue &c.*)

Il Com. Ribaldo audace
Lascia a' morti la pace:

Lep. Ve l' ho detto.

D. Gio. Sarà qualcun di fuori
Che si burla di noi.... Con indifferenza e sprezzo.

Ehi? del commendatore
Non è questa la statua? leggi un poco
Quella iscrizion.

Lep. Scusate....
Non ho in imparato a leggere!
A raggi della luna....

D. Gio. Leggi dico!

Lep. (DELL' EMPIO, CHE MI TRASSE
AL PASSO ESTREMO (*Legge*)
QUI ATTENDO LA VENDETTA)
Udiste? io tremo!

D. Gio. O vecchio buffonissimo!
Digli che questa sera
L' attendo a cena meco.   Lep.

LEP.   Che pazzia ! ma vi par.... Oh Dei
      mirare
      Che terribili occhiate egli ci dà.
      Par vivo! par che senta !
      E che voglia parlar....
D. GIO. Orsù va là
      O qui t'ammazzo e poi ti seppellisco.
LEP.   Piano piano , signore, ora ubbidisco.
      O statua gentilissima
      Del gran Commendatore..
      Padron, mi trema il core,
      Non posso terminar.
D. GIO.)Finiscila, o nel petto
)Ti metto questo acciar.
)Che gusto che spassetto
a 2   )Lo voglio far tremar :
LEPOR.)Che impiccio; che capriccio!
)Io sentomi gelar.
LEPOR.)O statua gentilissima
      Benche di marmo siate...
      Ah padron mio, mirate (*a D. Gio.*)
      Che seguita a guardar.
D. GIO Mori...,
LEP. No no attendete...
      Signor, il padron mio...
      Badate ben, non io,
      Vorria con voi cenar.
      Ah ah
D GIO Che scena è questa ?
LEP. O ciel chinò la testa!

                 D.

D. Gio. Va là che fe' un buffone...

Lep. . Guardate ancor, padrone!

D. Gio. E che deggio guardar?

Lep.) Colla marmorea tefta

a 2)

) Ei fa cofi cofi;

D. Gio. Parlate fe potete
    Verrete a cena?

Il Com. Sì

Lepor.)Mover mi poffo appena...
)Mi manca o Dei la lena!
)Per carità partiamo

a 2)Andiamo via di quì.

D.Gio.)Bizzarra è inver la fcena
)Verrà il buon vecchio a cena,
)A prepararla andiamo...
)Partiamo via di qui.   (*Partono.*)

S C E N A XVI.

Camera tetra.

D. ANNA , D. OTTAVIO.

D. Ott. Calmatevi idol mio : di quel ribaldo
    Vedrem puniti in breve i gravi ecceffi !
    Vendicati farem.

D. An. Ma il padre oddio ;

                                    D.

D. OTTL Convien chinare il ciglio
    Ai voleri del ciel: refpira o cara!
    Di tua perdita amara
    Fia domani un compenfo
    Quefto cor, quefta mano....
    Che il mio tenero umor....

D. AN. Oh Dei! che dite
    In fi trifti momenti....

D. OTT. E che? vorrefti
    Con indugi novelli
    Accrefcer le mie pene?
    Crudele!

D. AN. Ah no mio ben: troppo mi fpiace
    Allontanarti un ben, che lungamente
    La noftra alma defia.... ma il mondo....
        oddio — —
    Non fedur la couftanza
    Del fenfibil mio core!
    Abbaftanza per te mi parla amore.

Non mi dir, bell'idol mio,
    Che fon io crudel con te;
    Tu ben fai quant' io t'amai,
    Tu conofci la mia fè.
Calma calma il tuo tormento,
    Se di duol non vuoi ch'io mora;
    Forfe un giorno il Cielo ancora
    Sentirà pietà di me.

                    D.

D. Ott. Ah si fegua il fuo paffo : io vo
   con lei
  Dividere i martiri;
  Saran meco men gravi i fuoi fofpiri.

          (parte.)

S C E N A XVII.

(Sala.)

F i n a l e.

D. GIOVANNI, LEPORELLO *alcuni
fuonatori, una menfa preparata per
mangiare.*

D. Gio. **G**ià la menfa è preparata,
  Voi fuonate, amici cari,
  Già che fpendo i miei danari,
  'Io mi voglio divertir.
  Leporello prefto in tavola;
Lep. Son prontiffimo a ubbidir. (*i fervi
   portano in tavola mentre Lep.
   vuol uscire.*)
D. Gio. Che ti par del bel concerto?
   *I fuonatori cominciano a fuo-
   nare e D. Gio. mangia.*)
Lep. E' conforme al voftro merto.
D. Gio. Ah che piato faporito!

         Lep.

LEP. Ah che barbaro appetito, *(a parte)*
(Che bocconi da gigante,
(Mi par proprio di fvenir.
D.GI.(Nel veder i miei bocconi
a 2 (Gli par proprio di fvenir.
D. GIO. Piato.
LEP. Servo.
D. GIO. Verfa il vino. *(Lep. verfa il vino
nel bicchiero)*
Eccellente marzimino! *(Le). can-
gia il piato a D. Giov. e man-
gia in fretta etc·)*
L'EPOR. (Quefto pezzo di fagiano
a 2 (Piano piano vo inghiottir.
D.GIO.(Sta mangiando quel marrano;
(Fingerò di non capir.
D. GIO. Leporello. *(Lo chiama fenza
guardarlo.)*
LEP. Padron mio... *(rifponde colla boc-
co piena.)*
D. GIO. Parla fchietto mafcalzone:
LEP. Non mi lafcia una fluffione
Le parole proferir.
D.GIO. Mentre io mangio fifchia un poco.
LEP. Non fo far:
D Gio. Cos' è? *(Lo guarda, e s'accorge
che fta mangiando.)*
LEP. Scufate:
(Sì eccellente è il voftro cuoco
a 2 (Che lo volli anch'io provar.
D.

D. Gɪ. (Si eccellente è il cuoco mio,
(Che lo volle anch ei provar.

S C E E A XVIII.

I ſud. D. ELVIRA, *ch'entra diſperata-*
mente.

D. Eʟv. L'ultima prova
Dell'amor mio
Ancor vogl'io
Fare con te.
Più non rammento,
Gl' inganni tuoi,
Pietade io ſento...
D. Gɪo.)
a 2) Cos'è, cos è? (*D. Gio. ſorge*)
Lᴇᴘor.)
D. Eʟv. Da te non chiede (*s'inginocchia*)
Queſt alma oppreſſa
Della ſua fede
Qualche mercè.
D. Gɪo. Mi meraviglio!
Coſa volete?
Se non ſorgete, (*D. Gio. s'inginoc-*
chia davanti D. Elv. dopo al-
cun tratto ſorgon ambidue.)
Non reſto in piè !

D.

D.Gi.(Ah non deridere
     (Gli affanni miei!

Lep. (Quaſi da piangere
     (Mi fa coſtei.

a 2
     (Io te deridere?

D.Gi.(Cielo! perchè?   (*D. Gio. sem-*
      pre con affettata tenerezza.)
     Che vuoi mio bene?

D. Elv. Che vita cangi.

D. Gio. Brava!

Lepo.)

   a 2   ) Cor perfido!

D. Elv.)

D. Gio. Laſcia ch'io mangi,
     E ſe ti place,
     Mangia-con me.   (*Torna a ſedere*
                  a mang. etc.)

D. Elv.(Reſtati barbaro
     (Nel lezzo immondo,
     (Eſempio orribile
     (D'iniquità'

Lepor. (Se non ſi muove
     (Nel ſuo dolore,
     (Di ſaſſo ha il core,
   a 3 (O cor non ha.

D. Gio. (Vivan le femmine,
     (Viva il buon vino,
     (Soſtegno, e gloria
     (D'umanita!

D. Elv. Ah!

                 D. Elv.

D. Gio.)
 a 2) Che grido è quefto mai!
LEPOR.)   *(D. Elv. forte, poi rientra*
      mettendo un grido orribile,
      e fugge dall' altra parte.)

D. Gio. Va a veder che cofa è ftato.

LEP. Ah! *(Lep. forte, e prima di tor-*
     nare mette un grido an-
     cor più forte)

D. Gio. Che grido indiavolato!
  L porello che co 'è?

LEP. Ah fignor... per carita!... *(entra*
     fpaventato e chiude l ufcio)
 Non andate fuor di quà...
 L'uom di faffo.... L'uomo bianco...
 Ah padrone!.. io gelo... io man-
  co..
 Se vedefte che figura!...
 Se fentifte come fa.
 Ta ta ta ta ta ta ta

D. Gio. Non capifco niente affatto:
 Tu fei matto in verità; *(Battono*
      alla porta)

LPP. Ah fentite!
D. Gio Qualcun batte.
 Apri...
LEP. Io tremo.
D. Gio. Apri ti dico.
LEP. Ah....

       D. Gio.

D. Gio. (Per togliermi d'intrico
    a 2   (Ad aprir io ſteſſo andrò'
Lépor. (Non vo più veder l'amico
          (s' aſconde ſotto la tavola.)
       (Pian pianin m'aſconderò! (D.
         Gio. piglia il lume e va ad
         aprire etc.

S C E N A   XIX.

I ſudd. il Com.

Il Com. D. Giovanni à cenar teco
    M'invitaſti, e ſon venuto ;
D. Gio. Non l'avrei giammai creduto ;
    Ma farò quel che potrò ?
    Leporello! un' altra cena
    Fa che ſubito ſi porti.
Lep. Ah padron! ſiam tutti morti!
      (mezzo fuori col capo dalla menſa.)
D. Gio. Vanne dico....   (Lep. con molti
       atti di Paura va per partire.)
Il CoM. Ferma un pò.
    Non ſi paſce di cibo mortale
    Chi ſi paſce di cibo celeſte ;
    Altre cure più gravi di queſte,
    Altra brama quaggiù mi guidò !
Lep. La terzana d' avere mi ſembra,
    E le membra fermar più non ſo :
                    D.

D.Gi.Parla dunque : che chiedi, che vuoi ?
Com. (Parlo, afcolta, piu tempo non ho :
D.G.a3(Parla, parla, afcoltando ti fto.
Lep. (Ah'le membra fermar piu non fo.
Com. Tu m'invitafti a cena ,
　　Il tuo dovere or fai ,
　　Rifpondimi . verrai
　　Tu a cenar meco ?
Lep. Oibò !
　　Tempo non ha, fcufate　　(Da lon-
　　　　　　　　　　　　　　tano tremando)
D. Gio. A torto di viltate
　　Tacciato mai farò !
Com Rifolvi.
D. Gio. Ho già rifolto.
Com.　Verrai?
Lep.　Dite di nò.　　　　(a D. Gio.)
D. Gio. Ho Fermo il core in petto :
　　Non ho timor, verrò !
Il Com. Dammi la mano in pegno :
　　　　　　　　　　　　(grida forte)
D. Gio. Eccola , ohimè !
Il Com. Cos' hai ?
D. Gio. Che gelo i quefto mai ?
Il Com. Pentiti : cangia vita :
　　　　E' L'ultimo momento !
D. Cio. Nò nò : ch'io non mi pento
　　　　(vuol fcioglierfi , ma invano.)
　　Vanne lontan da me.
Il Com. Pentiti fcellerato :
　　　　　　　　　　　　D. Gio.

D. Gió.)No vecchio infatuato!

Il Com. Pentiti:

D. Gio. No;

Il Com.)

    a 2) Sì

Lep.   )

D. Gio. No.

Il Com. Ah tempo più non v'è! (*foco*
        da diverfe parti tremuoto etc.)

 . D. Gio. Dal qual tremore infolito,
    Sento affalir gli fpiriti',
    Donde efcono quei vortici
    Di foco pien d'orror!

Coro. Tutto a tue colpe è poco
    Vieni c' è un mal peggior. (*di fot-*
         terra con voci cupe.)

D. Gio. Chi l'anima mi lacera!
    Chi m'agita le vifcere!
    Che ftrazio ohimè che fmania!
    Che inferno! che terror!·

Lep. Che ceffo difperato!
    Che gefti da dannato!
    Che gridi, che lamenti!
    Come mi fa terror!

Coro. Tutto &c. (*il foco crefce D. Gio.*
    fi fprofonda: nel momento fieffo es-
    con tutti gli altri: guardano, met-
    ton un alto grido. fuggono, e cala
    il fipario.

        F i n e.

Così fan tutte, o sia La scuola degli amanti

(Vienna, 1790—second version)

COSÌ FAN TUTTE

O SIA

LA SCUOLA
DEGLI AMANTI.

DRAMMA GIOCOSO

IN DUE ATTI

DA RAPPRESENTARSI

NEL TEATRO DI CORTE L'ANNO 1790.

VIENNA
PRESSO LA SOCIETÀ TIPOGRAFICA.

PERSONAGGI.

Fiordiligi)
e Dorabella)
Dame Ferraresi e sorelle abitanti in Napoli.

Guilelmo)
e Ferrando)
amanti delle medesime.

Despina Cameriera.

D. Alfonso vecchio Filosofo.

Coro di Soldati.

Coro di Servi.

Coro di Marinaj.

La Scena si finge in Napoli.

La Poesia è dell' Abbate DA PONTE, Poeta del Teatro Imperiale.

La musica è del Signor WOLFGANGO MOZZART Maestro di Cappella in attual servigio di S. Maestà Cesarea.

AT-

ATTO PRIMO.

SCENA PRIMA.

Bottega di Caffè.

Ferrando, Guilelmo, D. Alfonso.

Fer. La mia Dorabella
    Capace non è:
    Fedel quanto bella,
    Il cielo la fè.
Guil. La mia Fiordiligi
    Tradirmi non fa,
    Uguale in lei credo
    Coſtanza a beltà.
D. Al. Ho i crini già grigi
    Ex cathedra parlo,
    Ma tali litigi
    Finiſcano quà.

a 2 *Fer.*) No, detto ci avete
      Guil.) Che infide efler ponno,
             Provar cel dovete,
             Se avete oneftà.

D. Al. Tai prove lafciamo . . .
Guil.)   No, no le vogliamo:
Fer.)   O fuori la fpada
            Rompiam l'amiftà.   (*metton ma:*
                                no alla fpada.)

                    a 3

Guil.) Sul vivo mi tocca
Fer.) Chi lafcia di bocca (*ognuno a parte*)
) Sortire un accento
) Che torto le fa.
Al.) O pazzo defire!
        Cercar di fcoprire
        Quel mal che trovato
        Mefchini ci fa.
Guil. Fuor la fpada: fciegliete
        Qual di noi più vi piace.
D. Al. Io fon uomo di pace,   (*placido.*)
        E duelli non fo fe non a menfa.
Fer. O battervi, o dir fubito
        Perchè d'infedeltà le noftre amanti
        Sofpettate capaci.
D. Al. Cara femplicità quanto mi piaci!
Fer. Ceffate di fcherzar, o giuro al cielo! ..
D. Al. Ed io, giuro alla terra,
        Non fcherzo, amici miei;
        Solo faper vorrei

                                    Che

Che razza d'animâli
Son quelle voftre belle,
Se han come tutti noi carne, offa, e
pelle,
Se mangian come noi, fe vefton gonne,
Alfin fe Dee, fe donne fon . . .

Fer.) Son donne
a 2 Guil.) Ma . . . fon tali, fon tali . . .

D. Al. E in donne pretendete
Di trovar fedeltà?
Quanto mi piaci mai, femplicità.
(fcherzando.) E la fede delle femine
Come l'araba Fenice;
Che vi fia ciafcun lo dice:
Dove fia neffun lo fa.

Fer. La Fenice è Dorabella,   (con foco.)
Guil.   La Fenice è Fiordiligi.
D. Al. Non è quefta, non è quella,
Non fu mai, non vi farà.
E la fede etc. . . . .

Fer. Scioccherie di Poeti!
Guil. Scempiaggini di vecchi.
D. Al. Or bene; udite
Ma fenza andar in collera:
Qual prova avete voi, che ognor coftanti
Vi fien le voftri amànti;
Chi vi fe ficurtà, che invariabili
Sono i lor cori?

Fer. Lunga efperienza . . .
Guil. Nobil educazion . . .
                                    Fer.

Fer. Penfar fublime . . .

Guil. Analogia d'umor . . .

Fer. Difintereffe . . .

Guil. Immutabil carattere . . .

Fer. Promeffe . . .

Guil. Protefte . . .

Fer. Giuramenti . . .

D. Al. Pianti, fofpir, carezze, fvenimenti.
    Lafciatemi un po ridere . . .

Fer. Cofpetto!
    Finite di deriderci?

D. Al. Pian piano.
    E fe toccar con mano
    Oggi vi fo che come l'altre fono?

Guil. Non si può dar.

Fer. Non è.

D. Al. Giochiam:

Fer. Giochiamo:

D. Al. Cento zecchini.

Guil. E mille fe volete.

D. Al. Parola.

Fer. Paroliffima.

D. Al. E un cenno, un motto, un gefto
    Giurate di non far di tutto quefto
    Alle voftre Penelopi.

Fer. Giuriamo.

D. Al. Da foldati d'onore

Guil. Da foldati d'onore,

D. Al. E tutto quel farete
    Ch'io vi dirò di far.

                Fer.

Fer. Tutto
Guil. Tuttiſſimo.
D. Al. Braviſſimi.

a 2 *Guil.*) Braviſſimo, Alfonſetto !
    Fer.) Signor Don

Fer. A ſpeſe voſtre
    Or ci divertiremo.
Guil. E de' cento zecchini che faremo?
                      (*a Ferr.*)

Fer. Una bella ſerenata
    Far io voglio alla mia Dea ,
Guil. In onor di Citerea
    Un convito io voglio far.
D. Al. Sarò anch'io de' convitati?
Fer.)
Guil.) Ci farete ſi Signor.

           a 3
    E che brindis replicati
    Far vogliamo al Dio d'amor!
                 (*Partono.*)

S C E N A II.

Giardino ſulla ſpiaggia del mare.

Dorab. Fiordiligi che guardano un ritratto che lor pende al fianco.

Fiord. Ah guarda ſorella.
    Se bocca più bella,

                    Se

      Se aſpetto più nobile
      Si può ritrovar.

Dor.   Oſſerva tu un poco
      Che foco ha ne' ſguardi!
      Se fiamma, ſe dardi
      Non ſembran ſcoccar?

Fiord. Si vede un ſembiante
      Guerriero, ed amante;

Dor.   Si vede una faccia,
      Che alletta, e minaccia.

Fiord. Io ſono felice:

Dor.   Felice ſon io.

a 2.

      Se queſto mio core,
      Mai cangia deſio
      Amore — mi faccia
      Vivendo penar.

Fiord. Mi par che ſtammattina volentieri
      Farei la pazzarella: ho un certo foco,
      Un certo pizzicor entro le vene . . .
      Quando Guilelmo viene . . . ſe ſapeſſi
      Che burla gli vo far!

Dor. Per dirti il vero
      Qualche coſa di nuovo
      Anch'io nell'alma provo: io giurerei
      Che lontane non ſiam dagli imenei.

Fiord. Dammi la mano: io voglio aſtroli-
             carti
      Uh che bell' *Emme*! e queſto
      E un *Pi*: va bene: *matrimonio preſto.*
                         Dor.

Dor. Affè che ci avrei gufto! ..

Fiord. Ed io non ci avrei rabbia.

Dor. Ma che diavol vuol dir che i noftri
fpofi

Ritardano a venir? fon già le fei . . .

Fiord. Eccoli.

S C E N A III.

Le fudette, D. Alfonfo.

Fiord. Non fon effi: è Don Alfonfo
L'amico lor!

Dor. Ben venga
Il fignor Don Alfonfo:

D. Al. Riverifco:

Fiord. Cos'è? perchè qui folo? voi piangete?
Parlate per pietà! che cofa è nato?
L'amante . . .

Dor. L'idol mio . . .

D. Al. Barbaro fato!
Vorrei dir, e cor non ho . . .
Balbettando il labbro va . . .
Fuor la voce ufcir non può . . .
Ma mi refta mezza quà.
Che farete? che farò?
Oh che gran fatalità!
Dar di peggio non si può . . .
Ho di voi, di lor pietà.

Fiord. Stelle! per carità, fignor Alfonfo,
Non ci fate morir. *D. Al.*

D. Al. Convien armarvi
    Figlie mie di coftanza.
Dor. Oh Dei! qual male
    E' addivenuto mai, qual cafo rio?
    Forfe è morto il mio bene?
Fiord. E' morto il mio?
D. Al. Morti non fon, ma poco men che
                  morti.

Dor. Feriti?
D. Al. No:
Fiord. Ammalati?
D. Al. Neppur.
Fiord. Che cofa dunque?
D. Al. Al marzial campo,
    Ordin regio li chiama:
Dor.)
Fiord.)   Ohimè! che fento!
Fiord. E partiran?
D. Al. Sul fatto.
Dor. E non v'è modo
    D'impedirlo?
D. Al. Non v'è.
Fiord. Nè un folo addio? . . .
D. Al. Gli infelici non hanno
    Coraggio di vedervi;
    Ma fe voi lo bramate,
    Son pronti . . .
Dor. Dove fon?
D. Al. Amici, entrate.

                    SCE-

S C E N A IV.

I fudetti, Ferrando, Guilelmo in abito da viaggio etc.

Guil. Sento oddio, che quefto piede
　　　　E' reftìo nel girle avante;
Fer. Il mio labbro palpitante;
　　　　Non può detto pronunziar.
D. Al. Nei momenti i più terribili
　　　　Sua virtù l'Eroe palefa;
Dor.) Or che abbiam la nuova intefa
Fiord.) A voi refta a fare il meno:
　　　　Fate core: a entrambe in feno
　　　　Immergeteci l'acciar.
Guil.) Idol mio la forte incolpa
Fer.) Se ti deggio abbandonar.
Dor. Ah no, no non partirai!
Fiord. No crudel non te ne andrai.
Dor. Voglio pria cavarmi il core.
Fiord. Pria ti vo morire ai piedi.
Fer. (Cofa dici?)
Guil. (Te n'avvedi?)
D. Al. (Saldo amico: finem lauda.)
　　　　　　　a 5.
　　　Il deftin così defrauda
　　　　Le fperanze de' mortali,
　　　　Ah chi mai fra tanti mali,
　　　　Chi mai può la vita amar.
Guil. Non piangere. idol mio.

　　　　　　　　　　　　Fer.

Fer. Non difperarti
Adorata mia fpofa.
D. Al. Lafciate lor tal sfogo: è troppo giufta
La cagion di quel pianto.
Fiord. Chi fa s'io più ti veggio! (*si abbrac-
ciano teneramente.*)
Dor. Chi fa fe più ritorni!
Fiord. Lafciami quefto ferro: ei mi dia
morte
Se mai barbara forte
In quel feno a me caro . . .
Dor. Morrei di duol, d'uopo non ho d'ac-
ciaro.
Fer. Non farmi anima mia,
Quefti infaufti prefagi;
Proteggeran gli Dei
La pace del tuo cor ne' giorni miei.
Fer.) Al Fato dan legge
a 2) Quegli occhi vezzofi;
Guil.) Amor li protegge,
Nè i loro ripofi
Le barbare ftelle
Ardifcon turbar.
Il ciglio fereno,
Mio bene, a me gira;
Felice al tuo feno
Io fpero tornar.
D. Al. (La comedia è graziofa, e tutti due
Fan ben la loro parte.) (*fuono di
tamburo in diftanza.*)
Fer.

Fer. Oh cielo! quefto
    E' il tamburo funefto
    Che·a divider mi vien dal mio teforo.
D. Al. Ecco, amici, la barca.
Fiord. Io manco.
Dor. Io moro.

S C E N A V.

Marchia militare in qualche diftanza,
poi il feguente.

Coro.

Bella vita militar!
    Ogni dì si cangia loco
    Oggi molto, doman poco,
    Ora in terra, ed or ful mar.
Il fragor di trombe, e pifferi
    Lo fparar di fchioppi, e bombe
    Forza accrefce al braccio, e all'
        anima
    Vaga fol di trionfar.
Bella vita militar.
D. Al. Non v'è più tempo, amici; andar
        conviene
    Ove il deftino, anzi il dover v'invita.
Fiord. Mio cor . . .
Dor. Idolo mio . . .
Fer. Mio ben . . .
               Guil.

Guil. Mia vita . . .

Fiord. Ah per un fol momento . . .

D. Al. Del voftro Reggimento
Già è partita la barca
Raggiungerla convien coi pochi amici
Che fu legno più lieve
Attendendo vi ftanno.

Fer.)
a 2) Abbracciami idol mio.
Guil.)

Fiord.)
a 2) Muojo d'affanno.
Dor.)

Fiord. Di .. fcri .. ver .. mi .. ogni .. gior .. no
Giurami . . . vita . . . mia *(piangendo.)*

Dor. Due vol . . . te . . . an . . . cora . . .
Tu . . . fcri . . . vimi . . . fe . . . puoi . . .

Fer. Sii certa; o cara . . .

Guil. Non . . . dubitar mio bene . . .

D. Al. (Io crepo fe non rido.)

Fiord. Sii coftante a me fol . . .

Dor. Serbati fido:

Fer. Addio:

Guil. Addio:

Dor.)
Fiord.) Addio :

a 4.

Mi si divide il cor. bell'idol mio.

Il

Il coro ripete.
Bella vìta militar etc.   (*le amanti*
reſtano immobili ſulla ſponda del
mare : la barca allontanasi tra
ſuon di tamburi etc.)

S C E N A VI.

Le ſudette e D. Alſonſo.

Dor. Dove ſon?   (*in atto di chi rinviene*
da un letargo.)
D. A. Son partiti.
Fior. Oh dipartenza
     Crudeliſſima amara!
D. Al. Fate core,
     Cariſſime figliuole; (*Da lontano fa-*
          cendo motto col fazzoletto.)
     Guardate, da lontano
     Vi fan cenno con mano i cari ſpoſi.
Fiord. Buon viaggio, mia vita :
Dor. Buon viaggio.
Fiord. Oh Dei! come veloce
     Se ne va quella bàrca! già ſpariſce!
     Già non si vede più. Deh faccia il
               cielo
     Ch'abbia proſpero corſo.
Dor. Faccia che al càmpo giunga
     Con fortunati auſpici:
D. Al. E a voi ſalvi gli amanti, a me gli
               amici.

a 3
Soave sia il vento
  Tranquilla sia l'onda,
  Ed ogni elemento
  Benigno riſponda
  Ai noſtri deſir. (*partono le due*
                              donne.)

S C E N A VII.

D. Al. Non ſon cattivo comico! va bene...
  Al concertato loco i due Campioni
  Di Ciprigna, e di Marte
  Mi ſtaranno attendendo; or ſenza in-
                            dugi,
  Raggiungerli conviene..quante ſmorſie,
  Quante buffonerie! . . .
  Tanto meglio per me . . .
  Cadran più facilmente:
  Queſta razza di gente è la più preſta
  A cangiarsi d'umore: oh poverini!
  Per femina giocar cento zecchini?
  ,, Nel mare ſolca, e nell'arena ſemina
  ,, E il vago vento ſpera in rete accol-
                            gere
  ,, Chi fonda ſue ſperanze in cor di
                            femina.

SCE-

S C E N A   VIII.

Camera gentile con diverfe fedie; un ta‑
volino etc. tre porte: due laterali; una
di mezzo.

Defpina che fia facendo il cioccolatte.

Defp. Che vita maladetta
 E' il far la cameriera!
 Dal mattino alla fera
 Si fa , si fuda, si lavora, e poi
 Di tanto che si fa nulla è per noi.
 E' mezza ora che sbatto,
 Il cioccolatte è fatto , ed a me tocca,
 Reftar ad odorarlo a fecca bocca?
 Non è forfe la mia come la voftra
 O garbate fignore,
 Che a voi defli l'effenza, e a me l'odore?
 Per Bacco vo affaggiarlo : cofpettaccio!
 Com'è buono! vien gente! (*si forbe*
 Oh ciel fon le padrone : *la bocca.*)
 Madame , ecco la voftra collazione.

B   SCE-

SCENA IX.

*Desp. Dor. Fiord. ch'entrano disperata-
mente etc. Desp. presenta il cioccolatte
sopra una guantiera. Dor. gitta tutto
a terra.*

Desp. Diamine! cofa fate?
Fiord. Ah!   (*si cavano entrambe tutti*
Dor. Ah!   *gli ornamenti donnefchi, etc.*)
Desp. Che cofa. è nato?
Fiord. Ov' è un acciaro?
        Un veleno dov'è? . . .
Desp. Padrone dico! . . .
Dor. Ah fcofiati, paventa il trifto effetto
D'un difperato affetto:
Chiudi quelle fineftre . . . odio la luce,
Odio l'aria che fpiro . . . odio me fteffa,
Chi fchernifce il mio duol . . . chi mi
                        confola.
Deh fuggi per pietà, lafciami fola.
      Smanie implacabili
        Che m'agitate,
        Entro queft'anima
        Più non ceffate
        Fin che l'angofcia
        Mi fa morir.
    Efempio mifero
        D'amor funefto
        Darò all'Eumenidi

                        Se

Se viva reſto
Col ſuono orribile
De' miei ſoſpir : (*si metton a*
ſedere in diſparte da forſennate.)

Deſp. Signora Dorabella,
 Signora Fiordiligi,
 Dite coſa è ſtato?

Dor. Oh terribil disgrazia!

Deſp. Sbrigatevi in buonora.

Fiord. Da Napoli partiti
 Sono gli amanti noſtri.

Deſp. Non c'è altro ? (*ridendo.*)
 Ritorneran.

Dor. Chi ſa !

Deſp. Come chi ſa? (*com. ſopra.*)
 Dove ſon iti ?

Dor. Al campo di battaglia.

Deſp. Tanto meglio per loro :
 Li vedrete tornar carchi d'alloro.

Fiord. Ma ponno anche perir.

Deſp. Allora poi
 Tanto meglio per voi.

Fiord. Sciocca, che dici ? (*ſorge arrabbiata.*)

Deſp. La pura verità, due ne perdete,
 Vi reſtan tutti gli altri.

Fiord. Ah perdendo Guilelmo
 Mi pare ch'io morrei!

Dor. Ah Ferrando perdendo
 Mi par che viva a ſepellirmi andrei.

Deſp. Brave, vi par, ma non è ver: finora

Non vi fu donna che d'amor fia morta.
Per un uomo morir! altri ve n'hanno
Che compenfano il danno:

Dor. E credi che potria,
Altro uomo amar chi s'ebbe per amante
Un Guilelmo, un Ferrando?

Defp. Han gli altri ancora
Tutto quello ch'hanno effi.
Un uomo adeffo amate
Un'altro n'amerete: uno val l'altro,
Perchè neffun val nulla:
Ma non parliam di ciò; fono ancor vivi,
E vivi torneran; ma fon lontani,
E piuttofto che in vani
Pianti perdere il tempo,
Penfate a divertirvi.

Fiord. Divertirci?   (*con trafporto di*

Defp. Sicuro! e quel ch'è meglio   *collera.*)
Far all'amor come affaffine, e come
Faranno al campo i voftri cari amanti.

Dor. Non offender così quelle alme belle
Di fedeltà, d'intatto amore efempi.

Defp. Via via paffaro i tempi
Da fpacciar quefte favole ai bambini.
In Uomini, in Soldati,
Sperare fedeltà?
Non vi fate fentir per carità!
    Di pafta fimile
        Son tutti quanti:
        Le fronde mobili,

                                L'aure

L'aure incoftanti
Han più degli uomini
Stabilità.
Mentite lagrime,
Fallaci fguardi,
Voci ingannevoli,
Vezzi bugiardi
Son le primarie
Lor qualità.
In noi non amano
Che'l lor diletto;
Poi ci difpregiano,
Neganci affetto,
Nè val da' barbari
Chieder pietà.
Pagliam, o femmine,
D'ugual moneta
Quefta malefica
Razza indifcreta;
Amiam per comodo,
Per vanità.
La la la lera
La ra la ra.   *(partona.)*

S C E N A X.

Don Alf. folo poi Defp.

D. *Alf.* Che filenzio! che afpetto di triftezza
Spirano quefte ftanze! poverette!.

Non

Non han già tutto il torto:
Bifogna confolarle: in fin che vanno
I due creduli fpofi,
Com'io loro commifi, a mafcherarfi
Penfiam cofa può farfi . . .
Temo un po per Defpina., . . . quella
              furba
Potrebbe riconofcerli; potrebbe
Rovefciarmi le machine, ..vedremo..
Se mai farà bifogno,
Un regaletto a tempo, un zecchinetto
Per una Cameriera è un gran fcongiuro.
Ma per efler ficuro fi potria
Metterla in parte a parte del fecreto.
Eccellente è il progetto . . .
La fua camera è quefta . . .
Defpinetta;   *(batte.)*

Defp. Chi batte.
D. Al. Oh:
Defp. Ih :
D. Al. Defpina mia,
     Di te bifogno avrei.
Defp. Ed io niente di lei.
D. Al. Ti vo fare del ben :
Defp. Non n'ho bifogno
     Un uomo come lei non può far nulla.
D. Al. Parla piano ed offerva. *(moftrandole*
               una moneta d'oro.)
Defp. Me lo dona ?
D. Al. Si, fe meco fei buona.

                      Defp.

Desp. E che vorrebbe?
  E' l'oro il mio giulebbe.
D. Al. Ed oro avrai,
  Ma ci vuol fedeltà.
Desp. Non c'è altro? son quà.
D. Al. Prendi ed ascolta.
  Sai che le tue padrone
  Han perduti gli amanti.
Desp. Lo so.
D. Al. Tutti i lor pianti
  Tutti i deliri loro anco tu sai.
Desp. So tutto.
D. Al. Or ben, se mai
  Per consolarle un poco,
  E trar come diciam, chiodo per chiodo,
  Tu ritrovassi il modo
  Da metter in lor grazia
  Due soggetti di garbo,
  Che vorrieno provar, già mi capisci . .
  C'è una mancia per te di venti scudi
  Se li fai riuscir.
Desp. Non mi dispiace
  Questa proposizione.
  Ma con quelle buffone . . . basta udite:
  Son giovani, son belli, e sopra tutto
  Hanno una buona borsa
  I vostri concorrenti?
  (Per me questa mi preme:)
D. Al. Han tutto quello
  Che piacer può alle donne di giudizio.
         Li

Li vuoi veder?

Desp. E dove son?

D. Al. Son lì:

Li posso far entrar?　(*D. Al. fa entrar*

Desp. Direi di sì.　　　　　*gli amanti.*)

D. Al. Alla bella Despinetta
　　　　Vi presento amici miei;
　　　　Non dipende che da lei
　　　　Consolar il vostro cor.

Guil.) Per la man che lieto io bacio,

Fer.)　　　　(*con tenerezza affettata.*)
　　　　Per quei rai di grazie pieni,
　　　　Fa che volga a me sereni
　　　　I begli occhi il mio tesor.

Desp. Che sembianze! che vestiti!
　　　　Che figure! che mustacchi!　(*dase*
　　　Io non so se son Vallacchi, *ridendo.*)
　　　　O se Turchi son costor.

D. Al. (Che ti par di quel aspetto.) (*piano*
　　　　　　　　　　　a Despina.)

Desp. Per parlarvi schietto, schietto,
　　　　Hanno un muso fuor dell'uso,
　　　　Vero antidoto d'amor.

D. Al.) Or la cosa è appien decisa;

Guil.)　　　　　　li

Fer.)　Se costei non ci ravvisa

　　　) Non c'è più nessun timor.

Desp.) Che figure! che mustacchi!
　　　) Io non so se son Vallacchi,
　　　) O se Turchi son costor.

　　　　　　　　　　　Fiord.

500

Fiord.)   Ehi Defpina! olà Defpina.
Dor.)   (*dentro le quinte.*)
Defp.   Le padrone!
D. Al. Ecco l'iftante !   (*a Defp.*)
       Fa con arte : io qui m'afcondo.
                        (*si ritira.*)

S C E N A XI.

I fudetti Fiord. Dor.

Fiord.) Ragazzaccia tracotante,
Dor.)   Che fai lì con fimil gente ;
          Falli ufcire immantinente,
          O ti fo pentir con lor.
Fer.) Ah Madame perdonate : (*s'inginoc-*
Guil.)   Al bel piè languir mirate   *chiano.*)
Defp.)   Due mefchin di voftro merito
        Spafimanti adorator.
Dor.) Giufti Numi! cofa fento ?
Fiord.)   Dell' enorme tradimento
        Chi fu mai l'indegno autor.
Defp.)
Guil.) Deh calmate quello sdegno !
Fer.)
          a 6.
Dor.) Ah che più non ho ritegno !
Fiord.)   Tutta piena ho l'alma in petto
       Di difpetto, e di furor.
       Ah perdon mio bel diletto,
                     In-

Innocente, è queſto cor.

Guil.) Qual diletto, è a queſto petto

Fer.) Quella rabbia, e quel furor.

Deſp.) Mi dà un poco di foſpetto (*D. Al.*
) 　　　　　　　　　　　*dalla porta.*)

D. Al,) Quella rabbia, è quel furor.

D. Al. Che fuſurro! che ſtrepito!
Che ſcompiglio è mai queſto! ſiete pazze,
Care le mie ragazze?
Volete ſollevar il vicinhto?
Coſa avete? che è nato?

Dor. Oh ciel! mirate
Uomini in caſa noſtra?　　　(*con furore.*)

D. Al. Che male c'è?　　(*ſenza guardarli.*)

Fiord. Che male? in queſto giorno?
Dopo il caſo funeſto?　　　　(*con foco.*)

D. Al. Stelle! ſogno, o ſon deſto? amici
　　　　　　　　　　　miei,
Miei dolciſſimi amici?
Voi quì? come? perche! quando! in
　　　　　　　　qual modo
Numi! quanto ne godo! (ſecondatemi.)

Fer. Amico D. Alfonſo!　　(*ſi abbracciano*

Guil. Amico caro!　　　　*con traſporto.*)

D. Al. Oh bella improvviſata!

Deſp. Li conoſcete voi?

D. Al. Se li conoſco! queſti (*come ſopra.*)
Sono i più dolci amici
Ch'io m'abbia in queſto mondo,
E voſtri ancor ſaranno.

　　　　　　　　　　　　Fiord.

Fiord. E in cafa mia che fanno?
Guil. Ai voftri piedi
Due rei, due delinquenti, ecco Ma-
dame!

Amor . . .
Fiord. Numi! che fento?
Fer. Amor il Nume . . . *(Le donne si ri-*
tirano essi le inseguono.)
Si poffente per voi, qui ci conduce.
Guil. Vifta appena la luce
Di voftre fulgidiffime pupille . . .
Fer. Che alle vive faville . . .
Guil. Farfallette amorofe, e agonizzanti . . .
Fer. Vi voliamo davanti . . .
Guil. Ed ai lati, ed a retro . . .
Fer. Per implorar pietade in flebil metro!
Fiord. Stelle che ardir!
Dor. Sorella che facciamo?
Fiord. Temerari, fortite, *(Desp. forte im-*
paurita.)

Fuori di quefto loco: e non profani
L'alito infaufto degl'infami detti
Noftro cor, noftro orecchio, e noftri affetti.
Invan per voi, per gli altri invan si
cerca
Le noftre alme fedur: l'intatta fede
Che per noi già si diede ai cari amanti
Saprem loro ferbar infino a morte,
À difpetto del mondo, e della forte.

Come

Come fcoglio immoto refta
  Contra i venti , e la tempefta,
  Così ognor queft'alma è forte
  Nella fede , e nell'amor.
Con noi nacque quella face
  Che ci piace , e ci confola,
  E potrà la morte fola
  Far che cangi affetto il cor.
Rifpettate , anime ingrate
  Quefto efempio di coftanza,
  E una barbara fperanza
  Non vi renda audaci ancor. (*van per*
  partire Fer. la richiama
  Guil. richiama l'altra.)

Fer. Ah non partite !
Guil.   Ah barbare reftate !   (*a Dor.*)
  Che vi pare ?   (*a D. Alf.*)
D. Al. (Afpettate.)
  Per carità , ragazze,
  Non mi fate più far trifta figura.
Dor. E che pretendereſte ?   (*con foco.*)
D. Al. Eh nulla . . . ma mi pare . . .
  Che un pochin di dolcezza . . .
  Alfin fon galantuomini,
  E fono amici miei.
Fiord. Come ! e udire dovrci?
Guil. Le noftre pene
  E fentirne pietà !
  La celefte beltà degli occhi voftri
  La piaga aprì nei noftri

                                    Cui

Cui rimediar può folo
Il balfamo d'amore.
Un folo iftante il core aprite, o belle
A fue dolci facelle, o a voi davanti
Spirar vedrete i più fedeli amanti.
Rivolgete a lui lo fguardo. *(a Fiord.)*

Non fiate ritrofi
  Occhietti vezzofi
  Due lampi amorofi
  Vibrate un po quà.

Voi fiete forieri
  Di dolci penfieri
  Chi guardavi un poco
  Di foco fi fa.

Non è colpa noftra
  Se voi ci abbruciate
  Morir non ci fate
  In sì buona età.

Felici rendeteci,
  Amate con noi,
  E noi feliciffime
  Faremo anche voi;
  Guardate, toccate,
  Il tutto offervate;
  Siam due cari matti
  Siam forti, e ben fatti,

E

E come ognun vede,
Sia merito, o cafo,
Abbiamo bel piede,
Bell'occhio bel nafo;
E quefti muftacchi
Chiamare si poffono
Trionfi degli uomini,
Pennacchi d'amor.

(qui le ragazze partono
con collera.)

S C E N A XII.

D. Alfonfo, Guil. Ferrando.

I due amanti ridono fmoderamente, e
burlano Don Alfonfo.

D. Alf. E voi ridete?
Guil.)
Fer.) Certo ridiamo. (ridono fortissimo.)
D. Al. Ma cofa avete?
Guil.)
Fer.) Già lo fappiamo. (come fopra.)
D. Al. Ridete piano.
Guil.)
Fer.) Parlate invano.
D. Al. Se vi fentiffero,

So

Se vi fcopriffero,
Si guafterebbe
Tutto l'affar.

a 3.

Guil.) Ah che dal ridere   (*ridono fotto*
Fer.)   *voce sforzandosi di non ridere.*)
L'alma dividere,
Ah che le vifcere
Sento fcoppiar.

D. Al.) Mi fa da ridere
)   Quefto lor ridere
)·   Ma fo che in piangere
)   Dee terminar.

D. Al. Si può fapere un poco
La cagion di quel rifo?

Guil. Oh cofpettaccio,
Non vi pare che abbiam giufta ragione
Il mio caro Padrone?

Fer. Quanto pagar volete,
E a monte è la fcommeffa?

Guil. Pagate la metà. (*fempre fcherzando.*)

Fer. Pagate folo
Ventiquattro zecchini.

D. Al. Poveri innocentini!
Venite quà vi voglio
Porre il ditino in bocca.

Guil. E avete ancora
Coraggio di fiatar?

D. Al. Avanti fera
Ci parlerem.

Fer.

507

Fer. Quando volete.

D. Al. Intanto
  Silenzio, e ubbidienza,
  Fino a doman mattina.

Guil. Siamo soldati, e amiam la disciplina.

D. Al. Or bene: andate un poco
  Ad attendermi entrambi in giardinetto,
  Colà vi manderò gli ordini miei.

Guil. Ed oggi non si mangia?

Fer. Cosa serve.
  A battaglia finita
  Fia la cena per noi più saporita.
   Un'aura amorosa
    Del nostro tesoro
    Un dolce ristoro
    Al cor porgerà.
   Al cor che nudrito
    Da speme, da Amore
    Di un'esca migliore
    Bisogno non ha.   (*Partono.*)

S C E N A XIII.

D. Alf. solo poi Despina.

Oh la saria da ridere: sì poche
Son le donne costanti in questo mondo,
E quì ve ne son due .. non farà nulla ..
Vieni vieni fanciulla, e dimmi un poco
Dove sono, e che fan le tue padrone.

        Desp.

Desp. Le povere buffone
      Stanno nel giardinetto
      A lagnarsi coll'aria, e colle mofche
      D'aver perfo gli amanti.
D. Al. E come credi
      Che l'affar finirà? vogliam fperare
      Che faranno giudizio?
Desp. Io lo farei;
      E dove piangon effe io riderei.
      Difperarsi, ftrozzarsi
      Perchè parte un'amante?
      Guardate che pazzia!
      Se ne pigliano due, s'uno va via.
D. Al. Brava! quefta è prudenza.
      (Bifogna impuntigliarla.)
Desp. E' legge di natura
      E non prudenza fola: amor cos'è?
      Piacer, comodo, gufto,
      Gioja, divertimento,
      Paffattempo, allegria: non è più amore
      Se incomodo diventa:
      Se in vece di piacer nuoce e tormenta.
D. Al. Ma intanto quefte pazze?
Desp. Quelle pazze
      Faranno a modo noftro: è buon che
                           fappiano
      D'effer amate da color.
D. Al. Lo fanno.
Desp. Dunque riameranno,
      Diglielo, si fuol dire.
                C   *D. Al.*

509

E lafcia fare al diavolo.

D. Al. Ma come

Far vuoi perchè ritornino

Or che partiti fono, e che li fentano,

E tentare si lafcino

Quefte tue beftioline?

Defp. A me lafciate

La briga di condur tutta la machina;

Quando Defpina machina una cofa

Non può mancar d'effetto: ho già me-

nati

Mill'uomini pel nafo,

Saprò menar due femine: fon ricchi

I due Monsù muftacchi?

D. Al. Son ricchiffimi.

Defp. Dove fon?

D. Al. Sulla ftrada

Attendendo mi ftanno.

Defp. Ite, e ful fatto

Per la picciola porta

A me riconduceteli: v'afpetto

Nella camera mia:

Purchè tutto facciate

Quel ch'io v'ordinerò, pria di domani

I voftri amici canteran vittoria:

Ed effi avranno il gufto, ed io la gloria.

(*partono.*)

SCE-

S C E N A XIV.

Giardinetto gentile:

Due Sofà d'erba ai lati.

Dorabella, Fiordiligi.

Ah che tutta in un momento
  Si cangiò la forte mia,
  Ah che un mar pien di tormento
  E' la vita omai per mè.
Finchè meco il caro bene
  Mi lafciar le ingrate ftelle
  Non fapea cos'eran pene,
  Non fapea languir cos'è.
Ah che tutta in un momento
  Si cangiò la forte mia,
  Ah che un mar pien di tormento
  E' la vita omai per me.

S C E N A XV.

*Le fudette Guil. Fer. e D. Alf. dentro le
quinte poi Defp.*

Fer.) Si mora sì, si mora
Guil.)   Onde appagar le ingrate;
D. Al. C'è una fperanza ancora;
    Non fate oh Dei, non fate.
       C 2   *Dor.*

Dor.)
Fiord.) Stelle che grida orribili!

Fer.)
Guil.) Lafciatemi.

D. Al. Afpettate.

Guil.) L'arfenico mi liberi   (*bevono e git-*
Fer.) Di tanta crudeltà. *tan via il nappo.*
       nel voltarsi vedono le due donne,)

Dor.)
Fiord.) Stelle un velen fu quello?

D. Al.   Veleno buono, e bello,
          Che ad effi in pochi iftanti
          La vita toglierà.

Dor.) Il tragico fpettacolo
Fiord.) Gelare il cor mi fa!

Guil.) Barbare avvicinatevi:
Fer.) D'un difperato affetto
          Mirate il trifto effetto
          E abbiate almen pietà.

Dor.)' Il tragico fpettacolo
Fiord.) Gelare il cor mi fa.

Guil.) Ah che del Sole il raggio
Fer.) Fofco per me diventa.

a 5 D. Al.) Tremo: le fibre, e l'anima
   Fiord.) Par che mancar si fenta,
      Dor.) Ne può la lingua, o il labbro
) Accenti articolar.

D. Al. Già che a morir vicini
        Sono quei mefchinelli

                              ·Pie-

512

Pietade almeno a quelli
Cercate di moſtrar.

Dor.) Gente accorrete, gente!
Fiord.)   Neſſuno oddio ci ſente.
Deſpina . . .

Deſp.   Chi mi chiama?   (*di dentro.*)

Fiord.)
Dor.)   Deſpina?

Deſp. Coſa vedo!   (*in ſcena.*)
Morti i meſchini io credo;
O proſſimi a ſpirar.

D. Al, Ah che pur troppo è vero!
Furenti, diſperati.
Si ſono avvelenati:
Oh amore ſingolar!

Deſp.   Abbandonar i miſeri
Saria per voi vergogna.
Soccorrerli biſogna:

Dor.)
a 3 Fio d.)   Coſa poſſiam mai far?
D. Al.)

Deſp.   Di vita ancor dan ſegno
Colle pietoſe mani
Fate un po lor ſoſtegno,
E voi con me correte;
Un medico, un antidoto
Voliamo a ricercar.

Dor.) Dei che cimento è queſto!
Fiord.)   Evento più funeſto
Non si potea trovar.

                              Fer.

Fer.) Più bella comediola
Guil.) Non sì potea trovar.   (*a parte.*)

Fer.)
Guil.)   Ah!

Dor.)
Fiord.)   Sofpiran gli infelici.

Fiord. Che facciamo?   (*ſtando lontano*
Dor.   Tu che dici?   *dagli amanti.*)
Fiord. In momenti sì dolenti
      Chi potriali abbandonar?
Dor. Che figure intereſſanti!   (*s'accoſtano*
                   un poco.)
Fiord. Poſſiam farci un poco avanti.
Dor. Ha freddiſſima la teſta.
Fiord. Fredda fredda, è ancora queſta.
Dor. Ed il polſo?
Fiord. Io non gliel ſento,
Dor.   Queſto batte lento lento.
a 2 Ah ſe tarda ancor l'aita
      Speme più non v'è di vita.
      Poverini! la lor morte
      Mi farebbe lagrimar.
Guil.) Più domeſtiche, e trattabili
Fer.) Sono entrambe diventate:
D. Al.) Sta a veder che lor pietate
      Va in amore a terminar.

                            (*D. Al. a parte.*)

                  SCE-

S C E N A XVI.

I ſudetti Deſp. traveſtita da medico.

D. Al.   Eccovi il medico,
    Signore belle.
Fer.) (Deſpina in maſchera.
Guil.)   Che triſta pelle !)
Deſp.   Salvete amabiles
    Bonae puellae :
Dor.) Parla un linguaggio
Fiord.) Che non ſappiamo.
Deſp. Come comandano
    Dunque parliamo :
    So il greco, e l'arabo,
    So il turco, e il vandalo,
    Lo ſveco, e il tartaro
    So ancor parlar.
D. Al. Tanti linguaggi
    Per ſe conſervi :
    Quei miſerabili
    Per ora oſſervi :
    Preſo hanno il toſſico ;
    Che ſi può far ?
Dor.) Signor Dottore
Fiord.) Che ſi può far ?
Deſp. Saper biſognami (*tocca il poiſo, e la*
    Pria la cagione   *fronte ad uno, ed*
    E quinci l'indole   *all'altro.*)
    Della pozione ;

         Se

> Se calda, o frigida
> Se poca, o molta,
> Se in una volta,
> Bebberla, o in più.

D. Al.) Preſo han l'arſenico

Dor.)   Signor dottore;

Fiord.)   Qui dentro il bebbero,
> La cauſa è amore,
> Ed in un ſorſo
> Sel mandar giù.

Deſp. Non vi affannate,
> Non vi turbate
> Ecco una prova
> Di mia virtù: (*tocca con un pezzo
> di calamita la teſta ai finti infermi, e
> ſtriſcia dolcemente i loro corpi per lungo.*)

Dor.) Egli ha di un ferro

Fiord.)   La man fornita,

Deſp.   Queſto è quel pezzo
> Di calamita
> Pietra Mcſmerica,
> Ch'ebbe l'origine,
> Nell'Alemagna
> Che poi si celebre
> Là in Francia fu.

    Dor.) Come si muovono

a 3   *Fiord.*) Torcono, ſcuotono

    D. Al.)   In terra il cranio
> Preſto percuotono.

Deſp. Ah lor la fronte.
> Tenete ſu.   *Dor.*

Dor.) Eccoci pronte. (*mèttón la man*
a 2 Fiord.)   *alla fronte dei due amanti.*)

Desp. Tenete forte:
    Coraggio : or liberi
    Siete da morte;

Dor.) Attorno guardano:
Fiord.) Forze riprendono :   (*forgono in-*
D. Al.) Ah quefto medico   *piedi.*)
    Vale un Perù.

Fer.) Dove fon! che loco è quefto!
Guil.) Chi è colui! color chi fono!
    Son di Giove innanzi al trono?
    Sei tu Palla , o Citerea?
    No , tu fei l'alma mia Dea;
    Ti ravvifo al dolce vifo :
    E alla man ch'or ben conofco
    E che fola è il mio tefor. (*abbrac-*
    ciano le amanti teneramente.)

Desp.) Son effetti ancor del toffico (*e bacian*
D. Al.) Non abbiate alcun timor.   *loro la*
                       mano etc.)

Dor.) Sarà ver ma tante fmorfie
Fiord.)   Fanno torto al noftro onor.
Fer.) Dalla voglia ch'ho di ridere (*a parte*)
Guil.) Il polmon mi fcoppia or or.
    Per pietà bell'idol mio
    Volgi a me le luci liete.   (*alle*
Dor.)   *amanti.*)
Fiord.) Più refifter non pofs'io.
Desp.) In poch'ore lo vedrete
D. Al.) Per virtù del magnetifmo

Finirà quel paroffifmo,
  Torneranno al primo umor.
Guil.) Dammi un bacio o mio teforo,
Fer.) Un fol bacio, o quì mi moro.
Dor.)
Fiord.) Stelle! un bacio?
Defp.) Secondate,
D. Al.) Per effetto di bontate.
Dor.) Ah che troppo sì richiede
Fiord.) Da una fida onefta amante,
   Oltraggiata è la mia fede,
   Oltraggiato è quefto cor.
  Difperati, attoflicati
   Ite al diavol quanti fiete:
   Tardi inver vi pentirete
   Se più crefce il mio furor.
Defp.) Un quadretto più giocondo
D. Al.) Non si vide in tutto il mondo
   Quel che più mi fa da ridere
   E' quell'ira, e quel furor.
   Ch'io ben fo che tanto foco
   Cangeraffi in quel d'amor.
Fer.) Un quadretto più giocondo
Guil.) Non s'è vifto in quefto mondo
   Ma non fo fe finta, o vera
   Sia quell'ira, e quel furor.
  Nè vorrei che tanto foco
   Terminaffe in quel d'amor.

AT-

~~~~~~~~~~~~~~~~~~~~~~~~~~

ATTO SECONDO.

SCENA PRIMA.

Camera.

Dorabella, Fiordiligi, e Despina.

Desp. Andate la, che siete
    Due bizzarre ragazze!
Fiord. Oh cospettaccio
    Cosa pretenderesti?
Desp. Per me nulla.
Fiord. Per chi dunque?
Desp. Per voi.
Dor. Per noi?
Desp. Per voi.
    Siete voi donne, o no?
Fiord. E per questo?
Desp. E per questo
    Dovete far da donne.
Dor. Cioè?
Desp. Trattar l'Amore *en bagatelle.*
    Le occasioni belle,
    Non negliger giammai! cangiar a tempo,
    A tempo esser costanti

                   Go-

Coquettizzar con grazia,
Prevenir la difgrazia sì comune
A chi si fida in uomo,
Mangiar il fico, e non gittare il pomo.
Fiord. (Che diavolo.) tai cofe
Falle tu, fe n'hai voglia.
Defp. Io già le faccio.
Ma vorrei che anche voi
Per gloria del bel feffo
Facefte un po lo fteffo: per efempio
I voftri Ganimedi
Son andati alla guerra? infin che tornano
Fate alla militare: reclutate.
Dor. Il Cielo ce ne guardi.
Defp. Eh che noi fiamo in terra, e non in
                cielo!
Fidatevi al mio zelo: già che quefti
Foraftieri v'adorano
Lafciatevi adorar; fon ricchi, belli,
Nobili, generofi, come fede
Fece a voi Don Alfonfo, avean coraggio
Di morire per voi, quefti fon merti
Che fprezzar non si denno
Da giovani qual voi belle, e galanti,
Che pon ftar fenza amor, non fenza
                amanti
(Par che ci trovin gufto.)
Fiord. Per Bacco ci farefti,
Far delle belle cofe!
Credi tu che vogliamo

                       Fa-

Favola diventar. degli oziofi?
Ai noftri cari fpofi
Credi tu che vogliam dar tal tormento?

Defp. E chi dice che abbiate
A far loro alcun torto?
(Amiche fiamo in porto:)

Dor. Non ti pare che fia torto baftante
Se noto si faceffe
Che trattiamo coftor?

Defp. Anche per quefto
C'è un mezzo ficuriffimo.
Io voglio fparger fama
Che vengono da me.

Dor. Chi vuoi che il creda?

Defp. Oh bella? non ha forfe
Merto una Cameriera
D'aver due Cicisbei? di me fidatevi.

Fiord. No no: fon troppo audaci
Quefti tuoi foraftieri.
Non ebber la baldanza
Fin di chieder dei baci?

Defp. (Che difgrazia!)
Io poffo afficurarvi
Che le cofe che han fatto
Furo effetti del toffico che han prefo,
Convulfioni, deliri,
Follie, vaneggiamenti;
Ma or vedrete come fon difcreti
Manierofi, modefti, e manfueti.
Lafciateli venir.

                              Dor.

Dor. E poi?

Desp. E poi

　　　Caſpita! fate voi.

　　　(L'ho detto che cadrebbero.)

Fiord. Coſa dobbiamo far?

Desp. Quel che volete.

　　　Siete d'oſſa, e di carne, o coſa ſiete?

　　Una donna a quindeci anni

　　　Dee ſaper ogni gran moda:

　　　Quel che il cor più brama e loda

　　　Coſa è bene, e mal cos'è.

　　Dee ſaper le maliziette

　　　Che innamorano gli amanti,

　　　Finger riſo, finger pianti,

　　　Inventar i bei perchè.

　　Dee in un momento

　　　Dar retta a cento,

　　　Colle pupille

　　　Parlar con mille,

　　　Dar ſpeme a tutti

　　　Sien belli, o brutti,

　　　Saper naſconderſi

　　　Senza confonderſi,

　　　Senza arroſſire

　　　Saper mentire,

　　　E qual Regina

　　　Dall'alto ſoglio

　　　Col *poſso*, e *voglio*

　　　Farſi ubbidir.

　　　　　　　　　(Par

(Par ch'abbian gufto
Di tal dottrina,
Viva Defpina
Che fa fervir.)   *(parte.)*

SCENA II.

Dorabella, e Fiordiligi.

Fiord. Sorella, cofa dici?
Dor. Io fon ftordita
 Dallo fpirto infernal di tal ragazza.
Fiord. Ma credimi è una pazza.
 Ti par che fiamo in cafo
 Di feguir fuoi configli?
Dor. Oh certo fe tu pigli
 Pel rovefcio il negozio.
Fiord. Anzi io lo piglio
 Per il fuo vero dritto:
 Non credi tu delitto
 Per due giovani omai promeffe fpofe
 Il far di quefte cofe?
Dor. Ella non dice
 Che facciamo alcun mal.
Fiord. E' mal che bafta
 Il far parlar di noi.
Dor. Quando si dice
 Che vengon per Defpina!
Fiord. Oh tu fei troppo
 Larga di cofcienza! e che diranno
Gli

Glì fpofi noftri?

Dor. Nulla:
O non fapran l'affare
Ed è tutto finito:
O fapran qualche cofa, e allor diremo
Che vennero per lei.

Fiord. Ma i noftri cori?

Dor. Reftano quel che fono;
Per divertirsi un poco, e non morire
Dalla malinconia
Non si manca di fe, forella mia.

Fiord. Quefto è ver.

Dor. Dunque?

Fiord. Dunque
Fa un po tu: ma non voglio
Aver colpa fe poi nafce un imbroglio.

Dor. Che imbroglio nafcer deve
Con tanta precauzion? per altro afcolta
Per intenderfi bene
Qual vuoi fcieglier per te de'due Narcifi.

Fiord. Decidi tu, forella.

Dor. Io già decifi.
Prenderò quel brunettino
Che più lepido mi par.

Fiord. Ed intanto io col biondino
Vo un po ridere, e burlar.

Dor. Scherzofetta ai dolci detti
Io di quel rifponderò.

Fiord. Sofpirando i fofpiretti
Io dell'altro imiterò.

Dor.

Dor. Mi dirà Ben mio mi moro.
Fiord. Mi dirà mio bel teforo.
a 2 Ed intanto che diletto!
    Che fpaffetto io proverò   (*partono*
        e s'incontrano in D. Alfonfo.)

S C E N A III.

Le fudette, D. Alfonfo.

D. Al. Ah correte al giardino
    Le mie care ragazze! che allegria!
    Che mufica! che canto!
    Che brillante fpettacolo! che incanto!
    Fate prefto, correte:
Dor. Che diamine effer può?
D. Al. Tofto vedrete.   (*partono.*)

S C E N A IV.

Giardino alla riva del mare con fedili
d'erba, e due tavolini di pietra. Barca
ornata di fiori, con banda di ftromenti,
   Ferrando, e Guil. Defpina, Servi
     riccamente veftiti: Coro di
        mufici etc.

Guil.) Secondate aurette amiche
Fer.) Secondate i miei defiri;
    E portate i miei fofpiri
        D   Alla

¿ Alla Dea di quefto cor.
· Voi che udifte mille volte
  Il tenor delle mie pene;
  Ripetete al caro bene
  Tutto quel che udifte allor.

   Coro.

Secondate, aurette amiche
  Il defir di sì bei cor.

Nel tempo del Ritornello di quefto Coro
 Fer. e Guil. fcendono con catene di
 fiori: D. Alfonfo e Defpina li condu-
 cono davanti le due Amanti, che re-
 fteranno ammutite, ed attonite.

D. Al. Il tutto deponete (*ai fervi che por-*
       tan un bacile con fiori.)
 Sopra quei tavolini, e nella barca
 Ritiratevi amici.
Fiord.)
Dor.) Cos' è tal mafcherata?
Defp. Animo, via, coraggio: avete perfo
 L'ufo della favella?
Fer. Io tremo, e palpito
 Dalla tefta alle piante.
Guil. Amor lega le membra a vero amante.
D. Al. Da brave incoraggiteli. (*alle donne.*)
Fiord. Parlate.   (*agli amanti.*)
Dor. Liberi dite pur quel che bramate.
         Fer.

Fer. Madama . . .

Guil. Anzi madame . . .

Fer. Parla pur tu:

Guil. No no, parla pur tu.

D. Al. Oh cofpetto del diavolo
Lafciate tali fmorfie
Del fecolo paffato: Defpinetta,
Terminiam quefta fefta,
Fa tu con lei quel ch'io farò con quefta.
La mano a me date   (*prende per
mano Dorab.*)
Movetevi un po. (*Defpina prende
Fiord. etc.*)
Se voi non parlate
Per voi parlerò.   (*agli Amanti.*)
Perdono vi chiede
Un fchiavo tremante; (*gli amanti
ripetono tutte le ultime parole
colla ftefsa cantilena.*)
V'offefe, lo vede;
Ma folo un iftante;
Or pena, ma tace,   (tace.)
Or lafciavi in pace;   (in pace.)
Non può quel che vuole. (*ripeto-
no due versi intieri con un fofpiro.*)
Vorrà quel che può.
Su via rifpondete
Guardate, e ridete?

Defp. Per voi la rifpofta   (*Defp. si mette
davanti le due donne.*)

D 2   A.

A loro darò
Quello ch'è ſtato è ſtato
Scordiamci del paſſato,
Rompaſi omai quel laccio   (*Deſpina*
prende la mano di Dor. D. Alf.
quella di Fiord. e fa rompere
i lacci agli amanti, cui metto-
no al braccio dei medesimi.)
Segno di ſervitù
A me porgete il braccio:
Nè ſoſpirate più.
Deſp.) Per carità partiamo
D. Al.) Quel che ſan far veggiamo
Le ſtimo più del diavolo (*a parte*
ſotto voce, partono.)
S'ora non caſcan giù.

S C E N A V.

Guilelmo *a braccio di* Dorabella. Ferrando
. e Fiordiligi *ſenza darsi braccio. Fan-*
no una piccola ſcena muta guardan-
dosi, ſoſpirando, ridendo etc.

Fiord. Oh che bella giornata!
Fer. Caldetta anzi che no.
Dor. Che vezzosi arboſcelli!
Guil. Certo certo: ſon belli:
Hañ più foglie che frutti.

                                  Fiord.

Fiord. Quei viali
 Come fono leggiadri.
 Volete paffeggiar?
Fer. Son pronto o cara
 Ad ogni voftro cenno.
Fiord. Troppa grazia!
Fer. (Eccoci alla gran crifi) (*nel pafsare a*
Fiord. Cofa gli avete detto?   *Guil.*)
Fer. Eh gli raccomandai
 Di divertirla bene.
Dor. Paffeggiamo anche noi (*pafseggiano.*)
Guil. Come vi piace
 Ahimè.   (*dopo un momento di*
Dor. Che cofa avete?   *silenzio*)
Guil. Io mi fento sì male, (*Gli altri due*
  fanno fcena muta in lontananza.)
 Sì male anima mia
 Che mi par di morire.
 (Non otterrà nientiffimo).
Dor. Saranno rimafugli
 Del velen che bevefte.
Guil. Ah che un veleno affai più forte io
     bevo
 In que' crudi e focofi
 Mongibelli amorofi!   (*con fuoco.*)
Dor. Sarà veleno calido:
 Fatevi un poco frefco. (*Li altri due*
  entrano in atto di pafseggiare.)
Guil. Ingrata, voi burlate
 Ed intanto io mi moro! (fon fpariti:
 Dove diamin fon iti?)   *Dor.*

Dor. Eh via non fate

Guil. Io mi moro crudele, e voi burlate?

Dor. Io burlo? io burlo?

Guil. Dunque
    Datemi qualche fegno anima bella,
    Della voftra pietà

Dor. Due fe volete;
    Dite quel che far deggio, e io vedrete.

Guil. (Scherza, o dice da vero?)
    Quefta picciola offerta
    D'accettare degnatevi.

Dor. Un core?

Guil. Un core: è fimbolo di quello
    Ch'arde, languifce, e fpafima per voi.

Dor. (Che dono preziofo)

Guil. L'accettate?

Dor. Crudele
    Di fedur non tentate un cor fedele,

Guil. (La montagna vacilla:
    Mi fpiace; ma impegnato
    E' l'onor di foldato)
    V'adoro!

Dor. Per pietà . . .

Guil. Son tutto voftro!

Dor. Oh Dei!

Guil. Cedete, o cara . . .

Dor. Mi farete morir . . .

Guil. Morremo infieme,
    Amorofa mia fpeme.
    L'accettate?

                                        Dor.

Dor. L'accetto.   (*dopo breve intervallo*
                        con un sofpiro.)

Guil. (Infelice Ferrando!) oh che diletto!
   Il core vi dono,
     Bell' idolo mio;
     Ma il voftro vo'anch'io,
     Via datelo a me.

Dor. Mel date lo prendo,
     Ma il mio non vi rendo,
     Invan mel chiedete,
     Più meco ei non è.

Guil. Se teco non l'hai
     Perchè batte quì?

Dor. Se a me tu lo dai
     Che mai balza lì?

       a 2.
    E' il mio coricino
     Che più non è meco,
     Ei venne a ftar teco,
     Ei batte così.

Guil. Qui lafcia che il metta   (*vuol met-*
    tergli il core dov'ha il ritratto
       dell' amante.)

Dor. Ei quì non può ftar.
Guil. T'intendo furbetta
Dor. Che fai?
Guil. Non guardar.   (*le torce dolcem. la*
    faccia dall'altra parte, le cava il
    ritratto, e vi mette il core.)

            a 2

a 2.

Dor.) (Nel petto un vefuvio
)   D'avere mi par.)
Guil.) (Ferrando mefchino !
)   Poffibil non par.)
Guil. L'occhietto a me gira.
Dor. Che brami?
Guil. Rimira
     Se meglio può andar.

a 2

     Oh cambio felice
     Di cori, e d'affetti!
     Che nuovi diletti
     Che dolce penar!   (*partono abbrac-*
                                 ciati.)

S C E N A VI.

Ferrando, e Fiordiligi.

Fer. Barbara! perchè fuggi?
Fiord. Ho vifto un afpide,
     Un' idra, un bafilifco !
Fer. Ah crudel, ti capifco !
     L'afpide, l'idra, il bafilifco, e quanto
     I libici deferti han di più fiero
     In me folo tu vedi.
Fiord. E' vero è vero.
     Tu vuoi tormi la pace.
Fer. Ma per farti felice.

                             Fiord.

Fiord. Ceſſa di moleſtarmi.
Fer. Non ti chiedo che un guardo.
Fiord. Partiti.
Fer. Non ſperarlo
 Se, pria gli occhi men fieri a me non
       giri.
 O ciel! ma tu mi guardi, e poi ſoſpiri?
        (lietissimo.)
  Ah lo veggio quell'anima bella
   Al mio pianto reſiſter non ſa:
   Non è fatta per eſſer rubella
   Agli affetti di amica pietà.
  In quel guardo in quei cari ſoſpiri
   Dolce raggio lampeggia al mio cor:
   Già riſpondi à miei caldi deſiri,
   Già tu cedi al più tenero amor.
  Ma tu fuggi, ſpietata, tu taci;
   Ed invano mi ſenti languir?
   Ah ceſſate, ſperanze fallaci,
   La crudel mi condanna a morir.
         (parte)

SCENA VII.

Fiordiligi ſola.

Fior. Ei parte..ſenti..ah no..partir ſi laſci,
 Si tolga ai sguardi miei l'infauſto oggetto
 Della mia debolezza..a qual cimento

Il

Il barbaro mi pofe! . . . un premio è
            quefto
Ben dovuto a mie colpe! . . . in tale
            iftante
Dovea di nuovo amante
I fofpiri afcoltar? l'altrui querele
Dovea volger in gioco? ah quefto core
A ragione condanni, o giufto amore!
Io ardo, e l'ardor mio non è più effetto
Di un amor virtuofo: è fmania, affanno,
Rimorfo, pentimento,
Leggerezza, perfidia, e tradimento!
Guilelmo, anima mia! perchè fei tanto
Ora lungi da me? folo potrefti . . .
Ahimè! tu mi detefti
Mi rigetti, m'abborri.. io gia ti veggio
Minacciofo, sdegnato; io fento io fento
I rimproveri amari, e il tuo tormento.
     Per pietà, Ben mio, perdona
         All'error d'un'alma amante;
           Fra queft'ombre, e quefte piante
           Sempre afcofo, oh Dio, farà!
     Svenerà queft'empia voglia
         L'ardir mio, la mia coftanza,
         Perderà la rimembranza,
         Che vergogna, e orror mi fa.
     A chi mai mancò di fede
         Quefto vano, ingrato cor!
         Si dovea miglior mercede,
         Caro bene, al tuo candor.
                     SCE-

S C E N A   VIII.

Ferrando, Guilelmo.

Fer. Amico, abbiamo vinto: (*lietissimo,*)

Guil. Un ambo, o un terno?

Fer. Una cinquina, amico; Fiordiligi
E' la modeſtia in carne.

Guil. Niente meno?

Fer. Nientiſſimo; ſta attento.
E aſcolta come fu.

Guil. T'aſcolto; dì pur ſu.

Fer. Pel giardinetto,
Come eravam d'accordo,
A paſſeggiar mi metto;
Le do il braccio: ſi parla
Di mille coſe indifferenti: alfine
Viensi all'amor.

Guil. Avanti.

Fer. Fingo labbra tremanti,
Fingo di pianger, fingo
Di morir al ſuo piè . . .

Guil. Bravo aſſai per mia fè!
Ed ella?

Fer. Ella da prima
Ride, ſcherza, mi burla . . .

Guil. E poi?

Fer. E poi
Finge d'impietoſirsi . . .

Guil. Oh coſpettaccio!

Fer.

Fer. Alfin fcoppia la bomba :
Pura come colomba
Al fuo caro Guilelmo ella si ferba,
Mi difcaccia fuperba,
Mi maltratta, mi fugge,
Teftimonio rendendomi, e meffaggio
Che una femmina ell'è fenza paraggio.

Guil. Bravo tu, bravo io,
Brava la mia Penelope!
Lafcia un po ch'io ti abbracci
Per sì felice augurio,
O mio fedele meffaggier Mercurio.

Fer. E la mia Dorabella? *(si abbracciano.)*
Come s'è diportata?
Oh non ci ho neppur dubbio? affai
                   ·   conofco
Quella fenfibil alma.   *(con trafporto.)*

Guil. Eppur un dubbio,
Parlandoti a quattr'occhi,
Non faria mal, fe tu l'aveffi!

Fer. Come?

Guil. Dico cofi per dir! (avrei piacere
D'indorargli la pillola.)

Fer. Stelle! ceffe ella forfe
Alle lufinghe tue? ah s'io poteffi.
Sofpettarlo foltanto!

Guil. E' fempre bene
Il fofpettare un poco in quefto mondo.

Fer. Eterni Dei! favella: a foco lento
Non mi far qui morir, ma no, tu vuoi
                              Pren-

Prenderti meco fpaſſo : ella non ama,
Non adora che me.
Guil. Certo : anzi in prova
 Di fuo amor, di fua fede
 Queſto bel ritrattino ella mi diede.
Fer. I! mio ritratto! ah perfida! (*furente.*)
Guil. Ove vai?
Fer. A trarle il cor dal fcellerato petto,
 E a vendicar il mio tradito affetto.
(come fopra.)
Guil. Fermati.
Fer. No , mi lafcia.   (*rifoluto.*)
Guil. Sei tu pazzo?
 Vuoi tu precipitarti
 Per una donna che non val due foldi?
 (Non vorrei che faceſſe
 Qualche corbelleria!)
Fer. Numi! tante promeſſe
 E lagrime, e fofpiri, e giuramenti
 In si pochi momenti
 Come l'empia obbliò!
Guil. Per Bacco io non lo fò!
Fer. Che fare or deggio?
 A qual partito ,a qual idea m'appiglio?
 Abbi di me pietà , dammi configlio.
Gil. Amico , non faprei
 Qual configlio a te dar !
Fer. Barbara! ingrata!
 In un giorno! in poche ore! . . .
Guil. Certo un cafo queſt' è da far ſtupore.

Donne mie la fate a tanti
   Che fe il ver vi deggio dir,
   Se si lagnano gli amanti
   Li comincio a compatir.
Io vo bene al feffo voftro
   Lo fapete, ognun lo fa,
   Ogni giorno ve lo moftro,
   Vi do marche d'amiftà
Ma quel farla a tanti e tanti
   M'avvilifce in verità.
Mille volte il brando prefi
   Per falvar il voftro onor,
   Mille volte vi difefi
   Colla bocca, e più col cor.
Ma quel farla a tanti e tanti
   E' un vizietto feccator.
Siete vaghe, fiete amabili
   Più tefori il ciel vi die'
   E le grazie vi circondano
   Dalla tefta fino i piè
Ma la fate a tanti, e tanti
   Che fe gridano gli amanti
   Hanno certo il lor perchè.

SCE-

538

S C E N A IX.

Ferrando folo, poi Don Alfonfo e Guil.
che parlano in fondo etc.

In qual fiero contrafto, in qual difordine
 Di penfieri, e di affetti io mi ritrovo?
 Tanto infolito, e novo è il cafo mio,
 Che non altri, non io
 Bafto per configliarmi . . . Alfonfo
        Alfonfo
 Quanto rider vorrai
 Della mia ftupidezza!
 Ma mi vendicherò, faprò dal feno
 Cancellar quell'iniqua ... cancellarla?
 Troppo oddio quefto cor per lei mi
       parla.
  Tradito fchernito
  Dal perfido cor,
  Io fento che ancora
  Queft'alma l'adora, *(qui capita*
   D. Alf. con Guil. e fta a fentire.)
  Io fento per effa
  Le voci d'amor.
D. Al. Bravo! quefta è coftanza.
Fer. Andate, o barbaro,
 Per voi mifero fono.
D. Al. Via fe farete buono
 Vi tornerò l'antica calma: udite
 Fiordiligi a Guilelmo
        Sì

Si conferva fedel, e Dorabella
Infedel a voi fu.

Fer. Per mia vergogna.

Guil. Caro amico bifogna
Far delle differenze in ogni cofa
Ti pare che una fpofa
Mancar poffa a un Guilelmo? un piciol
                    calcolo
Non parlo per lodarmi,
Se facciamo tra noi... tu vedi amico
Che un poco di più merto . .

D. Al. Eh anch'io lo dico!

Guil. Intanto mi darete
Cinquanta Zecchinetti.

D. Al. Volontieri:
Pria però di pagar vo che facciamo
Qualche altra efperienza.

Guil. Come!

D. Al. Abbiate pazienza: infin domani
Siete entrambi miei fchiavi: a me voi
                  defte
Parola da Soldati:
Di far quel ch'io dirò: venite; io fpero
Moftrarvi ben che folle è quel cervello
Che fulla frafca ancor vende l'uccello.

                          (*Partono.*)

                    SCE-

SCENA X.

Camera con diverfe Porte, fpecchio, e tavolini.

Dorabella, Defpina, e poi Fiordiligi.

Defp. Ora vedo che fiete
Una donna di garbo.
Dor. Invan Defpina
Di refifter tentai: quel Demonietto
Ha un artifizio, un'eloquenza, un tratto
Che ti fa cader giù fe fei di faffo.
Defp. Corpo di Satanaffo,
Quefto vuol dir faper! tanto di raro
Noi povere Ragazze
Abbiamo un po di bene,
Che bifogna pigliarlo allor ch'ei viene.
Ma ecco la forella,
Che ceffo!
Fiord. Sciagurate!
Ecco per colpa voftra
In che ftato mi trovo!
Defp. Cofa è nato,
Cara Madamigella?
Dor. Hai qualche mal forella?
Fiord. Ho il diavolo che porti
Me, te, lei, Don Alfonfo, i foraftieri
E quanti pazzi ha il mondo.
Dor. Hai perduto il giudizio?

E   *Fiord.*

Fiord. Peggio peggio,
  Inorridifci; io amo! e l'amor mio
  Non è fol per Guilelmo.
Desp. Meglio meglio!
Dor. E che fi, che anche tu se'innamorata
  Del galante biondino?
Fiord. Ah pur troppo per noi. (*fofpirando.*)
Desp. Mo brava!
Dor. Tieni
  Settanta mille baci:
  Tu il biondino, io 'l brunetto,
  Eccoci entrambe fpofe?
Fiord. Cofa dici?
  Non penfi agli infelici
  Che ftamane partir! ai loro pianti,
  Alla lor fedeltà tu più non penfi?
  Così barbari fenfi
  Dove dove apprendefti,
  Sì diverfa da te come ti fefti?
Dor. Odimi: fei tu certa
  Che non muojano in guerra
  I noftri vecchi Amanti? e allora en-
      trambe
  Refterem colle man piene di mofche:
  Tra un ben certo, e un incerto
  C'è fempre un gran divario!
Fiord. E fe poi torneranno?
Dor. Se torneran lor danno!
  Noi faremo allor mogli, noi faremo
  Lontane mille miglia.
        Fiord.

Fiord. Ma non fo come mai
    Si può cangiar in un fol giorno un core.
Dor. Che domanda ridicola! fiam donne!
    E poi tu com'hai fatto?
Fiord. Io faprò vincermi.
Defp. Voi non faprete nulla:
Fiord. Farò che tu lo veda.
Dor. Credi forella, è meglio che tu ceda.
    E' Amore un ladroncello,
      Un ferpentello è amor,
      Ei toglie, e dà la pace
      Come gli piace ai cor.
    Per gli occhi al feno appena
      Un varco aprir fi fa,
      Che l'anima incatena,
      E toglie libertà.
    Porta dolcezza e gufto
      Se tu lo lafci far,
      Ma t'empie di difgufto
      Se tenti di pugnar.
    Se nel tuo petto ei fiede,
      S'egli ti becca quì
      Fa tutto quel ch'ei chiede
      Che anch'io farò così.

                    (parte.)

E 2   SCE-

ATTO
SCENA XI.

Fiordiligi sola, poi Guilelmo e Ferrando,
e D. Alfonso che passano senza esser
veduti indi Despina.

Fiord. Come tutto congiura
   A sedurre il mio cor! ma no .. si mora,
   E non si ceda .. errai quando alla suora
   Io mi scopersi, ed alla serva mia.
   Esse a lui diran tutto, ed ei più audace
   Fia di tutto capace ... agli occhi miei
   Mai più non comparisca .. a tutti i servi
   Minaccierò il congedo   (*Guil. sulla*
                                      porta.)
   Se lo lascian passar .. veder nol voglio
   Quel seduttor:
Guil. Bravissima!
   La mia casta Artemisia! la sentite?
Fiord. Ma potria Dorabella
   Senza saputa mia .. piano .. un pensiero
   Per la mente mi passa .. in casa mia
   Restar molte Uniformi
   Di Guilelmo, e Ferrando ... ardir ...
                               Despina,
   Despina . . .
Desp. Cosa c'è?
Fiord. Tieni un po questa chiave, e senza
                              replica,
   Senza replica alcuna

                                 Pren-

Prendi nel guardaroba, e qui mi porta
Due fpade, due cappelli, e due veftiti
De' noftri fpofi.

Defp. E che volete fare?

Fiord. Vanne; non replicare.

Defp. Comanda in *abregé* donna Arroganza.
(*parte.*)

Fiord. Non c'è altro, ho fperanza
Che Dorabella fteffa
Seguirà il bell'efempio; al campo al
campo :
Altra ftrada non refta
Per ferbarci innocenti.

D. Al. (Ho capito abbaftanza : (*dalla porta*
Vanne pur' non temer.) (*a Defp.*)

Defp. Eccomi.

Fiord. Vanne.
Sei cavalli di pofta
Voli un fervo a ordinar.. dì a Dorabella
Che parlar le vorrei . . .

Defp. Sarà fervita.
(Quefta donna mi par di fenno ufcita.)
(*parte.*)

S C E N A XII.

Fiord. poi Ferrando indi Guil. e D. Alfonfo.
dalla Camera etc..

Fiord. L'abito di Ferrando
Sarà buono per me; può Dorabella
Pren-

Prender quel di Guilelmo ; in quefti arnefi
Raggiungerem gli fpofi noftri, al loro
Fianco pugnar potremo,
E morir fe fa d'uopo : ite in malora
    (si cava quello che tiene in tefta.)
Ornamenti fatali... io vi detefto.

Guil. Si può dar un amor fimile a quefto?

Fiord. Di tornar non fperate alla mia fronte
Pria ch'io quì torni col mio Ben: in voftro
Loco porrò quefto cappello...oh come
Ei mi trasforma le fembianze e il vifo!
Come appena io medefma or mi ravvifo!
    Tra gli ampleffi in pochi iftanti
      Giungerò del fido fpofo,
    Sconofciuta a lui davanti
    In queft'abito verrò.
    Oh che gioja il fuo bel core
      Proverà nel ravvifarmi!

Fer.   Ed intanto di dolore
      Mefchinello io mi morrò.

Fiord. Cofa veggio! fon tradita!
    Deh partite . . .

Fer.   Ah no mia vita
    Con quel ferro di tua mano
    Quefto cor tu ferirai,
    E fe forza oddio non hai
    Io la man ti reggerò.   *(prende la*
    fpada del tavolino la sfodera etc.)
                   Fiord.

Fiord. Taci... ahime! fon abbaftanza
    Tormentata, ed infelice!

Fiord.) Ah che omai la $^{mia}_{fua}$ coftanza

a 2) A quei fguardi, a quel che dice
Fer.) Incomincia a vacillar.
Fiord. Sorgi forgi . . .
Fer. Invan lo credi.
Fiord. Per pietà
    Da me che chiedi?
Fer. Il tuo cor, o la mia morte
Fiord. Ah non fon non fon più forte!
Fer. Cedi cara . . . *(le prende la mano, e*
Fiord. Dei configlio!   *glie la bacia.)*
Fer. Volgi a me pietofo il ciglio!
    In me fol trovar tu puoi
    Spofo, amante, e più fe vuoi   *(tene-*
    Idol mio più non tardar.   *rissimam.)*
Fiord. Giufto Ciel! . . . crudel.. hai vinto.
                (tremando.)
    Fa di me quel che ti par.
    (Abbracciamci o caro bene *(D. Alf.*
    (*trattien Guil. che*
a 2 (*vorria ufcire.)*
    (E un conforto a tante pene
    (Sia languir di dolce affetto,
    (Di diletto fofpirar.   *(partono.)*

SGE-

S C E N A XIII.

Guil. Don Alf. poi Ferrando indi Despina,

Guil. Oh poveretto me! cofa ho veduto!
   Cofa ho fentito mai.

D. Al. Per carità filenzio!

Guil. Mi pelerei la barba!
   Mi graffierei la pelle!
   E darei colle corna entro le ftelle!
   Fu quella Fiordiligi! la Penelope,
   L'Artemifia del fecolo! briccona!
   Affaffina .. furfante ... ladra ... cagna ..

D. Al. Lafciamolo sfogar...   *(lielo.)*

Fer. Ebben! *Guil.* Dov'e!

Fer. Chi? la tua Fiordiligi?

Guil. La mia Fior .. fior di diavolo che ftrozzi
   Lei prima, e dopo me.

Fer. Tu vedi bene
   V'han delle differenze in ogni cofa ...
   Un poco di più merto . . .

Guil. Ah ceffa amico   *(ironicamente.)*
   Ceffa di tormentarmi,
   Ed una via piuttofto
   Studiam di caftigarle
   Sonoramente.

D. Al. Io fo qual è: fpofarle.

Guil. Vorrei fpofar piuttofto
   La barca di Caronte.

Fer. La grotta di Vulcano.

Guil. La porta dell'Inferno.

D. Al. Dunque reftate celibi in eterno.

                         Fer.

Fer. Mancheran forfe donne
 Ad uomin come noi?
D. Al. Non c'è abbondanza d'altro.
 Ma l'altre che faran fe ciò fer quefte?
 In fondo voi le amate
 Quefte voftre cornacchie fpenacchiate.
Guil. Ah pur troppo!
Fer. Pur troppo!
D. Al. Ebben pigliatele
 Com' elle fon. Natura non potea
 Fare l'eccezione, il privilegio
 Di creare due donne d'altra pafta
 Per i voftri bei mufi: in ogni cofa
 Ci vuol filofofia: venite meco;
 Di combinar le cofe
 Studierem la maniera:
 Vo che ancor quefta fera
 Doppie nozze fi facciano: frattanto
 Un Ottava afcoltate:
 Feliciffimi voi, fe la imparate!
  Tutti accufan le donne, ed io le fcufo
   Se mille volte al dì cangiano amore,
   Altri un vizio lo chiama , ed altri un
        ufo
   Ed a me par neceffità del core.
   L'Amante che fi trova alfin delufo
   Non condanni l'altrui, ma il proprio
       errore:
   Gia che giovani, vecchie, e belle e
       brutte,
  Ripetetel con me: *Co-si-fan-tut-te.*

S C E N A XIV.

I sudetti, e Despina.

Desp. Vittoria padroncini !
    A sposarvi disposte .
    Son le care madame: a nome vostro
    Loro io promisi che in tre giorni circa
    Partiranno con voi: l'ordin mi diero
    Di trovar un Notajo
    Che stipuli il Contratto: alla lor camera
    Attendendo vi stanno.
    Siete così contenti?
Fer.)
Guil.) Contentissimi.
D. Al.)
Desp. Non è mai senza effetto
    Quand'entra la Despina in un progetto.

S C E N A XV.

.Sala ricchissima illuminata. Orchestra in
fondo. Tavola per quattro persone con
    Doppieri d'argento etc.
Quattro Servi riccamente vestiti.

Despina poi D. Alfonso.

Desp. Fate presto o cari amici
    Alle faci il foco date

E

550

E la ménfa preparate
Con ricchezza e nobiltà!
Delle noftre padroncine
Gl'imenei fon già difpofti:
E voi gite ai voftri pofti   (a' Suona-
Finchè i fpofi vengon quà.   tori.)

Coro di Servi e Suonatori.

Facciam prefto o cari amici
  Alle faci il foco diamo
  E la menfa prepariamo
  Con ricchezza e nobiltà.
Delle belle padroncine
  Gli imenei fon già difpofti
  Andiam tutti ai noftri pofti
  Finche i fpofi vengon quà.
D. Al. Bravi bravi! ottimamente
  Che abbondanza, che eleganza!
  Una mancia conveniente   (*Mentre*
  D. Alf. canta, i Suonat. accordano.)
  L'un e l'altro a voi darà!
Le due coppie omai fi avanzano
  Fate plaufo al loro arrivo,
  Lieto canto, e fuon giulivo
  Empia il Ciel d'ilarità!
Defp.) Una fcena più piacevole (*piano par-*
D. Al.) Non s'è vifta, o fi vedrà.   *tendo*
                      per diverfe porte.)

SCE-

SCENA XVI.

Dorabella, Guil. Fiordiligi e Ferrando.
Mentre s'avanzano il Coro canta, e inco-
mincia l'orchestra una Marcia etc.

Coro.

Benedetti i doppi conjugi,
  E le amabili sposine:
  Splenda lor il Ciel benefico,
  Ed a guisa di galline
  Sien di figli ognor prolifiche
  Che le agguaglino in beltà.

Gli Sposi.

Come par che qui prometta
  Tutto gioja, e tutto amore!
  Della cara Despinetta
  Certo il merito farà.

Raddoppiate il lieto suono,
  Replicate il dolce canto,
  E noi qui seggiamo intanto,
  In maggior giovialità.

Il Coro ripete.

Benedetti i doppi conjugi   (*gli sposi*
  E le amabili sposine etc. *mangiano.*)

Guil.) Tutto tutto o vita mia
Fer.)   Al mio foco or ben risponde!
Fiord.) Pel mio sangue l'allegria
Dor.)   Cresce, cresce, e si diffonde!

                                                Guil.

Guil.)
Fer.) Sei pur bella!

Dor.)
Fiord.) Sei pur vago!

Guil.)
Fer.) Che bei rai!

Dor.)
Fiord.) Che bella bocca!

Guil.)
Fer.) Tocca e bevi (*toccando i bicchieri.*)

Fiord.)
Dor.) Bevi e tocca.

a 3

Fiord.) E nel tuo, nel mio bicchiero
Dor.) Si fommerga ogni penfiero
Fer.) E' non refti più memoria
   Del paffato ai noftri cor. (*le donne*
        bevono.)

Guil. Ah beveffero del toffico
   Quefte volpi fenza onor!

S C E N A XVII.

I fudetti D. Alfonfo poi Defp. da Notajo.

D. Al. Miei Signori, tutto è fatto.
   Col contratto nuziale
   Il Notajo è fulle fcale
   E iffo fatto qui verrà.

          Gli

Gli Aman. Bravo bravo! paffi fubito.

D. Al. Vo a chiamarlo: eccolo quà.

Defp. Augurandovi ogni bene
   Il Notajo Beccavivi
   Coll'ufata a voi fen viene
   Notariale dignità !
  E il contratto ftipulato
   Colle rególe ordinarie
   Nelle forme giudiziarie,
   Pria toffendo, poi fedendo,
   Clara voce leggerà.

Tutti. Bravo bravo in verità !

Defp. Per contratto da me fatto
   Si congiunge in matrimonio
   Fiordiligi con Sempronio,
   E con Tizio Dorabella
   Sua legitima forella,
   Quelle Dame ferrarefi
   Quefti Nobili albanefi
   E per dote, e contra dote . . .

Gli Aman. Cofe note, cofe note,
   Vi crediamo, ci fidiamo
   Sofcriviam, date pur quà. (*fo-
lamente le due donne fottofcrivono.*)

D. Al.)
Defp.) Bravi bravi in verità ! (*la Carta
   refta in man di D. Alf.*)

Coro. Bella vita militar (*fi fente gran
lontano.* *fuono di tamburo, e canto.*)
   Ogni dì si cangia lóco

          Oggi

Oggi molto, e doman po€o,
Ora in terra, ed or ful mar.

Tutti. Che romor! che canto è quefto!

D. Al. State cheti. Io vo a guardar

(*Va alla fineftra.*)

Mifericordia
Numi del Cielo!
Che cafo orribile!
Io tremo, io gelo!
Gli fpofi voftri . . .

Fiord.)
Dor.) Lo fpofo mio . . .

D. Al. In quefto iftante,
Tornaro oh Dio . . .
Ed alla riva
Sbarcano già.

I 4 Amant. Cofa mai fento!
Barbare ftelle!
In tal momento
Che si farà?

Fiord.) Prefto partite. (*I fervi portano*
Dor.) *via la tavola e i fuonat.*
partono in furia.)

Gli altri. Ma fe $\overset{li}{ci}$ veggono.

Le Donne. Prefto fuggite.

Gli altri. Ma fe $\overset{li}{ci}$ incontrano.

Le

Le Donne. Là là celatevi
  Per carità. *(Fiord. e Dor.*
conducono li due Aman. in una Camer.
D. Alf. conduce la Despin. in un'altra.
Gli Amanti escono non veduti e part.)
Le Donne. Numi soccorso!
D. Alf. Rasserenatevi.
Le Donne. Numi consiglio!
D. Alf. Ritranquillatevi.
Le Donne. Chi dal periglio
  Ci salverà? *(quasi frenetiche.)*
D. Alf. In me fidatevi
  Ben tutto andrà.
Le Donne. Mille barbari pensieri
  Tormentando il cor mi vanno.
  Se discoprono l'inganno,
  Ah di noi che mai farà!

SCENA XVIII.

Dor. Fiord. Guil. e Ferr. con mantelli e
 cappelli militari etc.. Despina in Ca-
 mera e D. Alf.

Fer.) Sani e salvi agli amplessi amorosi
Guil.) Delle nostre fidissime amanti,
  Ritorniamo di gioja esultanti
  Per dar premio alla lor fedeltà.
D. Al. Giusti Numi, Guilelmo! Ferrando!
  O che giubilo, qui come! e quando!
       Guil.

Guil.) Richiamati da Regio contrordine

Fer.) Pieni il cor di contento, e di giolito
Ritorniamo alle fpofe adorabili
Ritorniamo alla voftra amiftá.

Guil. Ma cos'è quel pallor, quel filenzio ?

Fer. L'idol mio perchè mefto fi fta ?

D. Al. Dal diletto confufe ed attonite
Mute mute fi reftano là.

Dor.)(Ah che al labbro le voci mi mancano

Fiord.) Se non moro un prodigio farà.)

Guil. Permettete che fia pofto   (*I fervi portano un baule.*)

Quel baul in quella ftanza.
Dei che veggio! un uom nafeofto ?
Un Notajo ? qui che fa ?

(*Defp. efce ma fenza cappello.*)

Defp. Non fignor non è un notajo;
E Defpina mafcherata,
Che dal ballo or è tornata,
E a fpogliarfi venne quà.

a 4.

Guil.) Una furba uguale a quefta

Fer.) Dove mai fi troverà !

D. Al.) Una furba che m'agguagli

Defp..) Dove mai fi troverà !

(*D. Alf. lafcia cadere accortam.
il Contratto fottofcritto dalle
Donne.*)

Fiord.) La Defpina! la Defpina !

Dor.) Non capifco come và.

D. Al.

D. Al. Già cader lafciai le carte,
    Raccoglietele con arte: (*piano agli*
Fer. Ma che carte fono quefte?   *Amanti.*)
Guil. Un Contratto nuziale?
a 2 Giufto Ciel! voi qui fcrivefte:
    Contradirci omai non vale:
    Tradimento, tradimento;
    Ah si faccia il fcoprimento,
    E a torrenti, a fiumi, a mari
    Indi il fangue fcorrerà! (*vanno per
       entrar nell'altra Camera: le
         donne li arreftano.*)

Fiord.) Ah Signor fon rea di morte
Dor.) E la morte io fol vi chiedo,
    Il mio fallo tardi vedo,
    Con quel ferro un fen ferite
    Che non merita pietà!

Fer.)
Guil.) Cofa fu?

          (*addit. Defp. e D. Alf.*)
Fiord. Per noi favelli
    Il crudel, la feduttrice.
D. Al. Troppo vero è quel che dice
    E la prova è chiufa lì.   (*accenna
      la Camera dov'erano entrati
         prima gli Amanti.*)
Fiord.) Dal timor io gelo, io palpito:
Dor.) Perchè mai li difcoprì!
    (*Fer. e Guil. entrano un momento in
     Camera, poi fortono fenza cappel-
           lo,*)

lo, senza mantello, e senza mu-
staccchi, ma coll'abito finto etc. e
burlano in modo ridicolo le Aman-
ti, e Despina.)

Fer.   A voi s'inchina (*facendo dei compli-*
  Bella Damina *menti affettati a*
  Il Cavaliere *Fiordiligi.)*
  Dell'Albania.

Guil. Il Ritrattino
  Pel coricino (*a Dorabella.)*
  Ecco io le rendo
  Signora mia.

Fer.) Ed al magnetico
Guil.) Signor Dottore (*a Despina.)*
  Rendo l'onore
  Che meritò.

Desp.)
Fiord.) Stelle che veggo!
Dor.)
D. Al.)
Fer.) Son stupefatte!   *s.*
Guil.)
Fiord.)
Desp.) Al duol non reggo!
Dor.)
Gliuom. Son mezze matte.
Dor.) Ecco là il barbaro (*accennando*
Fiord.) Che c'ingannò. *D. Alfonso.)*

     D. Al.

D. Al. V'ingannai, ma fu l'inganno
　　　Difinganno ai voftri amanti,
　　　Che più faggi omai faranno,
　　　Che faran quel ch'io vorrò.
　　Quà le deftre: fiete fpofi: (*Li unifce e li*
　　　Abbracciatevi, e tacete.　　*fa abbrac-*
　　　Tutti quattro ora ridete,　　　*ciare.*)
　　　Ch'io già rifi e riderò.
Le Amanti. Idol mio fe quefto è vero
　　　Colla fede, e coll'amore
　　　Compenfar faprò il tuo core,
　　　Adorarti ognor faprò.
Fer.)　Te lo credo gioja bella,
Guil.)　Ma la prova io far non vo.
Defp. Io non fo fe quefto è fogno:
　　　Mi confondo, mi vergogno:
　　　Manco mal fe a me l'han fatta
　　　Che a molt'altri anch'io la fo.
　　　　　Tutti.
　　Fortunato l'uom che prende
　　　Ogni cofa pel buon verfo.
　　　E tra i cafi e le vicende
　　　Da ragion guidar si fa.
　　Quel che fuole altrui far piangere
　　　Fia per lui cagion di rifo,
　　　E del mondo in mezzo i turbini
　　　Bella calma troverà.

———————